Original German Title:

Anthropologie: Geschichte, Kultur, Philosophie

By Christoph Wulf

人类学

历史、文化与哲学

［德］克里斯托夫·武尔夫（Christoph Wulf）　著

张志坤　译

Anthropologie

Geschichte, Kultur, Philosophie

人民出版社

目　　录

译　序 ……………………………………………………………… 1

序　言 ……………………………………………………………… 5

致　谢 ……………………………………………………………… 10

绪　　论……………………………………………………………… 1

上编　人类学范式

第一章　进化—人化—人类学 …………………………………… 15

　　第一节　进　化 ……………………………………………… 16

　　第二节　人　化 ……………………………………………… 22

第二章　哲学人类学 ……………………………………………… 38

　　第一节　人在宇宙中的地位 ………………………………… 39

　　第二节　有机体和人类的诸阶段 …………………………… 41

　　第三节　人:他的本性与在世界中的地位 ………………… 45

第三章　历史人类学 ……………………………………………… 59

　　第一节　年鉴学派 …………………………………………… 59

　　第二节　人类学的转变 ……………………………………… 64

第四章　文化人类学 ……………………………………………… 82

　　第一节　博厄斯及其后人创立的文化人类学 ……………… 84

　　第二节　田野研究—参与式观察—民族志 ………………… 96

1

第五章　历史文化人类学 …………………………………………… 114
　第一节　逻辑与激情 ……………………………………………… 116
　第二节　论　人 …………………………………………………… 134
　第三节　模仿的世界 ……………………………………………… 138
　第四节　柏林的仪式研究 ………………………………………… 142

下编　历史文化人类学研究的主题领域

第六章　身体作为一种挑战 ………………………………………… 161
　第一节　人类学与身体的范式 …………………………………… 161
　第二节　身体在人类学研究领域中的重要位置 ………………… 171
第七章　文化学习的模仿基础 ……………………………………… 181
　第一节　历史和文化 ……………………………………………… 185
　第二节　社会行为和通过模仿获得的实践性知识 ……………… 189
第八章　表演的理论与实践 ………………………………………… 198
　第一节　感　觉 …………………………………………………… 203
　第二节　媒　体 …………………………………………………… 205
　第三节　性　别 …………………………………………………… 209
第九章　仪式的再发现 ……………………………………………… 216
　第一节　仪式的分类 ……………………………………………… 217
　第二节　历史的视角 ……………………………………………… 219
第十章　介于普遍性和实践性之间的语言 ………………………… 234
　第一节　身体和语言 ……………………………………………… 235
　第二节　语言与思维 ……………………………………………… 238
　第三节　语言人类学 ……………………………………………… 242
第十一章　图像和想象 ……………………………………………… 249
　第一节　图像—身体—媒体 ……………………………………… 249
　第二节　出现—表现—模拟 ……………………………………… 254

第三节　图像的不可还原性 …………………………………… 259

第四节　幻想—想象—想象力 ………………………………… 265

第十二章　死亡与出生 …………………………………………… 275

第一节　关于死亡的预想 ……………………………………… 276

第二节　出生的回归 …………………………………………… 284

译　序

　　人类学以人自身作为研究对象,探讨和研究人的起源、发展和变化,联结着过去、现在和未来。人类的进步伴随着人对世界和自身的认识,并在一定程度上以此为基础和动力。自然科学的不断进步尤其是机械工程、计算机、人工智能等技术的不断发展,大大提升了人类探知客观世界的能力,从宏观到微观、从现实到虚拟,开创了科技文明的新纪元。人对自身的认识也不断拓展,通过生物学、医学、心理学、脑科学、基因学等视角,人自身的奥秘一个又一个被打开。即便如此,我们依然面对着对人类自身认知的巨大困惑,依然没有走出马克斯·舍勒(Max Scheler)的感叹:"人是一个如此宽阔无垠、丰富多彩、复杂多样的东西,因此,所有这一切的定义都嫌太少,他有着太多的头绪。"[1]

　　近年来,人类学研究在国内已经呈现良好的发展态势,无论是我国学者的研究成果,还是从国外翻译过来的作品从数量到质量上都有很大的提升。有关欧洲人类学研究的介绍和引进在经历了一个增长期之后,展现了新的学术气息。近十年来,以本书作者克里斯托夫·武尔夫(Christoph Wulf)教授为代表的历史的文化的教育人类学相关研究不断被翻译和引进中国。目前的书籍包括《教育人类学》(张志坤译,教育科学出版社2009年版)、《社会的形成》(许小红译,广东教育出版社2012年版)、《人的图像》(陈红艳译,华东师范大学出版社2018年版)等,这一系列译著在一定程度上丰富和拓展了我们对于德国、欧洲人类学研究的了解和交流,进一步促进了我国人类学研究的内容、范式与路径。

　　本书是武尔夫教授近十几年来对人类学重要理念、概念、研究范式的整

1

体思考和集中论述,主要架构包括两部分。第一部分(即上编)对人类学研究的范式进行了梳理,在介绍了基于进化论对人类学的基本理解之后,分别从哲学人类学、历史人类学、文化人类学三个领域进行平行对比式讨论,进而提出自己的研究范式——历史文化人类学。这是一种继承发展,更是一种学术创新。历史文化人类学强调双重历史性,即研究对象的历史性、研究方法的历史性,需要将研究对象置于其所在的文化中去认识和解释。尤其是在日新月异的新时代,跨文化、国际化的研究更加需要我们尊重事物的时代背景(纵向)和文化特质(横向),只有这样,相关的研究才是客观的、系统的和完整的。本书第二部分(即下编)集中讨论了历史文化人类学研究相关主题的主要概念。首先是身体,这是本研究范式的核心主题,应着"身体的回归"这一哲学号角。随着大机器生产、机械制造、计算机技术、虚拟现实、人工智能等一次次去身体化的技术变革,人类似乎已经快速脱离自己的身体,身体在某种程度上被隔离、忘记、丢失了。而身体又是人存在的物质基础,是生命的载体和人生发展的前提。关注身体、研究身体是人类学研究的出发点和归宿。在身体研究的基础上,武尔夫教授重要的学术贡献就是模仿(mimesis)理论,此处的"模仿"含义丰富,不能被狭隘地理解为"效仿",它具有"使得相似""显示""表达""示范""再现"等含义,更重要的是还具有依照个体特点进行创造性生成与发展的意涵。模仿被看作人的条件(conditio humana),是人联结外部世界的桥梁,是交流和学习的内部机制。模仿包括对内和对外两个路径,对内是把外部世界的信息通过视觉、听觉、味觉、嗅觉、触觉等感官功能导入内部世界;对外是把内部世界的信号通过言语、手势、表演等身体活动表达出来。这个通道是双向的、开放的、动态的。接收的信息也会在个体的内部世界按照自身的特点和已有经验进行构造与解释,最终生成应对外部世界的知识与能力。在模仿的机制中,主要涉及的身体活动就是手势(gesture),或理解为姿势、体势、动作语等,这是身体的语言符号,是配合语言的重要表达,手势具有历史和文化的特点,蕴含着丰富的意义与价值。身体更复杂的表达就是表演(performance),充分体现了人的内心世界。我们可以把表达的场合看成一个又一个舞台,每个个体就是借助身体实现角色、表达声音和诉求,表演是身体的语言和最直接的表达。身体的表现、场景的布置、严谨的程序、象征的意义,这些就组成了人类重要的活动——仪式。仪式是个体成长、群体构建、社会形成与维系的重要方式,仪式也是人类身体表现的功能性体现。仪式彰显着历史和文化,是社会的一扇窗,借助仪式我们可以看到一个社会的现实、一种文化的样态。语言是人类进一步与外部世界沟通的努力与结果,是人类系统、准确地表达内心与思维的中介。人的语言习得是人的独特能力,并受到关键期和所在的文化历史的影响。人类身体的独特性为语言的产生和发展创造了条件,语言构建了人与人身体的密切关系。思维借助语言得以构建和表达,促进人类思考的品质与深度。除了身体的外显活动,图像和想象也是人类信息加工和表达的非常重要的方式,图像是形象化的符号,是人们理解世界、表达内心的特殊形式,它先于符号语言,伴随着人类的发展与进步。想象是人类特有的能力,它可以将很多图像进行组合和重构,并以创新的形式表现出来,凸显了人的思想性和超越性。人类身体的出现与逝去,也是人的生命的重要体现,出生与死亡作为人类学重要议题,在本书的最后一部分出现,充分体现了生命存在与消逝的厚重与深沉,利用现代思想去看待这一困扰人类的话题,既是一种探究,更是一种敬畏。生死有道,人生无常。人类学的研究由此更加充满魅力,它的历史性、文化性、开放性进一步彰显,期待着我们不断地追求与探索。

中国的人类学研究,无论从研究内容还是研究范式都呈现出多样化的发展态势。以身体作为研究核心展开的人类学研究为我们打开了新的思考方式和实践方向,让我们在技术至上、网络主导的时代,可以停下脚步反观我们的身体,反思我们的存在,在生活中给身体留下一点闲适,在教育中多一些亲身体验,在交往中多一些面对面的真实。本书提倡的人类学的批判与反思是人类学学科进步的动力,也是人类健康发展的源泉。希望本书的出版与发行能进一步丰富我国人类学学习与研究的视角和维度,能够从本源回归人类学研究的主旨,从方法论上出现新的突破,从研究内容上出现更多的选择,从研究的结论上更加丰富我们对自身的看法与理解。

本书的中文译稿伴随着原稿的更替，经历了数年时间，充分体现了作者武尔夫先生治学的严谨。作为武尔夫教授的博士，我深感学习与推广人类学研究的意义与价值。在 2009 年出版了武尔夫教授的《教育人类学》之后，经过十年的酝酿与努力，再一次推出这本更为丰富的人类学研究成果，希望给予广大人类学学习者和研究者更多的帮助。

本书的翻译出版得到了很多同仁和单位的帮助与支持，首先我要特别感谢我的博士导师，也就是本书的作者武尔夫教授，先生在我留学德国期间开拓了我学习与研究的新领域，并欣然同意我将本书翻译成中文发行，在整个翻译出版过程中更是寄予了热情的关心和帮助。还要感谢首都师范大学初等教育学院及相关的领导和同事们，没有他们的支持和鼓励，本书的出版也是很难实现的。最后，感谢人民出版社以及陈晓燕编辑的厚爱和倾力帮助，使本书得以顺利出版。

本书历经数载，几易书稿，虽然倾注了著者和译者大量的心力与期待，但是有些内容和观点仍然存在理解上的困难和翻译上的瑕疵，恳请读者和同仁们批评指正。一年之计在于春，愿我们携手为中国乃至世界的人类学研究与实践做出更多新的贡献。

张志坤

2022 年春于北京

注　释：

[1]［德］马丁·海德格尔：《康德与形而上学疑难》，王庆节译，商务印书馆 2018 年版，第 227 页。

序　言

在本书中,我将为读者介绍一些近几年来对于人类学的理解做出一定贡献的讨论,并且将对历史文化人类学的有关概念轮廓进行勾勒。我的研究范围是关于欧洲 20 世纪人类学思想的发展,首先是该思想在德国的发展情况。在这一领域,我展开了有关历史、民族志和哲学的研究,这些内容在本书中都有所涉及。值得一提的是,我保留了一些认识论的传统原则,对于历史学、民族学和哲学,还有社会学、心理学和文学投入了一定的考虑和关注。通过对进化论、德国的哲学人类学、法国和德国的历史人类学、美国和欧洲的文化人类学之间相互关系的思考,并结合我个人的研究,在本书中我将提出一些人类学的原则和观点。[1]

随着规范性的人类学思想的衰落,当今人类学通过关注人的出生[2]和死亡[3]来研究人的身体,身体成为社会和文化的产品和替代。人类的身体是多重模仿过程的结果,模仿的过程不是粗略的仿效,而是一种积极的文化知识获得的过程。[4]在这些模仿过程中进行着文化的创造、传承和演变。所以,身体的表现和展演发挥了重要作用。[5]随之,语言(Austin)、文化展演(Singer)和美学(Hüppauf/Wulf)获得了重要意义。当仪式只被认为是一种"文本"的时候,它便失去了其物质性与身体性结合的维度。因此,我和我的合作研究者们在关于"柏林仪式研究"的项目中,注重了仪式行为的表演性一面。该项目探究了仪式和仪式化是如何对集体的表现发挥作用的,它们是如何掌控教育过程以及如何推动学习发生的。在这些研究中,身体表现的物质性和感觉性扮演了重要角色。同时,研究也清楚地表明,人类身体是如何通过语言、想象来获得支撑的。[6]

人类学的研究呈现"分裂"和"非领地化"的趋势,为人类学的反思和研究带来了新的模式和发展,也为冲破旧的原则传统和确定更为宽广的人类学研究视野创造了可能。经过新的界定,持有一种全球化的视角将变得越来越重要。除此之外,还引发了对于导致很多社会形式趋向相似的新自由经济走向的批评。[7]当前,赋予人类学一个全球性的定位意味着将人类学研究的领域开放到面向世界上所有的社会和文化,从而阐述影响着未来人类生活的重大问题。

人类学是一门分散的、多元的科学,其中,有关表现、解释、建构、解构以及研究方法的多样性都是它的重要特点。两种矛盾的发展趋势交织在一起,一方面是指向"同一"的全球化,另一方面就是对于这种力量的限制,从而实现文化的多样性。这种发展反映在人类学上,人类趋于同一的主张与强调历史与文化多样性主张之间的紧张关系不断升级。如果我们将人类学理解为一个多样性统一(unitas multiplex),即作为一门可以将个体差异汇在一起的学科,我们就可以认识到,有关人类科学中认识论与范例性的差异不仅是不能被消除的,而且是不可或缺的。从而,人类学的研究应该从关联的起点出发,而不是武断、随意地去除这些差异。在我看来,问题还包括是否以及如何与价值及其社会和道德责任绑定在一起。我认为,我个人的研究是植根于人类权利价值的,但是,我不能否认人类权利是受时间和文化影响的,因此这一话题仍然需要讨论。

随着学科的不断细化分裂,在我看来,人类学研究必将为加强人们之间的相互理解以及世界各地民族之间相互理解的进程做出贡献。当然,我们不能假定人类学可以推出一种能够调查出所有人类社会与文化的系统方法,因为它们太庞杂了,其制度与形式非常丰富与多样,而人类学的研究能够也必将为人性的解释做出贡献。这样的一种系统方法将会非常抽象,从而会面临不能囊括所有内容的危险,因此,我更希望对于人类学的研究做出一些贡献,建设一种关注于历史与文化关联的人类学(当然,并不意味着要涵盖所有可能的研究)。

尽管我的研究主要集中于欧洲大陆,尤其是德国,但是所采用的历史文化人类学的观点和原则对于其他文化和社会同样适用。比如,我主持的一项关于家庭幸福的研究就可以证明这一点,该研究通过三个由德国和日本研究人员组成的团队来进行,研究的主要内容是德国家庭是如何过圣诞节的,而日本家庭又是如何过新年的。我们论证了两个不同国家内历史和文化因素对于家庭幸福的影响,并归纳出一些不同家庭所使用的表达和展示归属感、快乐和分享幸福的跨文化元素。[8]再如,我和阿克塞尔·迈克尔斯(Axel Michaels)共同主持开展了关于"印度的身体印象""仪式和表演中的情感""感觉、情感、表演和仪式"等研究,这些研究显示了印度和西方文化存在的共通点以及产生差异的原因。[9]这些研究结果表明,在欧洲文化以外的其他文化中,历史性和文化性都是人类学研究的重要维度。对这两个维度的关注,为21世纪人类的自我理解做出了更加积极的贡献。

下面,我想对人类学的一些观点进行概括,这些观点还不够完全,需要不断的解释与补充。

抽象的人类学标准曾经将重点集中在欧美文化的理想、图像、价值和标准上,现在,这种关联已经不那么紧密,人类学试图在全球化的背景条件下对人类现象进行探索和研究。这种发展的结果是人类学研究不再局限于某个确定的文化区域或者单独的时代。人类学研究的目的是更好地理解和解释全球化中人类的现象与问题,从而更好地促成人们之间的理解。比如,较为激烈的讨论涉及殖民主义、种族主义的历史牵连,人们如何再现、能够"回溯"到什么程度,这些都是人类学努力的宽度和深度的例证,同时又会提出新的使命。

人类学具有双重历史性和文化性的特点,它们一方面源于人类学研究者所持的不同观点的历史性和文化性,另一方面源于所研究的内容和对象的历史特征和文化特征。人类学家自身的历史性和文化性构筑了一个背景,不同时间或文化的现象和结构在这样的背景下被感知和调查。在这种双重历史性和文化性之间的相互关系中,新的问题和方法设想得以构建和形成。在人类学的研究中,需要将双重历史性和文化性相结合进行考虑,而不是将文化性和历史性对立起来分析。以法兰兹·博厄斯(Franz Boas)的研究来说,他非常熟悉德国的历史传统,我们就会发现受这种传统影响的一些重要观点,然而,这些观点未必适合当今时代的发展要求。

关于人类学的研究方法,我这里所呈现的是历时的和共时的方法,用于对人类社会和文化的探究。人类学的历时性研究主要采用历史科学中的解释学和文本批判的方法,而共时性研究则经常采用田野调查中所使用的质性和定量的研究方法。同时,解释和反思的方法为个体的和主观的表述提供了可能。

很多人类学研究是跨学科的、跨文化的。通过跨学科的努力,很多研究突破了传统学科的界限,并借助新的研究问题、研究对象、研究方法和观点的提出,获得了新的认识。通过尝试,人类学的研究中融合了多文化和跨文化的情况,进而新的问题和观点又被提出来,这种趋势首先体现在人类学越发密切的国际性研究中。

人类学家一直以来都未能回答这样一个问题:关于人类作为个体和作为整体的**一般认识和特殊认识之间的关系**是怎样的呢?这是一个崭新的而且是存在了很久的挑战。考古学、生物人类学和文学人类学已经给出了关于人或人类的一个普遍的说法,在历史文化人类学的研究方法中,重点是借助解释学的方法,对个别的历史—文化现象给出不同层面的解释。这些研究都是有关文化多样性的研究和肯定。然而,面对文化多样性的意义,也提出了这样的问题:**什么是人类所共有的**? 考虑到全球化的影响,关于人类、文化、历史之间的相似与差别的研究对于人类学越来越重要,从而产生了这样的问题,即比较研究在历时性和共时性人类学研究中扮演了怎样的角色,这是我们急切需要阐明的问题。

按照我个人的理解,人类学研究的目的不是减少关于人的认识的复杂程度,而是增加认识的复杂性。因此,需要如下的方法来检验人类自我理解的根本局限,如解释、反思和自我批判,以及一种哲学性的人类学批判。与宗教学中对于"神"的确定相比,这里是关于隐匿的人(homo absconditus)的研究。这个概念表明,人类学的观点和结论只能触及人类条件的一部分,也就是从不同的视角来看待,是不完全的。人类学的研究和认识是与立场密切相关的,并且受历史文化的变迁所左右。人类学研究的出发点是世界本然如此,别非他样。好奇(thaumazein)是世界神秘魅力的初始,是人类学知识产生的源泉。

注　释:

［1］参见 Christoph Wulf,*Anthropologie der Erziehung*.Münster,New York:Beltz,2010。

［2］参见 Christoph Wulf,*Geburt in Familie,Klinik und Medien*. Opladen, Farmington Hills:Verlag Barbara Budrich,2008;Christoph Wulf/Anja Hänsch/Micha Brumlik(Hg.),*Das Imaginäre der Geburt*,München:Wilhelm Fink Verlag,2008。

［3］参见 Shoko Suzuki/Christoph Wulf,*West-östliche Briefe über den Tod*(待出版)。

［4］参见 Gunter Gebauer/Christoph Wulf,*Mimesis.Kultur-Kunst-Gesellschaft*,Reinbek bei Hamburg:Rowohlt Taschenbuch Verlag,1992;dies.:*Spiel,Ritual,Geste.Mimetisches Handeln in der sozialen Welt*,Reinbek bei Hamburg:Rowohlt Taschenbuch Verlag,1998。

［5］参见 Christoph Wulf/Jörg Zirfas(Hg.),*Pädagogik des Performativen*,Weinheim,Basel:Beltz,2007。

［6］参见 Bernd Hüppauf/Christoph Wulf(Hg.),*Bild und Einbildungskraft*,Paderborn,München:Wilhelm Fink Verlag,2006。

［7］参见 Christoph Wulf,*Anthropologie kultureller Vielfalt,Interkulturelle Bildung in Zeiten der Globalisierung*,Bielefeld:Bielefeld transcript Verlag,2006;Christoph Wulf/Christine Merkel(Hg.),*Globalisierung als Herausforderung der Erziehung.Theorien,Grundlagen,Fallstudien*,Münster:Waxmann,2002。

［8］参见 Christoph Wulf,*Das Glück der Familie:Ethnographische Studien in Deutschland und Japan*,Wiesbaden:Verlag Sozialwissenschaften,2011。

［9］参见 Axel Michaels & Christoph Wulf(eds.),*Images of the Body in India*,London:Routledge,2011;*Emotions in Rituals and Performances*,London:Routledge,2012;*Exploring the Senses:Emotions,Performativity,and Ritual*,London:Routledge,2013。

致　　谢

在此,非常感谢我的同事和朋友们,没有他们的帮助,我是不可能提出关于历史文化人类学的概念与理解的。对所有人的感谢之情,我一时很难一一表达。他们中的很多人在这些年的合作中给了我很多建议。首先是历史人类学跨学科研究中心、"表演文化"合作研究中心以及柏林自由大学"身体教育""跨领域艺术""情绪语言"三个研究项目组的同事们,还有由我发起组建的德国教育委员会中的"教育人类学"学会中的同仁们,我要对这些同事以及我的合作者们表示衷心的感谢。我还想要感谢 Dietmar Kamper,我和他一起建立了柏林的历史人类学;感谢 Gunter Gebauer,我和他进行了多年的关于模仿过程的历史的、文化的和社会的基础性的合作研究;还有 Jörg Zirfas,我与他一起进一步推进了人类学和教育人类学的研究工作。

还有很多德国国内、欧洲以及美国、拉丁美洲、亚洲和非洲大学中的同事和朋友,我与他们进行了多年合作,从他们身上我得到了很多重要的启发和建议,我想对他们致以衷心的感谢。尤其要感谢的是 Axel Michaels(海德堡),Shoko Suzuki(京都),Yasuo Imai(东京),王炳钧、陈洪捷、张志坤(北京),Sundar Sarukkai(马尼帕尔),Padma Sarangapani(孟买),Susan Visvanathan(新德里),Norval Baitello(圣保罗),Fathi Triki(突尼斯),Jacques Poulain、Jacky Beillerot(巴黎),以及 Goulnara Khaidarova、Valerij Savchuk(圣彼得堡)。还要感谢德国研究协会以及该组织的评委们,他们对我的研究给予了大力的支持。

我要感谢众多的博士生和博士后们,我与他们进行了很好的合作;感谢柏林自由大学的学生,还有大量的欧洲和欧洲以外其他国家的学生,他们对我的工作给予了一贯的支持,启发了我的思考并促进了我的研究不断发展。没有他们以及和他们的讨论,我的研究根本无法实现。

克里斯托夫·武尔夫

2012 年春于柏林

绪　　论

几乎在所有的科学研究领域中,有关人类学的问题都扮演了重要的角色。在人文、社会科学、文化科学、自然科学等众多学科中都涉及人类学的转折点问题。对于这种变化趋势,人们寄予了不同的期待。在一些情况下,新的疑问和问题不断出现,在另一些情形下,与更大的问题和意义发生联系的探究也在不断发生;为此,人们更加希望获得根本的帮助,来面对关于人类学标准和内容的不确定性。人们对于人类学的期待纷繁多样,对于人类学的理解和想象也各具千秋。本书中涉及的相关研究力图对这些问题加以探讨和阐述。

按照词源上的解释,人类学是一门关于以直立行走为标志的生物的知识。[1]这种知识包含广泛的且与历史和文化多样性相关的众多元素,并与社会、经济和哲学的发展状况紧密相连。

作为"一门学科的名称",人类学的概念并没有紧随故旧不放,而是一种新创立,它以对人类本身的思考为特点,这一概念在16到18世纪得到了长足的发展。1533年,人类学首次作为一本书的标题为加莱亚佐·卡佩拉(Galeazzo Capella)所使用,当时人类学这一提法包含三个部分:第一,它代表男人的地位和价值;第二,它代表女人的魅力;第三,它表示人类遭受的困苦。[2]在那个时期,逐渐出现了一种趋势,即神学的思想内容与日益彰显的个人主义之间的矛盾;在《蒙田随笔》(*Montaigne Essais*)中人的主体性成为人类学反思的中心。[3]

伴随着公民社会和启蒙思想的发展,人类学逐渐指向了关于人的知识和学问。教育的任务是实现个体的全面发展[4],与之不同,人类学的使命是推动人性的进步[5]。康德(Kant)在他 1798 年的著作《实用人类学》(*Anthropologie in pragmatischer Hinsicht*)中对生理人类学和实用人类学进行了区分。生理人类学以人类先天的不可改变的自然属性为特征,而实用人类学以实现人类的文明化和文化性为己任。在实用人类学领域内,人类具有操控自我和人类未来的可能性和使命。[6]

与康德不同,约翰·哥特弗雷德·赫尔德(Johann Gottfried Herder)[7]和威廉·冯·洪堡(Wilhelm von Humboldt)[8]都强调人类学的历史和文化特征,并成为那个时期人类学的重要内容,随后借助法兰兹·博厄斯的人类学概念化,一种新的研究路径得以创建,这一路径对美国人类学的发展产生了重大影响。[9]按照洪堡的观点,比较人类学应该研究不同社会的历史和文化影响。因此,比较人类学主要探究社会、文化和个人之间的差异,同时,在这些区别与偶然的多样性中理解"人性的崇高目标"。由此,人类学的研究还需要自然科学和历史阐释学的方法,以及哲学反思和美学批判。通过对不同的历史和文化的研究,产生了一种人类学知识,它可以让人们更好地理解社会和文化的发展。对于洪堡来说,人类学的内容不仅仅是关于欠缺知识的补充,而且为以实现人类进步为目的的教育铺平了道路。

在洪堡的思想基础上,尼采(Nietsche)和福柯(Foucault)的研究力图终结人们对抽象的人类学准则的探求,并且扩大了人类学研究的主题,从而将人类学问题和参照点扩展到欧洲文化和历史的范围之外,引入民族学的研究视角。目前,人类学试图将它的概念、观点和方法的历史性和文化性,与研究对象的历史性和文化性建立联系。人类学注重人类科学的研究结果,注重以历史、文化哲学为基础的人类学批判,并提出了很多具有重要意义的问题。人类学的核心研究内容激起了思想的涌动,难以平静。人类学的研究既不局限于一定的文化空间,也不局限于单一的历史阶段。它的历史的与文化的反思克服了人类科学研究的欧洲中心主义,并且将有关当今和未来的开放性问题率先摆在了我们面前。

这种目标包含着一种设想,它与封闭的人类学整体意义相对立,正如在生物学中所阐明的那样。人类学不是单一的学科,它建立在众多学科和哲学的联系之上。它不限于研究的领域和范畴，它更多地关注不同的、已经确立的学科的关系。而且，研究问题和主题越丰富，这些关系就越不同。人类文化的整个范围都可以作为人类学的研究对象和主题，它们存在于不同的历史时期和文化领域之中。人类学以一种文化的多样性为出发点，并且不断丰富这种多样性，它要突破文化的封闭系统，进而使之成为动态的、互通的和对未来开放的。

　　人类学是一种科学立场的结果，在这一领域的研究中，关于不同时期和文化的问题和主题将得到探讨。因此，有关人类学的一些研究也可以在更多的学科领域中得到发展，比如教育学、历史学、文学、语言学、社会学和心理学。然而，在这些学科的研究中也存在着打破学科界限的趋势。这样，在各个学科中，就会出现新的问题和主题以及交流和合作的新方式。在这些过程中人们发现并采用了众多的研究方法，其中包括文本解释的历史阐释学方法、质的社会研究方法以及复杂的哲学反思。很多研究还将使用艺术和文学的材料，由此，打破了科学、文学和艺术之间的传统界限。[10] 人们意识到了文化传统对于不同的研究问题、主题和观点的产生具有重大意义，进而，不断增长的跨民族、跨文化的研究也成为人类学研究的重点内容。面对欧洲一体化和全球化的浪潮，人类学的国际性研究获得了更加重要的意义。这种研究界限的跨越带来了更新更广阔的研究空间，推动了新模式化问题的提出和尝试。

　　随着一个具有约束力的人类学标准的瓦解，我们便有必要去探寻一种更为重要的人类学范式，并对其中的共性与差异进行研究。它同样显示了人类学的任务与实践，彰显了它对人文、社会和文化研究的重要意义。

　　一旦人类学成为关于历史的人的研究主题时，我们就更加接近基于人类学的有关人类进化的审视，从而更好地理解"人类之谜"。首先是理解作为生命历史一部分的人类演变的过程。人类进化的不可逆性和生命的历史也是人类学研究的重要方面，目前，这一过程被认为是物质自我组织的结果。正如人类学注重它的问题和研究的历史性特点一样，进化论强调自然和人类进化过程的严格的时间性。因此，时间和历史成为进化论的核心维度。人类的进化(人化)是一个漫长的发展过程,包括原始人、早期智人和现代人等阶段,人类的演变在这一过程中呈现出**一种多维度的形态发生,具有生物、遗传、神经科学、社会和文化的众多方面。**

当人类学与进化论发生关联的时候,便提出了所有生物之间都具有亲缘关系的证据,而哲学人类学的研究重点是通过人与动物的比较,强调人类的特殊性。马克斯·舍勒提出了客观意识和**世界开放性**的观点。赫尔穆特·普莱斯纳(Helmuth Plessner)指出人类特殊性在于他的**存在性**。人类的身体不仅仅在于存在的形式,而且在于体验这种拥有的形式。人类感觉着他的双手:一方面,他抚摸着作为身体一部分的手;另一方面,他也体验着他所拥有的作为一个器官的手,有了双手,人类可以有所作为,而且可以对双手的使用进行控制。在阿诺德·盖伦(Arnold Gehlen)的人类学中,人类的特殊性同样占有重要地位。赫尔德先于盖伦一百多年就提出了对于人类存在的关注,盖伦对赫尔德的观点进行了回顾,并进一步提出了人类之"**不完善性**"的理论。人们必须借助个体和集体的行为来克服他们的缺点和不足;由此,文化、语言和制度得以产生。

正如进化论对生命和人类的定义那样,哲学人类学试图通过对人类与动物的比较来揭示人类的特殊性。一些历史人类学家通常会忽略这样一个事实,即他们思考的基础是一个抽象的、广泛的人类概念,与历史和文化的世界没有相应的对应关系,也就会给人以人类可以脱离一定的历史和文化特殊性的印象。与这种强调人类的抽象性相对,历史文化人类学认为,对历史和文化的影响进行研究是很有必要的,历史和文化造就了不同人群的不同特征。

自从法国的年鉴学派以及由此产生的思想史成为人类学的研究主题之后,出现了一种历史描述的新的发展趋势。它补充了对事件历史的展现和分析,并促进了通过新的主题和方法论性的思考方式对社会结构和社会史的研究。随着人们对人类学问题的关注,社会现实的社会结构以及社会行为和主体情境的历史结构都成为研究的主题。由此,基本的人类行为方式和情况受到研究者的重视。在该领域,以法国的卢希安·费弗尔(Lucien

Fevre)和马克·布洛赫(Marc Bloch)为代表,以及同时期出现的哲学人类学的相关研究,还有历史学家费尔南·布罗代尔(Fernand Brandel)、埃马努埃尔·勒华·拉杜里(Emmanuel LeRoy Ladurie)、菲利普·艾里斯(Philippe Ariès)、乔治·杜比(Georges Duby)、雅克·勒高夫(Jacques LeGoff)等,他们都为该人类学主题的研究作出了卓越的成绩。这一人类学主题体现在历史学之中,体现在关于事件与描述、现实与虚构、结构历史与叙述的历史描述各种张力关系的历史认识之中。

在德国,人类学的研究问题和主题存在于众多研究领域之中,比如历史文化研究、历史的家庭研究、女性研究、性别研究以及思想史、日常和微观历史的研究。研究主题的涵盖范围从关于地方和地区历史的人类生活史的具体实例研究,到思想史和历史文化人类学。不同的思想相互关联、紧密依存,造就了具体环境中的行为,对社会行为的发生进行定位。思想受到文化、阶级和社会群体的影响。思想产生于特点各异的各社会条件之下,对社会主体的社会行为进行规范,不同的思想保证了个体从存在形式到行为方式上有别于他人。对于变化和历史的演变而言思想是开放的,了解其主要的历史和文化特征能使我们把握历史的普遍开放性。

文化人类学或者说民族学对于人类学的发展也具有重要的促进意义。[11] 在文化人类学的观点下,人类不是处于历史和文化影响的多样性"之后",而是在其中。因此,仅仅通过"身体"、"语言"或者"想象"作为文化共性来确认是不够的,还需要对不同文化进行人类学的研究。文化的多样性彰显了人类的真实状况。对于文化的不同表现,生发出不确定性和众多疑问。随着人类学关于文化异质性研究的推进,民族学研究对文化人类学的发展作出了重要的贡献。文化人类学作为对"陌生事物"进行研究的科学,对自身文化中陌生事物的理解产生了持久的影响作用。随之引发了当今对更宽泛的文化概念的新发展,在这一领域中,有关不同文化的共性和差异的研究扮演了重要角色。面对政治、经济和文化的全球化,出现了全球的、国家的、地区的和地方的交叉、融合和文化的同化运动。接下来,人们将需要面对新的以及陌生的过渡形式,面对如何**理解不可理解的异文化**的问题。社会人类学和文化人类学以"参与式观察"为基础发展起来的民族志的研究方法促成了新的知识形式,且用作历史的源头研究和哲学思考。它不但唤醒了其他文化的陌生事物,还包括自身文化中的陌生事物。因此,文化人类学观点的应用扩展了欧洲文化的范围,深化了人类学的研究。

在了解了北美、法国和德国的人类学研究状况之后,我建议应该在这些不同的思想流派间搭建一些联系,有可能的话,形成某种强调研究者和研究对象的历史性和文化性的共识。哲学的反思有助于我们开展人类学的研究,以丰富人们对人类的定义和理解。我已经进行了三个较长阶段的人类学研究,每一项研究都持续了超过十年的时间。

在第一个研究阶段,我的目标是在"逻辑与激情"(Logik und Leidenschaft)这个大的研究课题下,开展一系列主题的历时研究,这些主题对理解欧洲文化将产生重要影响且不能被单一领域所承载[12]。这些主题包括"灵魂""神圣""美""爱""时间""沉默"等,关于这些主题的研究,文学、社会学和哲学的相关领域研究作出了重要的贡献;人类学研究的历史性和文化性反思为这些研究作出了重要补充,而对于这些概念的研究也对我们理解当代的文化产生了重要影响。[13]在第二个研究阶段,我主要关注了模仿(mimesis)的历史和理论[14],并对社会和文化行为的模仿基础进行了研究[15]。我的意图是想说明,文化学习在很大程度上就是模仿学习。模仿的过程不仅仅是一个效仿的过程,而是对于榜样的接近和发展的创造性过程。在第三阶段,我使用民族志的方法探究了仪式在儿童抚养和教育中的重要作用。研究项目集中在文化学习的四个领域:家庭、学校、朋辈、媒体。[16]与之相关的大量实证研究为人们认识社会行为和活动的展现和表演以及社会的表演性创造提供了强有力的支持。[17]

为此,我们开展了关于日本和德国两国家庭幸福的跨文化比较研究。我们还进行了印度与欧洲两个地区关于身体、情感和感觉三个领域的研究。除此之外,还开展了对包括德国、俄罗斯、中国、巴西以及伊斯兰国家人们情感的历史和文化维度的研究。这些研究的目的在于厘清历史文化人类学观点和原则对研究非欧洲文化的借鉴意义。

在这三个阶段的研究中,我将我的人类学概念形式进行了转换,它包含三种不同的视角——民族志的、历史的和哲学的——三种视角统整在一起。此人类学研究显示了人类身体对我们理解和解释人类自身的重要意义,目前,人类学已经在很大程度上突破了原先一般的范围局限。

进化论的研究、哲学人类学、历史人类学以及文化人类学都对人的身体投以相同的关注(见本书第六章)。然而,这些范式都是基于对人类身体的不同理解和定义。第一种范式认为,人类身体是生命史的一部分,第二种范式通过对人类身体与其他动物身体进行比较而侧重身体的特性和不同特点。这两种范式强调了身体基于社会、文化、空间和时间的特征。即使人类身体的基本条件和需要保持相同,它们也会受到历史和文化的不同影响,表现在诸如性别、代际关系、营养、服饰等方面。身体和感觉的定义在人与环境的关系中受不同的文化和历史阶段的影响而有所不同。这种影响主要体现在模仿学习的过程中,借助于模仿学习,人类探寻着与周围环境的相似关系,并且仪式在交际沟通中扮演着重要角色。对于身体表演性的探究是理解文化表演特征的重要途径。虽然语言和想象都具有表演性,但不能脱离身体的本源来理解它们。进而,出生、死亡、人生短暂的历程都与人类身体的条件息息相关。

身体在人类学研究中处在核心位置,被定义为历史和文化的产物,身体对于模仿过程的研究具有重要的参考价值,在模仿过程中,人类创造性地模仿着周围的世界、重新创造世界、帮助人们去理解这个世界,并将外部世界内化为其内部世界。文化在模仿过程中得以创造、交流和改变(见本书第七章)。没有与以前的联系,就不会有独立的发展。模仿过程发生在美学和社会领域当中。模仿学习是文化的学习,它以身体、身体的感觉和想象为基础。

模仿过程产生了不同的"表演文化",它与以下三个方面有着重要关系(见本书第八章)。第一,它是社会的文化表现的不同形式;第二,它与语言的表演特征有关,一种表达同时也是一种行为,比如婚礼中"是"的回答;第三,它体现在与身体表演和展现紧密相关的美学方面。与将"文化作为文本"的理解不同,将文化理解为表演是基于它的展现特征。模仿过程可以产生行为表现所需要的实践性知识;仪式的组织与实施在其中发挥了重要作用。这些考虑具体体现在感知、媒体和**性别**的表演特征上。

本书第九章指出,模仿过程、表演过程同样在仪式的展演中扮演了重要角色,它们对情境的过渡、秩序的建立、暴力的疏导以及社会的构建具有重要作用,但是这些内容很长时间以来都没有被人们发现和重视。仪式可以处理差异,并在过去、现在和未来之间建立连续性。它们造就了集体和社会。仪式被喻为"窗口",通过它我们可以洞察社会和文化的结构。

在上述过程中,语言和符号充当了重要角色。语言源于人类天生的能力,这种能力(见本书第十章)是语言存在的生物学前提条件。遣词造句的能力是人类与生俱来的。撇开这种普遍的前提条件,人类只可以在历史和文化中习得各自的语言。其中,模仿、仪式和表演等方面发挥了重要作用。语言构建了一个领域,其中,普通人类学的知识和具体文化氛围中的人类学相互交叠、彼此联系。语言在使用环境中确立具体的发音;语言在不同的历史和文化的生活方式中进行建构。

和语言相似,**想象**对文化和社会的产生也具有重要意义。[18] 在本书第十一章中,我分析了想象对人类进化的重要意义。想象创造图像,图像的属地是人类身体的所在。谁在历史和文化方式中领会这些图像,就会在关于人的集体和个体的图像中更多地感受人的身体。想象能够被看见则需要一个媒介。根据媒介种类的不同,图像物质化和具体化呈现出不同的形式。媒体在个体想象的产生和变化中扮演了什么样的角色?集体想象和个体想象之间是如何转换的?在这些过程中文化变迁是如何发生的?这些都是重要的人类学问题。面对图像在当今全球性文化网络中影响不断提升,我们不得不发出这样的疑问:图像的人类学意义到底是什么?这一问题具有重要意义。

与人类有关的第一幅图像是关于死亡的图像,比如死者佩戴的面具,它产生于对死者长相的描画。借助这种描画,死者虽然永远离开了生者;但是作为图像,他却存在于现在。图像将不在场变成在场,它将死者在生者的集体中表现出来。即便每个人的身体都将不复存在，但是他以图像的媒介形式存在于人们当中。尼安德特人已经在死者的墓穴中放入陪葬品，死亡已经成为人们关注的对象，尼安德特人相信人死后仍然以一种生命形式存在。每一种文化和不同的历史时期都存在着关于死亡的不同认识以及与死亡有关的不同仪式（见本书第十二章）。法国历史学家菲利普·艾里斯在欧洲文化范围内对死亡作了区分，即受控制的死亡和个人的死亡，他人的死亡和禁止的死亡。[19]不管人们如何看待这些试图辨别死亡心理和态度差异的尝试，都无疑表明了死亡是人类学中最重要的话题之一。由于身体是人类学研究的重点，所以与之相关的出生和死亡便成为无法回避的问题。这些问题使得人们无法平静，生与死的问题也构成了历史和文化之间的紧密联系。正如身体作为人类的生物学基础一样，社会化和文化进程进一步发展了人类的特殊性，所以，每一个历史的、文化的、社会的主体都在推进着他的生命，经历着他的死亡。

人类生命的复杂性和神秘性是人类学存在和研究的基础。关于人类，我们知道得越多，我们的未知就会进一步增加。这些问题无法在我们这个时代、文化和社会中得以解决。这一点可以通过逝去的历史得以证明。在人类学中，我们只能获得对整个人类生命和生活方式的部分认识。所以，源于人类学内部的自我批判成为人们探索人类历史与文化复杂性的必不可少的尝试和努力。

注　释：

[1]Odo Marquard,"Anthropologie", in *Historisches Wörterbuch der Philosophie*,Joachim Ritter(ed.),Bd.1,A-C,Basel:Schwabe,1971,p.362.

[2]参见 Udo Benzenhöfer and Maike Rotzoll, *Zur"Anthropologia"* (1533) von Galeazzo Capella."Die früheste bislang bekannte Verwendung des Begriffs Anthropologie", in *Medizinhistorisches Journal. Internationale Vierteljahresschrift für Wissenschaftsgeschichte*,26(1991),pp.315-320。

[3]Ullrich Langer(ed.),*The Cambridge Companion to Montaigne*,Cambridge:Cambridge University Press, 2005; Michel de Montaigne, *Literary and Philosophical Essays*. French,

German and Italian, New York: P.F.Collier & Son, 1910.

[4]卢梭在《爱弥儿》中提出了可完善性(perfectibilité)和消极教育的概念。怎么教育这些人? 毫无疑问,还有很多事情要做,我们必须防止某些事情发生。参见 Jean-Jacques Rousseau, *Èmile ou de l' éducation*, Paris: Bordas, 1992。

[5]参见 Ulrich Herrmann, "Vervollkommnung des Unverbesserlichen?" in *Anthropologie nach dem Tode des Menschen*, Dietmar Kamper & Christoph Wulf(eds.), Frankfurt/M.: Suhrkamp, 1994, pp.132−153。

[6]参见 Immanuel Kant, *Anthropology from a Pragmatic Point of View*, New York: Cambridge University Press, 2006; Dietmar Kamper, Christoph Wulf & Gunter Gebauer (eds.), "Kants Anthropologie", in *Paragrana. Internationale Zeitschrift für Historische Anthropologie* 11, 2(2002); Reinhard Brandt, *Kritischer Kommentar zu Kants Anthropologie in pragmatischer Hinsicht*(1798), Hamburg: Meiner, 1999; Jean Ferrari (eds.), *Kant sur l' Anthropologie*, L' *Année* 1798; *Kant et la naissance de l' anthropologie au siècle des Lumières*, Paris: Vrin, 1997; Hartmut Böhme and Gernot Böhme, *Das Andere der Vernunft. Zur Entwicklung von Rationalitätsstrukturen am Beispiel Kants*, Frankfurt/M.: Suhrkamp, 1985; Gernot Böhme, *Anthropologie in pragmatischer Hinsicht. Darmstädter Vorlesungen*, Frankfurt/M.: Suhrkamp, 1985。

[7]参见 Johann Gottfried Herder, *Philosophical Writings*, New York: Cambridge University Press, 2002。又见 Herder' s essays: *On the Origin of Language*, Chicago: University of Chicago Press, 1986; *Sculpture. Some Observations on Shape and Form from Pygmalion' s Creative Dream*, Chicago: University of Chicago Press, 2002。

[8]Wilhelm von Humboldt, "Plan einer vergleichenden Anthropologie", in *Wilhelm von Humboldt. Werke in fünf Bänden*, ed. Andreas Flitner and Klaus Giel, vol.I, Darmstadt: Wissenschaftliche Buchgesellschaft, 3rd ed., 1980, pp.337−375.

[9]参见 Matti Bunzl, "Boas, Foucault, and the ' Native Anthropologist ' . Notes toward a Neo-Boasian Anthropology", in *American Anthropologist* 106, 3(2004), pp.435−441。

[10]参见 Wolf Lepenies, *Between Literature and Science. The Rise of Sociology*, New York: Cambridge University Press, 1988。

[11]参见 Sherry B.Ortner, "Theory in Anthropology since the Sixties", in *Comparative Studies in Society and History. An International Quarterly*, 26(1984), pp.126−166。

[12]参见 Christoph Wulf & Dietmar Kamper(eds). , *Logik und Leidenschaft. Erträge Historischer Anthropologie*, Berlin: Reimer, 2002。

[13]参见 Christoph Wulf (ed.), *Vom Menschen: Handbuch Historische Anthropologie*, Weinheim, Basel: Beltz, 1997。

[14]参见 Gunter Gebauer and Christoph Wulf, *Mimesis. Culture-Art-Society*, Berkeley: University of California Press, 1995。

[15]参见 Christoph Wulf, *Une anthropologie historique et culturelle. Rituels*, *mimésis et performativité*, Paris: Téraèdre, 2007; Gunter Gebauer and Christoph Wulf, *Spiel*, *Ritual*, *Geste*.

Mimetisches Handeln in der sozialen Welt，Reinbek：Rowohlt，1998。

[16]参见 Christoph Wulf et al.，*Das Soziale als Ritual*，Opladen：Leske + Budrich，2001；Christoph Wulf et al.，*Bildung im Ritual*，Wiesbaden：VS Verlag für Sozialwissenschaften，2004；Christoph Wulf et al.，*Lernkulturen im Umbruch*，Wiesbaden：VS Verlag für Sozialwissenschaften，2007。

[17] Christoph Wulf, Michael Göhlich & Jörg Zirfas（eds.），*Grundlagen des Performativen.Eine Einführung in die Zusammenhänge von Sprache*，*Macht und Handeln*，Weinheim，Munich：Juventa，2001；Christoph Wulf & Jörg Zirfas（eds.），*Pädagogik des Performativen.Theorien*，*Methoden*，*Perspektiven*，Weinheim，Basel：Beltz，2007.

[18]Huppauf and Wulf，Dynamics and Performativity of Imagination，op.cit.

[19]参见 Philippe Ariès，*The Hour of Our Death*，Oxford：Oxford University Press，1991。

上　编

人类学范式

第一章　进化—人化—人类学

当今,有关进化论研究的观点受到人类学研究的关注,这些观点影响了人们对于世界的认识。生命的进化、人类的出现只是世界万物诞生、变化过程中很小的一部分。关于进化论,人们还存在很多疑问,我们还远远不能一一给出答案。首先,人类对自身的认识还不甚明晰,这个问题具有一定的核心意义。生物学、化学、物理学已经清楚地证明,整个宇宙包括地球还有地球上的生命并不是"存在",而是"成为",因此,目前不可逆性这一概念在自然科学领域中仍然具有特殊意义。1977年诺贝尔奖获得者伊利亚·普里高津(Ilya Prigogine)将这种"从存在到成为"的发展描述为:第一,不可逆的过程像可逆的那样'真实';它不是对于符合规律的可逆性的一种近似的回应。第二,不可逆过程在物质世界中具有一种建构性作用。它以具有深远意义的相关的过程为基础,这一过程显露了生物学层面特殊的清晰度。第三,这种不可逆性是动态变化的。[1]按照普里高津的观点,随着经典力学和量子力学的基本概念(例如轨道或者波功能)的终止,这种不可逆性开始可以被观察到。随着这种转变,自然科学也发现了它所描述的过程的时间性和历史性,并且为事实提供了进一步的证据,所以,我认为,当今的人类学只有作为历史文化人类学来理解才比较合适。从历史人类学的视角来看,这种观点同样适用于有关进化和人化(Hominization)的相关研究。

第一节 进 化

一、生命的出现

就进化论而言,人化是一个较晚的发展阶段。进化包括宇宙[2]、地球、生命的形成和发展以及生命的多样性。按照我们现在的认识,生命起源于无生命的物质。因此,人们进行了有关生命产生的条件、基本结构的模拟试验。例如,包括氨、甲烷、水蒸气和其他气体的无机物混合物在电击的作用下可以生成有机物。这虽然没有创造生命,但是奠定了生命产生的基础。人们忽略了这样的现实,就是在这个基础上,一个初级细胞的复杂的分子结构也就是细胞的最初形态产生了。曼弗雷德·艾根(Manfred Eigen)认为进化是"一种游戏,它有着少量的固定原则和开放的结局"[3],这可以通过实验来证明,在一定条件下,物质具有生成更多系统的趋势,不同的物质结构(分子)遵循着一种选择,这些分子结构的组合构成了生命产生的基本条件。[4] 按照我们目前的理解,生命作为物质组织而产生。[5]

紫外线可以将水蒸气分解为水、酸和臭氧,并影响化合物如氨基酸、脂肪酸等物质的产生。在这个前生命进化过程中产生了碳,它可以自我连接,这是生命形成所必需的。[6] 分子的组合很复杂,已经作为生命体向着独特的系统不断发展下去了。在这个过程中产生了生命需要的两个重要的化学基础:一个是组成细胞的蛋白质[7],它由可以产生氨基酸的小的成分组成;另一个是核酸,它包含着生命的程式,以及可以从一代传递到下一代的遗传信息。[8] 每一个生命体的发展都是由蛋白质和核酸构成的遗传密码的编码过程。虽然地球上最早的生命形式在很久以前就产生了,但是它们以微生物的形式存在了相当长时间。通过繁衍,微生物一方面对自己进行复制,同时也有变异的出现,这样自然选择才得以发生作用。首先是性别的分化,然后是大量的基因变异和生命进化选择的协助作用。[9]

二、生命的壮大

最初的生命形式是单细胞,类似于细菌,进而出现大量不同的种类。从单细胞到多细胞生物(能够分裂成为不同的细胞)的过渡是一种深刻的变化,其状态具有很大的不确定性。多细胞生物产生于单一种类的细胞群。目前发现得最早的多细胞生物的化石已经具有七亿年历史。

仅仅从早期的植物与动物的区别来看,目前,我们可以将这些生命体分为五大类:

- 原核生物或者无核生物(无细胞核的单细胞):蓝藻、细菌;
- 原生生物(有细胞核的单细胞):金藻、孢子虫、鞭毛虫;
- 菌类:真菌、藻状菌、子囊菌、檐状菌;
- 植物:红藻、苔藓、维管植物(蕨类植物、显花植物);
- 动物:海绵、扁形动物、软体动物(头足类、贝类、蜗牛)、节肢动物(千足虫、蜘蛛、甲壳类动物、昆虫)、棘皮动物、脊索类动物(先于所有的脊椎动物)。[10]

这五大类生物在食物摄取上可以分为三种不同的形式:光合作用,将光能转变为化学能,生成碳氧化合物以及以无机物形式存在的养分;对于分解的有机物的营养的吸收;主动的食物获取,即通过吞食,在身体内部消化大量的有机养分。

脊索(椎)动物的出现是地球上生命史的又一次进步。在此过程中出现了一种新的生物结构和很多次级生物结构。脊椎动物的特征是身体有了明显的结构,包括头、躯干和尾巴,脊椎动物在地球其他领域不断扩展繁衍。脊椎动物最初生活在水中,在大约 4 亿 5 千万年前。大约 4 亿年前它们的身体骨骼和颌骨出现了;最后,在差不多 3 亿年前鱼类出现了。

直到大约 4 亿年前,陆地上才出现生物。最早的植物属于藻类和"裸子植物"。大约 3 亿 5 千万年前,即石炭纪的森林中已经出现了高度超过20 米的植物。这个时期,已经有大量的昆虫和蛛形纲类动物。两栖类动物可以说是这个时期最古老的脊椎动物。两栖类动物中出现了爬行动物,爬行动物中后来出现了鸟类和哺乳动物。[11]

目前,世界上已知的生存物种大约有 150 万种。实际的数字可能会更大,估计有 10 到 15 倍之多。当人们将哺乳动物的物种数量与整个生物种类数量相比时,显然这个数字会显得很小,从生命的起源即 30 亿年前算起,所有的生命种类据估算有 10 亿种之多。

目前已知的物种中,昆虫有 751000 种,其他生物为 281000 种,病毒有 1000 种,无核微生物有 4800 种(细菌和相似的种类),菌类有 69000 种,藻类有 26000 种,高级植物有 248000 种,原生动物有 30800 种。[12]按照进化论的观点,所有这些生物属于不同的层级形式,从一级向一级转变,也即它们具有相同的起源。在这个巨大的生命物种类型中,人类属于单独的一类。[13]

三、进化的过程

与进化论相伴的是自然的时间性和历史性,同时还有它的动态性。因此,发展不再是指代一种静止的阶层,而是表现为多样分化的谱系,借助这个谱系,所有物种之间的亲缘关系和彼此的发展演化能够清晰地表示出来。生物之间的相似性不再重要,重要的是相互归属的起源史。在生命科学领域内,生物学和其他学科对于进化的研究具有特殊意义。这些研究包括有关进化的历史和有机体的变化过程,有关重构、亲缘关系和进化的力量以及它们是如何向前演进的。

达尔文(Charles Robert Darwin)的进化论含有四种假设。[14]依照这些假设,世界不是静止不动的,它是在稳定地运动着。第一,生物种类进行着持续性的改变;一些灭亡了,一些新的物种又会出现。正如化石所证明的,这些改变伴随着环境的变化而发生。第二,进化的过程是缓慢而持续的,不会发生突然的跨越。第三,达尔文认为,"一切生物皆同源"。第四,达尔文提出了自然选择的观点。在一代代的演化过程中,出现了数量巨大的遗传变种。"无疑,那些符合自身特点的最合适的组合并与环境相适应的生物最终成活了下来。"[15]

进化发生在停滞和加速变化的阶段之间,而不是突然的跳跃式发展。遗传物质保留在生物体内,只有在繁殖和突变的时候才会发生改变。[16]进化并不遵循同步的原则,所以今天生存的各种植物和动物才会具有不同的演变历史,才会出现年代久远的和相对年轻的生物同时存在。剑尾目甲壳动物实际上属于蛛形纲,已经存在了 1 亿 8 千万年;银杏树是目前仅存的 1亿 3 千万年到 1 亿 8 千万年的广泛生长的树木;在 2 千万年到 3 千万年之前,哺乳动物分化为食肉动物、啮齿类动物和灵长类动物。对于这一点,一些化石可以作为很好的例证,即从时间的角度来看,千百万年以来,一些动物与植物发生了不同的变化(见下表,表中时间的单位为"百万年")。[17]

哺乳动物	200	甲壳纲动物	540
鸟类	150	蛛形纲动物	420
爬行动物	300	蜗牛	580
两栖类动物	390	裸子植物(银杏门)	200
硬骨鱼类	410	球果植物(针叶树)	320

在进化过程中,体现着保留和革新两种力量。一方面,新的生命的形式和种类以不同的速度不断出现;另一方面,旧的结构得以保留并在未来的岁月中经受考验。进一步传承和保存的遗传信息,即遗传密码、自我维系,在超过三百万年的时间里没有发生变化。遗传密码将各自的遗传特性传递给它们各自的物种,只在非常漫长的时间内发生缓慢变化。在每个物种之内,遗传信息基本上与它们的上一代(发生个体传承)是相同的。身体结构特征、生理特征和行为能力将持续地从一代向下一代传递。物种的这种遗传维系性与代辈传继的变化相对立。新的基因组合会在后代中发生,并在个体中以"拷贝"的方式将这种偶然的遗传错误传衍下去,产生个体的遗传多样性,这是进化得以发生的重要条件。

除了保留和创新之外,适应和分化在进化过程中也扮演了重要角色。著名的加拉帕戈斯群岛上的燕雀清楚地证明了这种情况。大约在 1 千万年前,这些燕雀的祖先来到加拉帕戈斯群岛,并在那里找到了一个适合的小的生活环境。随着时间的推移,它们分化成很多种类,并形成了各自不同的食物来源。一些燕雀长着长长的、尖尖的喙,它们以昆虫为食;一些以谷物为食,因此生有短而有力的喙;另一些习惯在地面上啄食,因此长着另外样子的喙。以燕雀为例,适应和分化使得它们能够生存下来。而另一个例子是熊猫,它们以竹子为食,不利于发生强烈的分化,因此则欠缺生存的灵活性。

进化的过程是不可逆的。已经发生的改变就不可能再逆转回去了;即便是单一向度的个体特征也是不可逆转的。[18]一个关于进化的不可逆性的例子是马:大约6千万年前,马生有5个趾头,个头像猫那样大小;伴随着进化的发生,才出现了今天这样的大小和独具特色的"单蹄"。当然类似的发展不能从当今的发展状态来评判。现在,我们必须认识到,进化过程中不存在对未来的预设,而仅仅是"瞬间的决定";一个时刻所保留的,就起了作用(经常是这样的),其他的则被放弃——这不是仅仅通过生态掠夺来实现的。因此,进化的趋势只能作为整体确定的发展样式来理解:不能作为事先确定好的发展而只能作为受环境影响的现象来认识,它们是适合的生命样态的一种合理反应。

就像个体和社会一样,物种也是要灭亡的。大量的实例证明,任何生物都不可能长久存在。从地球的历史来看,大规模生物灭亡的现象曾多次发生。其中最著名的例子是大约6千5百万年前发生的恐龙的灭绝,实际上很可能是由于一颗小行星撞击地球,进而引发了一场环境的灾难。更大规模的死亡发生在距今2亿5千万年之前,其中80%的动物都灭亡了。今天,物种灭亡的范围更广,速度更快,其中大量的物种灭绝是由人类造成的。

19世纪时,进化论与早已存在的进步思想交织在一起,完善成为进化的目的,并以从"猿"到"人"的发展为例证。尤其是在文化人类学(民族学)中这种认识得到了发展,对文化进行"优""劣"的划分,其持续的影响发生在殖民进程中,但是,以目前的观点,这种认识是站不住脚的。[19]人们既没有从中认识到进化生物学(进化领域内的一个方向)中不断增长的普遍复杂性,也没有放弃那种线性发展的想法。一种线性的、进步的进化论回避了"从主干上生发出的各个旁支"（进一步生发出来的分支形态），它是一种抽象的进化论，并没有包括进化的各种错综交叉的方式，进化过程不是简单地以"高级的"逐渐替代老旧的"原始的"形式。

四、进化的力量和机制

选择是进化过程中最重要的力量，基因的重组和突变决定了遗传的多样性，指明了进化的方向。大部分物种都出现了雄性和雌性的分化，而且它们的后代都是通过性接触来创造的，它们是两个不同遗传信息的结合，因此产生了一种具有不确定的遗传多样性的基因重组。性具有如下结果，即每一代的基因组合总是经受环境的考验。基因重组的有性繁殖过程内蕴含着巨大的潜力，当考虑到具有有性繁殖方式的生物中，没有两个个体是遗传确定的情况时，我们会发现这种潜力是多么突出！基因的改变造成了突变，比起基因重组来说，突变对于物种多样化的产生所发挥的作用要微小得多。除了基因重组和突变，自然选择对于生命的进化具有决定性作用，在大量基因变异的物种中，被选择保留下来的是那些最适应生存条件的物种。与以前不同，现在大部分生物学家更倾向于这种观点，即进化不是按照什么规定的计划进行的。选择是基于什么呢？基于基因，基于个体组织器官，基于群体，基于物种？关于这个问题，出现了很多讨论和主张，目前仍然没有一个明确的答案。实际上，自然选择基于不同的层面之上，人们必须考虑到各个层面的种群效应。但是，进化到底基于什么发生？进化倾向于哪种方法？可以确定，进化不遵循任何预想。

正像我们透过加拉帕戈斯群岛燕雀的例子所看到的，环境在自然选择中扮演了重要角色。气候因素和其他的生命条件显得格外重要。自然选择引发了一些情况的发生，例如难以逃避的由分化和适应引起的竞争压力，并由此形成了物种的多样性。在自然选择过程中，生命体不但受到外部环境的左右，而且受到内部生命条件的积极性的影响，两方面因素共同作用。内部选择与外部选择的交替影响紧密相关、精妙配合。一旦自然选择的环境发生了变化，生命的组织器官就会根据变化的环境做出适应的努力。[20]如果这种适应的努力失败了,生命体不具备或者缺少生存的能力,它将被规律淘汰。一旦生物的有关特征很容易得到改造——例如达尔文鹰的不同的喙,那么就会产生一种改造的模式——例如大约从1亿5千万年前开始所有的鸟类都具有了羽毛。通常,也会出现"古老的"和"年轻的"同时出现的情况。始祖鸟就是这些"镶嵌进化"(mosaic evolution)的一个很好的例证,在这种构造模式中,始祖鸟除了具有"古老的"爬行动物特征之外,同时在羽毛和骨骼方面还具有"革新的"特征。既然,突变并非以改变为目的,它不能完全解释鸟类构造模式的形成,那么,实际上生命体内隐含的发展强制性也应该扮演一定的角色。

理想情况下,进化有三方面不同,这三方面对于生物的多样性的不同相互作用表述如下:

● 进化过程中的每一个变化都是由一系列步骤组成。第一步是单独的遗传多样性的产生,与之相应的是纯粹的巧合。巧合包括突变和基因重组,它们为遗传多样性创造了物质基础。

● 偶然产生的生命多样化不是简单的相互区分,而是区分于各自适应的程度。从发展的结果来看,这些区分在准备情况上有着显著的不同。选择促进的不是某个概念的确立,最主要的是扩大了遗传生存的现实性。

● 外部环境因素以及生命组织自身的构造和功能条件制约了所谓的自由发展的可能性;这些条件因素在其复杂的交替作用下按一定的方向掌控着生物的进化发展。[21]

第二节　人　化

以上叙述可以清晰地表明,人类的历史和地球上的生命史紧密相连。大约2亿年前,最初的哺乳动物出现了,实际上,它们是由一群肉食性兽孔目爬行动物发展而来的。它们体形相对较小,重量小于10千克,属于白垩纪时期动物大量灭绝时遗留下来的生物。[22]它们在新生代时期,在大量的爬行动物灭亡之后发生了进一步分化,实现了更大范围的分布。今天,哺乳动物从长约 30 米、重达 140 吨的蓝鲸，到 6 厘米大、体重 6 克的鼩鼱，涵盖的范围非常广。超过 2000 种哺乳动物已经灭亡，并以化石的形式被人们发现，与之相对，目前地球上还生活着大约 1000 种哺乳动物。自距今 4 万年以来，出现了大约 200 种灵长类动物，其中就包括晚期智人。人类出现的过程就是"人化"，即成为人。关于这一主题的研究不仅仅涉及古生物学[23]、古生态学和古人类学，而且遗传学、脑科学、灵长类动物研究、社会学和文化人类学也为之贡献了力量。人化的研究不是某一门学科的工作，而是跨学科的研究任务，其中不同的方法和科学理解具有重要意义。

灵长类动物的产生可以追溯到距今 8 千万年前的白垩纪时代。最早的灵长类动物化石是由格鲁伯·梅塞尔（Grube Messel）在达姆施塔特（Darmstadt）发现的，距今 4 千 9 百万年。这类灵长类生物居住在森林之中，善于攀爬，而且体形很小；它们的手和脚适合攀爬和抓握；实际上，它们具有很好的视力和相对较大的脑；它们是杂食的，包括昆虫和植物果实。高级的灵长类动物（类人猿）的起源可以追溯到始新世（5 千 8 百万年至 3 千 7 百万年前）的末期，在开罗附近的法雍（Fayum）地区发现的渐新世时期（3 千 7 百万年至 2 千 5 百万年前）的类人猿化石可以作为证据，它们与狐猴具有很大的区别。类人猿、猿人等直立人，实际上还有早期智人，依照目前的化石发掘和断代手段来看，它们最先出现在非洲大陆。[24]

一、人类的祖先

1992 年在埃塞俄比亚的阿拉米斯（Aramis）地区发现了大量的头骨、颌骨和骨架的碎片，这些骨头碎片大约有 440 万年历史。1994 年，一具相对完整的骨架又被发现。起初，人们认为，这具骨架属于南方古猿，南方古猿被认为是人类的祖先。但很快区别就越发显现出来，人们将这个新发现认定为是一个新人种的代表，命名为拉米达地猿（Ardipithecus ramus）。[25]地猿具有相对较小的覆盖着比较薄的珐琅质的臼齿以及与类人猿相似的前臼齿。[26]实际上，这种猿人生活在热带雨林中的边缘区域，那里是人与猿的分界地带。地猿的身体结构表明，它们已经处在南方古猿双腿行走这一发展路径的初始阶段了。

人类的祖先南方古猿,出现在上新世,距今500万年以前,但只是存在了很少数量。[27]有关这种猿人的最古老的化石发现于肯尼亚北部的图尔卡纳湖(Turkana-Becken),距今已经超过400万年。猿人的行进方式包括双腿行走和爬行。它们的头骨和脑容量接近今天的类人猿。它们的四肢与人类还有所区别,因此,它们还不能制造工具,而且仍旧需要用臼齿来咀嚼食物。

目前发现的最著名的猿人名为露西(Lucy),生活在360万年前,它属于南方古猿[28],于1974年在埃塞俄比亚的哈达尔(Hadar)地区被发现,露西体重在30千克到50千克之间,身高不超过120厘米,没有湖畔南方古猿(Australopithecus anamensis)那么古老[29],已经可以直立行走。南方古猿的脑容量已经和今天的黑猩猩差不多。它们的臼齿仍旧较大,这说明它们的食物仍旧比较粗糙,正像人们在雨林边缘地带发现的热带稀树草原植物群落那样。它们长着相对较长的手臂,与人类相比,它们的双腿较短,前进需要很大的力量。事实上,这种古猿结群而居,生活在距今300万年之前的非洲 Riff 地区的树林与草场交接的地区。"群体中的每一位成员各自觅食生存,因为还没有直接证据表明那个时候已经有分食的生存方式出现。它们的食物范围较大,水果、浆果、坚果、种子、嫩芽、花蕾还有菌类都是它们的食物,植物的根茎也被挖出来食用。水中和陆地上小的爬行动物、雏鸟、动物的卵、软体动物、昆虫以及小的哺乳动物都不会被它们放过。"[30]大约在距今250万年出现了一个气候变冷和干燥的时期,冰河在生命空间中蔓延,自然选择的压力不断加大,由此伴随着臼齿不断变大和越发坚硬,推动了人类形成的进程,这些变化带来了南方古猿的分化,即形成了更为强壮的更新世灵长动物傍人属(Paranthopus)和人类。依照这种设想,"出现了两种不同的'生存策略',随着气候的不断恶化,植物作为食物来源,其获取越来越困难:通过咀嚼肌的不断强健,强壮的更新世灵长动物摆脱了对环境的直接依赖性,例如卢多尔夫人(Homo rudolfensis)借助工具的发展摆脱了对环境的直接依赖性"[31]。

二、最早的原始人类

尽管古人类学没有对于人类的起源问题给出清楚的解释,但是以后的考古发现推动了人们关于这一问题的认识,得出了这样的观点,即卢多尔夫人具有距今 250 万年到 180 万年的历史[32],能人(Homo habilis)属于最早的人类,距今 210 万年到 150 万年[33]。在这两种情况中,存在着南方古猿和类人猿的特点混合。虽然卢多尔夫人长着具有起源性质的牙齿,但是从发展的程度来说,关于这一点智人已经表现出来,能人具有缩短了的牙根,显示了牙齿的进化,但是从身体骨架来看,它更像类人猿的骨架而胜过像人类的骨架。截至目前,人们仍未发现相关的化石来证明从早期的南方古猿到后期的直立人之间的过渡和发展。250 万年之前出现了强壮的南方古猿,与之不同,卢多尔夫人表现出了对于环境适应的更大的灵活性。因此,出现了以下发展趋势,包括杂食的营养摄入方式的形成,以及工具文明的开端。这也有利于在气候变化时更好地适应改变了的营养条件。石器被用来砍断植物,可以对猎取来的动物的肉进行分割和处理。文化特殊化的最初形式和相对较弱的身体特殊化共同创造了对生活空间不断增长的独立性,以及对自我创造的石器工具的不断增长的独立性。"卢多尔夫人曾经生活在非洲东部的热带地区,一方面出于它们喜欢开放空间的原因,另一方面可能由于与更新世灵长动物发生的生存空间竞争不断增加,它们选择了非洲 Rift-Valley 的雨影区生活。匠人(Homo ergaster)是直立人早期的非洲变种,大约在距今 180 万年前由卢多尔夫人发展演变而来。"[34]

人类很早就创造了最初的手工制品。在埃塞俄比亚和坦桑尼亚,人们发现了 260 万年前的石质工具。工具的使用促进了交际的可能。一位研究人员指出,对于能人来说,对人类语言极其重要的脑部组织的发展,在韦尼克区和布洛卡区已经显现,由此推断,那时的能人很可能具有了最初形式的语言。能人的女性受孕阶段已经延长,最终出现了持续的配偶形式,从而结束了以前存在的群偶关系。这些有助于社会关系的加强,有助于后代的培养,以及劳动分工的最初形式的出现——由男性成员猎取动物并带回他们群体的暂住地。实际上,200万年前古人类从非洲大陆向外的第一次迁徙就已经发生了。

三、直立人

人们在非洲、亚洲和欧洲都发现了直立人(Homo erectus)的化石。它们的时间跨度很大,从早期生活在200万年到150万年前的直立人(匠人),到后来生活在非洲和亚洲的150万年到30万年前的直立人,再到后来生活在欧洲的距今80万年到40万年的直立人(海德堡人)。直立人的祖先很可能是一个相对健壮的原型,它与生活在非洲的大约250万年前的卢多尔夫人同时出现。[35]"与卢多尔夫人不同,直立人的身体特征表明了它们向着智人的方向取得了长足的发展。首先是脑容量的扩大,大脑与头颅比例的变化,颅底裂的硬化,颅内侧空间的加大,颌骨关节的构造和牙齿顶面的圆滑……当我们追溯类人猿时,尽管南方古猿和早期人属成员显示了一定的骨骼特征,然而,解剖学还是认定了它们与现代人的骨骼结构在很多细节上都有很大的不同。"[36]人类演化的过程是一系列因素共同作用的结果,其中自然的和文化的元素相互交叠、紧密联系,成为一个新的整体,造就了人类特征的复杂性[37];其他因素还包括脑、手、工具、营养、生活空间、火、狩猎、语言和文化等。

(一)脑

在大约200万年的时间里,从早期的人到后来的人,大脑有了很大的发展,以早期发现的图尔卡纳(Turkana)男孩为例,他的大脑有800cc到900cc[38],100万年前达到900cc到1000cc,50万年前达到1100cc到1200cc,今天平均为1450cc。如果我们将大脑的大小和身体重量作比较的话,以这个数值作为参照,灵长类动物是其他哺乳动物的1.6到3.1倍。南方古猿达到2.4到3.2倍,直立人是4.5到5倍,现代人是7.2倍。[39]就决定大脑的机能来说,神经元联结的质量要比脑的大小更重要。[40]大脑皮质对于信息的储存和关联以及对经验的处理非常重要,从人类演化过程中发掘的相关化石来看,证明了大脑皮质是不断扩大的。小脑对于运动的组织和协调具有重要作用,它指挥着脸部和手的活动。[41]脑研究的最新结果表明,人在出生之后,大脑会受到(文化的)环境的影响而发生改变。[42]

(二)手和工具

直立人以身体直立的姿势,使用双脚行走在热带雨林的边缘地区,这是一种新的方式,它克服了地面与树木之间的空间障碍。因此,手从身体的移动中解放出来。大脑的发达、双手的解放、前额的发展以及语言的萌动,这些变化带来了一个新的对于人类来说是革命性的复杂性。[43]伴随着手的解放,早期的直立人实现了手的"有力抓握"的锻炼,用大拇指和其他手指可以抓住物体,从"可以抓握的手"到直立人的"准确抓握的手",大拇指可以在其他指尖上运动,并可以放到其他手指的外侧位置。[44]这些为人类对细小物体的操作和工具的灵巧使用提供了解剖学上的前提条件。然而,这一发展过程却是十分漫长的。石头碎片的打磨标志着石器工具的产生,这个过程用了100多万年时间。人们在坦桑尼亚的奥杜威(Olduwai)峡谷发现了很多这种简单打制的工具。直到大约150万年之前,才出现了制作更加精巧的石斧。

(三)营养和生活空间

由于人类演化为杂食的生物,他们的大拇指变得越来越小。与以植物为食的动物相比,食肉动物的大拇指要短一些。随着营养摄取范围的改变,能量的获得更加自由,这些进一步促进了大脑的发展。食用肉类尤其对于哺乳期的母体来说更加有益,新生儿在出生后大脑会获得更好的发育。工具的使用以及营养结构的改变,使得牙齿不再需要咀嚼那些粗糙的食物,因此臼齿变得越来越小。"晚期直立人的臼齿与早期的现代智人已经很相似了。"[45]在这一时期,实际上也发生了以下变化,例如鼻子前端软骨的构造、体毛的消退和汗腺的形成。由于直立人对食物的获得和加工具有了更大的可能,他们便更加不受周围环境的制约,并且能够从非洲向亚洲、美洲和欧洲进行迁移。

(四)火和狩猎

关于火的最早使用证明发现于东图尔卡纳的库比福勒(Koobi Fora),

距今有 150 万年历史。很显然，早期的直立人已经使用火了。火可以给人类创造温暖，可以抵挡野生动物的袭击，可以对肉类进行加工、防止腐烂。对于火的控制和使用需要的不仅仅是技术，还有关于秩序和合作的社会能力。有关动物猎取的最早证明也出现于直立人身上。人们发现了石器工具和经过切割的动物骨头，这些证明了那时大量的动物被猎杀和肢解，只有当狩猎行为具有一定的计划和目的性时，猎物的获取和分发才能达到如此程度。狩猎和猎物的分发不但在很大程度上依靠运气，还需要交流与合作。它对于男女分工和人类社会的构建具有不可替代的作用。塞奇·莫斯科维奇（Serge Moscovici）将这种情况作了以下描述："是狩猎者变成了人，而不是人变为了猎人。"[46]

（五）语言和文化

大脑的发展和双手的解放使得语言的产生成为可能，而且也促进了工具的出现。倘若没有这种不同声音产生的可能性，就不会有今天人类的语言，人类形成过程中生理和文化因素的交叉作用对于语言的形成非常重要。大脑的发展、制造工具的实践、狩猎和肉类的分配，这些方面的共同作用诞生了一个呼唤系统，这个系统为交流的实现创造了可能。没有这个呼唤系统的可能性和界限，就没有今天所谓的精确性。更加确定的是，这种语言形式的理解在文化早期形式的形成中扮演了重要角色。这种原始文化是"一个系统，它创造了一种高度复杂性，没有这个系统就不会有这种高度复杂性，这个系统可以减缓人类组织水平的下降"[47]。这个系统包括组织的原则、应用和规定，有关工具制造的技术知识，艺术能力和狩猎时的运气，后代的养育，以及关于天气、植物、动物等环境的一般认识。[48]

关于人类在非洲起源的观点不断传播扩展，但人们对此并不是十分确信。工具的使用、火的控制、狩猎的技艺以及相关的社会能力，为古人类向其他地方迁移提供了重要的前提准备。实际上，晚期卢多尔夫人或者早期的直立人最早的迁徙出现在距今 200 万年以前。在这一时期，古人类的食物范围也在不断扩展。在爪哇和中国发现的最早的人类活动遗迹距今 180 万年。进一步的迁徙发生在 80 万年之前。大约在 40 万年之前，直立人迁徙到了东南亚以及欧洲中南部地区。"在中国的一些考古发现表明,大约28万年之前,在中国出现了介于直立人和现代智人之间的人类,因此具有'古智人'的特征。"[49]欧洲出现的相关古人类是海德堡人(Homo heidelbergensis),海德堡人具有融合了直立人和尼安德特人的生理特征。1997年在西班牙的阿塔普尔卡(Atapuerca)发现了一种新的类型,被称作前人(Homo antesessor),具有人类非洲祖先和尼安德特人的一般特征。

四、智人(**Homo sapiens**)

大约在70万年之前,在非洲、亚洲和欧洲出现了早期智人[50]。欧洲的尼安德特人[51]源自这种早期智人的晚期,即施泰因海姆人(Homo steinheimensis),与此同时,在非洲已经出现现代智人。大约在9万年前,尼安德特人与现代智人在近东地区相遇之后,直到大约3万年前尼安德特人消失,他们共同存在了5万年时间——关于此,存在众多猜想。[52]在克罗地亚、意大利和直布罗陀地区都发现了生活于18万年到9万年前的早期尼安德特人的化石。在德国的尼安德特和萨尔茨吉特—莱本施泰特(Salzgitter-Lebenstedt)地区发现了距今6万年到3万年前的尼安德特人化石。而且,在比利时的斯帕(Spy)和法国的很多地方,以及在以色列和库尔德斯坦(Kurdistan)也发现了相应的化石。尼安德特人的脑容量已经有1600cc,它在身体重量中的比重比现代人还要小一些。尼安德特人的身形大小与现代人几乎相同,但是他们更强壮一些,所以体重会更重一些。[53]尼安德特人生活在寒冷的地区,他们的身体大小与食物的摄入密切相关,因为相同体形下,体表面积越小,身体散失的热量就越少。今天的格陵兰人也表现出相同的情形。由于最后一次冰河时期的生存条件相当恶劣,食物不足的情况不断蔓延。气候条件要比今天低6摄氏度,那时的植物性食物供给受到限制,从而使肉类成为重要的食物。猛犸象的獠牙变成了武器和工具。尼安德特人具有发达的工具文化;除了刮铲、矛,还有可以用来切割的刀具。

在尼安德特人的文化中存在一个重要的事实,就是他们会为死者提供陪葬品,其中包括颜料、器物和粮食。从中我们可以得出结论,尼安德特人相信人死后生命还会继续。在法国的费拉西(Ferrasie)发现了包括一男一女还有一个孩子的合葬墓,孩子的身上还撒有黄土。在库尔德斯坦的沙尼达尔(Shanidar),人们在一个山洞中发现了一具骨架,在它的上面撒有花粉、蔷薇、石竹和风信子,由此我们认为,死者的身体上曾经覆盖着花朵。这些发现使人们得出如下结论:生者已经开始关注死者,死者始终属于他们的一员。他们懂得痛苦与悲伤,可以对人们的死亡进行想象,他们相信人们死后会生活在另一个世界,这种信念有望安抚他们的悲痛。尼安德特人不但可以对过去和将来有所设想,而且可以对死亡进行想象,想象着死后在另一个世界的生活。他们已经具有了有关死亡的认识,理解死亡对于人类生命的意义,这些直到今天仍然是一种重要的文化,是人类自我认识产生的条件。[54]

按照我们今天的理解,很多人认为现代智人在大约 12 万年前出现在非洲大陆,并于后来定居在近东、亚洲和欧洲。在南非的边界洞(Border Cave)、克莱西斯河口(Klasies River Mouth)和埃塞俄比亚奥莫盆地的基比什(Omo/Kibish)的有关考古发现,证明了非洲起源的说法。这些发现都与早期[55]和晚期[56]的史前人类有关。基于这种认识,人们不得不放弃以前那种现代智人诞生于欧洲的观点。1868 年人们在法国南部的克罗马农(Cro-Magnon)发现了 5 具古人类骨架,这些骨架与尼安德特人有着明显的不同,从解剖学上讲应该属于现代人,即现代智人。所以它们只能被称为"克罗马农人"。在婆罗洲和中国发现的人类化石距今有 4 万年历史,在美洲发现的人类化石距今有 3 万年历史。一种现代人多地区起源的说法还不太实际。4 万年前来到欧洲中部的现代人不是生活在洞穴中,而是生活在神庙的入口附近和帐篷中,而且通过穿戴兽皮来抵御寒冷。现代人、尼安德特人不仅仅掌握了工具的制造技术。在 2 万 8 千到 2 万 2 千年前的旧石器时代晚期,人们制造的工具除了刀、刮刀、刻刀之外,还有矛、箭和弓。在 2 万 8 千年到 2 万年前的格拉维特(Gravettian,旧石器时代晚期)矛还被装在木质的杆上面。在 1 万 8 千年到 1 万 1 千 5 百年前的马格德林(Magdalién)文化中已经存在可投掷的矛和具有美学意义的艺术品。[57]几千年前,随着金属的加工和使用,历时 250 万年的石器文化历史宣告结束。与尼安德特人相比,现代人首先"可以利用环境资源,他们的社会组织形式更加高级,发展了不断传承的习俗,他们的身体结构和肌肉不再需要更多的能量维持,儿童死亡率变低,整体上,生活的危险变小,更加长寿,成果更多"[58]。从此,人类走出了现代智人演变的历史。

人类的基因和黑猩猩的基因有 98% 是相同的,基于此,目前人们认为人类与黑猩猩的区别要比与其他动物的区别小得多。[59] 这种观点也出现在对于灵长类生物的研究中[60],近十年的研究结果表明,我们对动物的认识变得越来越复杂,我们比以前更强烈地发现我们的行为中存在进化过程的痕迹。[61] 对人类和动物之间关系的认识所发生的改变,不仅仅源于进化论的研究结果,也受到有关化石和遗迹残留的不足与困难的影响,在这个不断发展的平台上,我们方可对人类进行讨论。所以,虽然人类有他的诞生日,但是那时他还不是人类。人类不是上帝的造物,而是一个漫长过程的结果,其中包含了众多因素的共同作用,最终才形成了人类。人类形成的过程是一个时间的、历史的过程,在这个过程中,"自然的"和"文化的"元素密不可分、相辅相成。不是一个元素,而是很多不同的元素共同创造了人类。

人类形成的过程是一个生态的、遗传的、脑科学的、社会的和文化的诸多因素相互作用的多维度的形态生成。按照当今的认识,在这个过程中存在三个类型的变化:一是生态的变化,稀树草原不断扩张而形成一个"开放的"群落生境(biotope);二是发生在高等灵长类生物体内的基因变化,由于基因的变化,一些灵长类生物已经可以直立行走且高度发展;三是由年轻群体的分裂和新领地的开辟所产生的社会自我—生产的变化。新的群落生境,对于已经可以使用和制造简单工具的双手和双脚的灵活性和交际能力提出了更高的要求。人类进化到杂食阶段的时候,狩猎便迎合了新的需要,比如看护、守卫和有计划的行动。合作的新形式和社会性合作可以防御野兽的攻击,对于食物的寻找、狩猎的实施、食物的分配以及后代的养育都是十分必要的,而且可以进一步促进大脑能力的发展。热带草原,即新的生态系统,触发了脚、手和脑的(现象的和遗传的)变化,促进了技术和其他所有方面的发展。在这个过程中,产生了古代社会,其中出现了以文化为基础的男女分工、具有阶级性的社会关系以及越发复杂的语言和文化。在出生的时候,大脑越发稚嫩、还不完善,延长了与长辈关系密切的儿童时期,使得孩子具有先天的、自由的文化习得的可能性,这些集中表现于人类形成的过程中。脑的发育、出生的年轻化以及增长的社会和文化的复杂性,它们之间相互产生影响。脑的复杂性衍生了与之相关的社会文化的复杂性。脑的发育能力只有通过与之并行发展的社会文化复杂性才能表现出来,并进一步发展下去。从这种辩证关系我们得出:从一开始,人类就是一个文化形态,他的"自然性"是文化的发展。人类形成过程的终点实际上也是一个起点。人类,从人的角度来说已经达到了发展的极致,他是一个年轻的幼小的种类;他具有创造性的大脑,如果没有文化的系统将会变得很弱小;他的全部能力都必须像婴儿一样得到"精心喂养"。人类的形成以人类不可改变的根本的不完善性为终点。我们在人类形成的过程中清楚地看到,智人和痴人(Homo demens)密不可分,人类的巨大发展也有其弊端:人类同样制造着恐怖与暴行。

人类学作为关于人的一门学问,指明了生命的进化和人化的历史。脱离这些内容,人类学就失去了它的构建维度。我们关于生命进化和人类形成的有关概念由目前我们的研究和认识水平所决定,其中研究对象范围的历史性和目前研究的历史性密切相关、相辅相成。今天在进化研究和古生物学中被认为是有效的,都是历史性产生的认识结果,都可能会被新的发现和研究结果以及受其影响的认识所改变。

在人类学中引入进化论的观点,对于人类的自我认识给出了一个统一的重要参考点。人类不是上帝的造物,而是具有生命出现和人类形成的过程性特点,时间性和历史性构成了进化和人化的特点。

早期的进步思想与进化论有着密不可分的关系,与之不同,现在这一领域的很多研究者不再固封于自然的内部,突破了一种完美的设计理想。对于基因重组、突变和自然选择的研究人们乐此不疲,在内部与外部的力量中探寻进化的力量和机制。

宣称人类演化出于一种原则的观点已经过时,起决定作用的是众多因素的共同作用,其中社会的和文化的因素在很早阶段就发挥了重要作用。生物与文化进化的共同作用对于人化过程也非常重要,而且,从领域来看,生物的因素和文化的因素都产生了更大的影响,所以,生物进化和不断兴起的文化发展在人类的形成过程中都扮演了重要角色。文化发展的范围包括工具的使用、交际、社会行为、认知、脑结构、解剖学、运动。

通过有目的的侵占,现代人不断改变着自然。他们的行为造成了在地球上繁衍生息的物种的众多灭亡;他们带来了气候的改变,而这种毁灭性的影响越来越清晰地表现出来,只有人类行为的根本性改变才可能转变这种情况。地球上维系人类生命的不可再生能源正在被肆意使用,可持续发展成为有识之士的唯一选择。当今,已经出现了如下发展局面:例如借助基因的人为控制,人们有可能摆脱进化的轨迹,但是,由此导致的出乎意料的后果却是难以估计的。

随着科学、技术、全球化经济与交流,以及世界性的政治、社会和文化相互影响,人类生活的复杂性进一步加大。鉴于这种发展,人类学的研究对于人类的自我解释和自我表现将会贡献自己的一分力量,从而显现出更重要的意义。只有将一般的和实践的观点相结合,人们才可以发现人类学的复杂性,人类学的研究才能对个体的、社会的和全球的自我理解过程产生重要影响和做出卓越贡献。

注　释:

[1]参见 Ilya Prigogine, *The Molecular Theory of Solution*, New York: Interscience Publishers, 1957。

[2]参见 Steven Weinberg, *The First Three Minutes. A Modern View of the Origin of the Universe*, New York: Basic Books, 1993。

[3]参见 Manfred Eigen's statement, quoted in Franz Mechsner, "Am Anfang war der Hyperzyklus", in *Geo. Schwerpunkt Chaos und Kreativität* 2(1990), p.78。

〔4〕参见 Manfred Eigen&Ruthild Winkler-Oswatitsch, *Steps towards Life.A Perspective on Evolution*, New York: Oxford University Press, 1992。

〔5〕参见 Reinhard W.Kaplan, *Der Ursprung des Lebens*, Stuttgart: Thieme, 2nd ed., 1978, p.91。在下面的章节中,生命发展的四个阶段被定义如下:1. 非生物的(没有生命形式的参与而发生的)组成部分分子的形成,特别是蛋白质和核酸;2. 这些模块的生物聚合形成大分子,形成较大的细胞器和细胞样结构(前细胞),从这种结构发展出的原生物。

〔6〕参见 Richard E.Dickerson & Irving Geis, *Chemistry, Matter, and the Universe.An Integrated Approach to General Chemistry*, Menlo Park: W.A.Benjamin, 1976。

〔7〕参见 William J.Schopf, "Die Evolution der ersten Zellen", in *Spektrum der Wissenschaft* 2(1982), pp.43−60, pp.83−99; Motoo Kimura, *The Neutral Theory of Molecular Evolution*, New York: Cambridge University Press, 1983。

〔8〕参见 Friedrich Cramer, *Chaos and Order: The Complex Structure of Living Systems*, Weinheim, New York: VCH, 1993。

〔9〕With regard to the question "what is life?" 参见 Ernst Peter Fischer, *Die andere Bildung.Was man von den Naturwissenschaften wissen sollte*, Munich: Ullstein, 6th ed., 2002, p.214。

〔10〕Franz M.Wuketits, *The Evolution of Living Systems*, Weinheim: Wiley-VCH, 2005, p.88; Rupert Riedl, *Die Ordnung des Lebendigen.Systembedingungen der Evolution*, Hamburg: Parey, 1975.

〔11〕参见 James W.Valentine & Francisco J.Ayala, *Evolving.The Theory and Processes of Organic Evolution*, Menlo Park: Benjamin, Cummings Pub.Co., 1979。

〔12〕参见 Edward Wilson, *The Diversity of Life*, Cambridge: Belknap Press of Harvard University Press, 1992。

〔13〕参见 Wilson, op.cit。

〔14〕参见 Charles Darwin & George Levine, *The Origin of the Species*, New York: Fine Creative Media, 2003。

〔15〕参见 Ernst Mayr, "Evolution.Die Entwicklung von den ersten Lebensspuren bis zum Menschen", in *Spektrum der Wissenschaft*, 1982, p.11; Ernst Mayr, *Systematics and the Origin of Species.From the Viewpoint of a Zoologist*, Cambridge: Harvard University Press, 1999。

〔16〕Jacques Monod, *Chance and Necessity.An Essay on the Natural Philosophy of Modern Biology*, New York: Vintage Books, 1971.

〔17〕Wuketits, op.cit., p.34.

〔18〕Bernhard Rensch, *Das universale Weltbild. Evolution und Naturphilosophie*, Frankfurt/M.: Fischer, 1977, p.96.

〔19〕参见 Marvin Harris, *The Rise of Anthropological Theory*, Walnut Creek: Altamira, 2001; Roger Keesing, *Cultural Anthropology*, New York: Holt, Rinehart & Winston, 1976。

〔20〕参见 Robert M.May, *Stability and Complexity in Model Ecosystems*, Princeton: Princeton University Press, 2001。

［21］Wuketits，op.cit.

［22］James W.Valentine，*Die Entwicklung vielzelliger Pflanzen*，*Spektrum der Wissenschaft*（1982），pp.139-152.

［23］参见 George Gaylord Simpson，*Leben in der Vorzeit.Einführung in die Paläontologie*，Stuttgart：Enke，1972。

［24］参见 Richard Leakey & Roger Lewin，*Origins Reconsidered.In Search of What Makes Us Human*，New York：Doubleday，1992。

［25］*Ardipithecus* = ground ape and *ramus* = branch/root.

［26］2000 年，在肯尼亚发现了大约 600 万年前的原始人的骨头和颌骨残骸。这些被称为"千禧年人"（Millennium Man），他们还没有被最终分类。根据《世界报》（*Le Monde*）2002 年 7 月 12 日的一份报告，2001 年 7 月 19 日在乍得的托洛斯马纳拉（Toros-Manalla）发现了一个几乎完整的沙赫人（Sahelanthropus tchadensis）的头盖骨，它被命名为图迈（Toumai）。它的历史可以追溯到 600 多万年前，是露西（Lucy）的两倍（见下文正文）。这将使图迈成为南猿的祖先之一，其在人类物种史上的地位和意义仍存争议。近年来，有几处化石的发现为重建人化进程的艰难过程提供了新的信息。我们可以预计，今后许多年这些发展将持续下去。

［27］参见 Friedemann Schrenk，*Die Frühzeit des Menschen.Der Weg zum Homo sapiens*，Munich：Beck，3rd ed.2001，p.43. 在南方古猿的主要类群中，可以区分湖畔南方古猿（估计生活在 420 万—380 万年前）和阿法南方古猿（370 万—290 万年前）。这些亚组根据地理分布进行了区分，西非的羚羊河南方古猿（350 万—320 万年前）；北非的南方古猿惊奇种（250 万年前）；南部非洲，南方古猿非洲种（300 万—200 万年前）。粗壮型南方古猿，南方古猿埃塞俄比亚种（260 万—230 万年前）；鲍氏傍人（250 万—110 万年前）；罗百氏傍人（180 万—130 万年前）；参见 Friedemann Schrenk，*African Biogeography. Climate Change & Human Evolution*，New York：Oxford University Press，1999。

［28］Donald Johanson & Maitland Edey，*Lucy.The Beginnings of Humankind*，New York：Warner Books，1981.

［29］在肯尼亚的卡纳普里（Kanapoi）和阿利亚湾（Allia Bay）发现了化石。

［30］Schrenk，*Die Frühzeit*，op.cit.，p.47.

［31］Schrenk，*Die Frühzeit*，op.cit.，p.49.

［32］在乌拉哈（Uraha，马拉维）、切梅隆（Chemeron）、库比福拉（Koobi Fora，肯尼亚）和奥莫（Omo，埃塞俄比亚）发现了化石。

［33］在库比福拉（Koobi Fora，肯尼亚）、奥杜瓦伊（Olduvai，坦桑尼亚）和斯特尔芬丹（Sterkfontein，南非）发现了化石。

［34］Schrenk，*Die Frühzeit*，op.cit.，p.76.

［35］Leakey & Lewin，op.cit.

［36］Schrenk，*Die Frühzeit*，op.cit.，p.93.

［37］参见 Edgar Morin，*The Nature of Nature*，New York：Lang，1992。

［38］参见 Leakey & Lewin,op.cit。

［39］参见 Schrenk,*Die Frühzeit*,op.cit.,p.94。

［40］参见 Jean-Pierre Changeux,*The Physiology of Truth. Neuroscience and Human Knowledge*,Cambridge:Belknap Press of Harvard University Press,2004。

［41］参见 André Leroi-Gourhan,*Gesture and Speech*,Cambridge:MIT Press,1993。

［42］参见 Wolf Singer,*Der Beobachter im Gehirn*,Frankfurt/M.:Suhrkamp,2002;Wolf Singer,*Ein neues Menschenbild? Gespräche über Hirnforschung*,Frankfurt/M.:Suhrkamp,2003;Gerhard Roth,*Aus der Sicht des Gehirns*,Frankfurt/M.:Suhrkamp,2003;Gerhard Roth,*Fühlen,Denken,Handeln*,Frankfurt/M.:Suhrkamp,2001; Humberto Maturana & Francisco J. Varela,*The Tree of Knowledge. The Biological Roots of Human*,New York:Random House,1992。

［43］参见 Leroi-Gourhan,op.cit。

［44］参见 Leakey & Lewin,op.cit.,in particular chap.3。

［45］Schrenk,*Die Frühzeit*,op.cit.,p.96.

［46］参见 Serge Moscovici,*Changing Conceptions of Crowd Mind and Behavior*,New York:Springer,1986。

［47］Morin,op.cit.

［48］参见 Ulrich Kull,*Evolution des Menschen,Biologische,soziale und kulturelle Evolution*,Stuttgart:Metzler,1979。

［49］参见 Schrenk,*Die Frühzeit*,op.cit.,p.101。

［50］施泰因海姆人(Homo steinheimensis)。

［51］尼安德特人(Homo sapiens neanderthalensis)。

［52］参见 Dirk Matejovski,Dietmar Kamper & Gerd-C.Weniger,*Mythos Neandertal. Ursprung und Zeitenwende*,Frankfurt/M.:Campus,2001。

［53］参见 Eric Trinkaus & Pat Shipman,*The Neanderthals. Of Skeletons,Scientists,and Scandal*,New York:Vintage Books,1994。

［54］参见 Edgar Morin,*L' homme et la mort*,Paris:Seuil,1970。

［55］50 万—20 万年。

［56］20 万—10 万年。

［57］参见 Marie E.P.König,*Am Anfang der Kultur. Die Zeichensprache des frühen Menschen*,Frankfurt/M.:Keslein,1981。

［58］Schrenk,*Die Frühzeit*,op.cit.,p.118.

［59］参见 Hartmut Böhme,Franz-Theo Gottwald,Christian Holtorf,Thomas Macho,Ludger Schwarte & Christoph Wulf(eds.),*Tiere. Die andere Anthropologie*,Cologne,Vienna:Böhlau,2004。

［60］参见 Jane Goodall,*The Chimpanzees of Gombe:Patterns of Behavior*,Cambridge:Belknap Press of Harvard University Press,1986;Frans de Waal,*The Ape and the Sushi master.*

Cultural Reflections by a Primatologist, New York：Basic Books，Perseus Books，2001；Dominique Lestel，*Les origines animales de la culture*，Paris：Flammarion，2001；Michael Tomasello，*The Cultural Origins of Human Cognition*，Cambridge：Harvard University Press，1999。另见本书模仿学习相关章节。

［61］参见 Irenäus Eibl-Eibesfeldt，*Grundriss der vergleichenden Verhaltensforschung*，Munich：Piper，8th ed.，1999；Irenäus Eibl-Eibesfeldt，*Ethnic Conflict and Indoctrination：Altruism and Identity in Evolutionary Perspective*，New York：Berghahn Books，1998；Eckart Voland，*Grundriss der Soziobiologie*，Heidelberg，Berlin：Spectrum Akademischer Verlag，2nd ed.，2000。

第二章　哲学人类学

认为历史发展是持续进步的,这一思想不断融入 19 世纪兴起的进化论的研究之中。此时,进化论和与之相关的所有科学都被认为是基于实证的自然科学,人们将人类的演变与生命的历史以及与之具有亲缘关系的所有生物联系在一起进行研究,在这样复杂的研究背景之下,哲学人类学在第一次世界大战的硝烟过后产生了。在哲学人类学中,人类在普遍的进步和自身意义上都受到了质疑,通过生命科学以及人类与动物的比较,人们逐渐认识到了人类自我认识的基础。

在哲学人类学中,以下学者的人类学研究工作占据着重要位置,包括马克斯·舍勒、赫尔穆特·普莱斯纳、阿诺德·盖伦。[1]这些学者之间的研究有一定的差别,但是被认为是 20 世纪上半叶哲学人类学研究的杰出代表,他们的研究主要涉及人类与动物的区别、人类的特殊条件以及是什么造就了人的条件(conditio humana)。面对所有的差别,仍然有一点得到了大家的共识:人类的身体是人类学研究的中心,人类的身体与动物有很大的不同。人们为什么对自己这么不确信,他们的意识又是怎样的呢? 随着身体不断受到重视,人们曾经一度希望通过自然科学研究所获得的准确知识作为人类自我确证的出发点。[2]面对这种情形,唯心主义和意识哲学以及对于身体的绝对关注成为人类学思想的立足点。哲学的兴趣点不再是理性,而是生命的多样性。

马克斯·舍勒于 1927 年在达姆施塔特作了一场题为"人的独特地位"(*Die Sonderstellung des Menschen*)的报告,并于 1928 年出版了著作《人在宇宙中的地位》(*Die Stellung des Menschen im Kosmos*)[3],这些研究成果被认为是哲学人类学的开端。舍勒于 1928 年去世,虽然他计划于 1929 年出版一部人类学著作,但遗憾的是,他没有对此做好具体准备。1928 年身为哲学家和生物学家的赫尔穆特·普莱斯纳出版了他的人类学著作《有机体和人类的诸阶段》(*Die Stuffen des Organischen und der Mensch*)。尽管在材料上和观点上存在巨大的差别,舍勒和普莱斯纳的著作还是有一些相近之处,他们都论述了生物的层级问题。与这种研究的出发点不同,阿诺德·盖伦的文章《人:他的本性与其在世界中的地位》(*Der Mensch:Seine Natur und seine Stellung in der Welt*)收录于 1949 年的《国家社会主义思想财富精编》中,文中阐发了人类是一种行为存在的主要论点。

第一节　人在宇宙中的地位

舍勒的人类学思想的出发点在于这样的认识,即"人类的历史没有任何时候比现在更有问题"[4]。以此观点为基础,舍勒试图确定人类在宇宙不同层级上的地位,他相信这个位置是从形而上学根源上的位置划分。借助于生存渴望,植物、动物和人类从无机物世界中被划分出来。这不是以自我为中心的,而是面向外部世界的,是没有感官意识的,是自我无意识的。舍勒相信每个生物都有一个灵魂,除了推向外部的可见的一面,还有一个向内的无法接近的一面。

本能是生命的第二个层次,关于本能,比较人类与动物的关系具有一定的意义。与本能较弱的人类不同,由于本能的控制,动物具有很强的行为确定。动物天生的本能控制着它们的生活方式和与环境的关系。人类的本能比较弱,所以他们缺少这种本能驱动的不变性。这种缺失同时也是一种优势,它促使人类形成了不受本能控制的自发行动。按照舍勒、弗洛伊德(Sigmund Freud)、盖伦的理解,这种本能控制的缺失是造成人类内驱力过剩的重要原因。为了能够适应社会关系和秩序的要求,人们必须对他们过剩的内驱力进行克制和升华。

生命能力的第三个层次是人类与动物都具有联想记忆的能力,这种联想能力借助于本能行为,将欲望与需要结合在一起,在条件反射和行为的再生产中发挥重要作用。在联想中存在一种可以摆脱本能束缚的能力。"联想原则的作用意味着物理世界的构建同时也是本能的消退……从长远上来讲,它更是一种有机个体与类属束缚的不断脱离……"[5]

生命能力的第四个层次是人类和灵长类动物所共有的实践智慧(practical intelligence)和选择。他们是生物的最高形式。实践智慧担负着这样的任务,即通过行为来满足人类的需求。由此,便需要选择的过程,其中就要产生价值判断,它有助于面向目标实现的行为的形成。实践行为的实现需要设定一个可以实现需要的目标。这时,实践性知识发挥了重要作用(参见本书第七章)。

以上提到的四个层次的生理功能,很多动物都有所具备,而只有人类具有除此之外的最后层级——精神。因为就生物的自然依赖性而言,不仅包括动物的欲望与自然的密切关系,而且自然是自由的、开放的。正是这样的一个思维存在才可能拥有世界。与动物不同,人们依照自己的欲望和本能来感受环境,这样才可能造成人类的本能消退以及形成欲望与实现之间的距离,出现了一种"精神的本质",代替了一个特殊的环境即事物的原来状态,以此来理解世界。舍勒认为智慧或精神渗透于人类生活的所有领域和活动之中,对人类的行为产生影响。虽然具有精神能够将人类与动物区分开来,但是单单它一个方面也不能产生如此大的力量。它更多的是生命力量的展现。虽然精神可以说"不",但是只有在生命力量的帮助下,它才能够拒绝一些愿望与要求。因为有了精神,人类便成为"生命的禁欲者","最终的目标是生命的跃动和生命到精神的升华"。[6]

人与世界关系的重要一点是世界的开放性。它是可能性和任务所在,通过"环境吸引力的丧失"与"有机体的分离性"才能得以实现,通过这些条件,人类将(借助人类器官感觉的外部世界中的)障碍转变为对象。人类是具有精神的生物,所以他喜欢自己去认识对象的存在,他毫无约束地通过欲望系统、感觉功能和感觉器官去体验这个客观的世界或现实。因此,舍勒将世界的自由性形容为人类的客观性和人类对世界的开放性。由此,对他来说,客观性的确定与对象存在的确定是无法区分的。舍勒将体验事物的能力描述为对象,或将其"客观化",由于对世界的开放使人与众不同,但这不足以解释一些重要的问题。客观化的能力产生于历史和文化态度,而这些态度本身就是一个漫长的文明进程的结果,它们是漫长文明过程的产物,并且至今仍然在我们的文化中发挥着作用,来帮助我们客观地和具体地认识世界。"达到纯粹的具体性和客体的有距离的理解,并不是世界开放性的完全表现。由于这种对世界的开放性,人类能够认识到他们远离对象化的局限性,随之能够超越它们,尽管最初正是这种对世界的开放性,才是人类具有这种超然客观性的能力基础。世界开放性实现于一系列的问题求解之中,实现于人类知道自我存在的改变以及给世界带来的挑战之中。有时人类给自己更多的勇气,意识到有支配的力量,有时他们通过适应世界的存在来认识世界的重要。然而,事实上这种关系是对话的……"[7]

舍勒的人类学思想因没有超越其以往著作的观点而受到批评。而且他也没能成功地解决自柏拉图(Plato)、亚里士多德(Aristotle)以来不断提及的身体与精神之间的二分法。他更多的是描述了意识和身体之间的笛卡尔间隙。以现象学的观点和本体论的认识以及基于传统的关于人和世界的概念来看,舍勒的人类学给他那个时代的哲学带来了一场强烈的震撼,但是,却缺少足够的源于自然和人文科学的材料来进行研究。[8]

第二节　有机体和人类的诸阶段

1928年,普莱斯纳出版了他的重要著作《有机体和人类的诸阶段》,这部著作对生命的层级进行思考,提出了一种哲学人类学的多方面的结构纲领,这一研究不易被理解,且长期以来没有得到应有的关注与考量。他的立足点是有机体和无生命体之间的区别。有机体具有一个可以从外面和内部进行感受的边界,而且这一边界是无法去除的。与无生命体不同,有机体的躯体与它的边界具有一定的关系,这个边界具有双重功能:它将"外部"上上下下地划分开来。只有当以"外部"和"内部"的两个方面进行认识的时候,这个边界才能够被合适地定义。这种理解蕴含着有关生命体和环境的关系的问题。与无生命体不同,这个边界将植物、动物和人归入生命的世界中。这个边界展现了生命的最基本条件。生命体具有拥有边界的身体,活的身体是重要的区别,作为"空间的把持"而不仅仅像无生命体的"空间的填充"。按照系统的逻辑来理解,边界分开且联结了一个与外部相关的领域,沟通了主体内部和其外部的位置范围、活动空间和环境。边界实现了对于环境的完整功能,它渗透到生命之中,构建了生命体的内部防御系统。[9]生命体是"由边界实现的物体"。它们是具有位置的。位置性是生命体存在的重要表现,并且标志着它们在空间和时间上的所在,由此形成了它们的空间的和时间的特征。普莱斯纳利用这些概念来表示和确定生命体。因此使用中心位置这一概念来区分人类、植物和动物。[10]

植物没有中心可言,它具有开放的形态;与植物不同,人类和动物具有封闭的形态,所以具有中心性。对于植物来说,它具有并不集中的开放形态,而且由于它的位置固定而缺少移动的可能性;然而,对于动物和人类来说,它们具有封闭的集中的形态和开放的位置领域,因此它们可以移动。植物缺少可以产生移动力量的具体的器官,直接地包含在它的环境之中。那些具有中心性的生物间接地受周围的环境控制,它们可以从环境中摆脱出来。普莱斯纳将这种关系描述为"间接的直接性"。中间的位置性包含着"前面",与物体的控制环境相面对的意思,以及"自发性"和行动范围。[11]由于中间位置性,从而产生了一种身体多样性与它的中心的对立关系。由相对立性所产生的身体与它的中心的依赖性,使得人们可以在身体—拥有的模式中体验身体的可控制性。出现在身体—存在和身体—拥有之间的摆动,是那些具有固定组织形式的生命体的显著特点。它可以促使生命体和它自身的身体之间形成距离。与人类不同,动物生存在它们位置性的中心,它们的行为都源于这个中心,在这个中心之外它们也有行动,但是它们并没有意识到。

人类以中心的位置生活着,作为"我"游离着。人类位置性的中心对于人类是可以实现的。人类向着离心的方向运动,互相拉开距离,由于这种分离而在各处产生缝隙。人类被联系在身体与灵魂之中,除了每一个空间和时间的关系之外,同时他又是位置缺失的。人类的生活不会破坏他的中心性,同时他又具有脱离中心的趋势。人类处在世界的面前就是这种脱离中心的表现。作为人,即身体、身体的内部、灵魂以及除了身体和灵魂之外的参考点对于人类的确定,普莱斯纳也把这个领域称为精神。也就是说,普莱斯纳将身体、心灵和精神的三者合一称为人。"角色"(Persona)是一幅面具,可以戴上也可以摘下;他是实体的一种合适的表现,是一种不确定的可能。伴随着人类脱离中心位置,出现了一种多样表达的双重意义,它总是与下面的概念一同发挥作用:"无根性、重量缺失性、隐蔽性、根本熟识;无地点、无时间、建立在虚无之中;迫于表现;具有双重意义、隐藏在事物背后、绝对中心;引导逝去的生命、将要宣称、必须实现他曾经那样;在历史中,留下了他的不安的痕迹和创造性;而他自己是无法完成的存在(隐匿的人,Homo absconditus)。"[12]

人类具有以下特征:

- 他有一个身体,借助身体,人类可以体验周围的环境;
- 他与他的灵魂和内心世界一起存于身体之中;
- 从一个非真实的身体外部的观点来看,人类可以从另外的"我"和明显的内部与外部的转换来认识。

这一结构描绘了世界的三个部分:外部世界、内部世界和中间世界。外部世界可以通过事物繁衍的延续性构建。它无法转变为动物的世界,也同样无法涵盖人类的世界。其原因与人类非中心性相关的两个方面有关,它可以促进人们对"内部"和"外部"的认识。人类有能力在双重观点下认识外部与内部,依照外部世界的理解,内部世界具有灵魂与感受的双重性。在内部世界中也存在着事物的表现方式、种类和本质之间的区别,它们可以单独被感知。也就是说,人们存在且拥有他的感受。所以,从自我反射的不同模式到疼痛和兴奋的体验的范围,都属于人类自身的任务。真正的内部世界就是自身的瓦解,除此之外别无选择,对于内部世界来说没有可与之相比的了。[13]中间世界由人类的非中心的位置性所产生。它不同于外部世界;

实现起来又不同于内部世界;它使得人成为人。它是社会生活的世界,没有它,人类就无从谈起。中间世界是人们以各自的位置形成的人与人之间相关涉的结构形式。[14]它是精神的世界,与外部世界、内部世界、灵魂、主体和意识相区分。人类拥有身体和灵魂。他存在而且生存着。相对来说,精神是我们作为人类生活的空间。[15]

基于这些生命理论的缜密思考,普莱斯纳提出了三个人类学的结构形式原则:自然的人为性、中介的直接性、理想的位置。[16]

有关自然的人为性的概念基于这样的事实:文化对于人类来说是建构的。所以对于人类来说具有一个自相矛盾的任务:因为它是借助人类的存在方式强加给人类的任务,即努力过活,人类所生活的也就是所做的,就是他的存在——正像他存在,当他成长时,他需要一个非自然的非内部的补充。所以他是属于自然的,源于他的人为的存在方式。从这一点来看,普莱斯纳的看法与盖伦有明显的不同,由此得出,人类借助文化可以克服他们结构上的缺陷,其中文化具有一定的平衡作用。按照普莱斯纳的理解,人类的本性并没有什么不足之处;但是,它仍然需要那些无法归结到本性上的内容的补充。人类在不断的发现和创造过程中,建立了自身与世界的关系。没有发现,人类就没有创造。[17]人类的创造存在于与自然的交换过程中;他创造他所发现的。动物只能找到,不能创造,因为它们不能发现什么。由于人类的离心性(eccentricity),他们不仅仅受生命欲望的驱使,还可以控制这种欲望,取得进步并把握生命。因此,不存在什么经久不变的平衡;每一次目标的实现都会带来新的创造和构建过程。

由于人类的离心性,人类与世界的关系不再是直接的;它可以传递到很多过程中,由此,产生了一种间接的直接性,它是人类与世界关系的特征。人类的离心性暗含着一种人类与世界的交织以及与其他事物建立界限和距离的能力。传递发生在借助感官与外部世界的关系中,发生在内部世界的感受和精神活动中,以及在中间世界与其他人的联系之中。人类通过语言、图像和手势来表达,这些都是间接的直接性的结果,我们只能进行矛盾的定义:外部的切合可以看作一种实际的内部指向外部的生命活动,其根本的切合性和欠缺性可以看作一种不同来源的生命尺度的转换和塑形。[18]而且，在文化中和历史中也能够看到这种间接的直接性。

伴随着人类离心性的是他的多意义性和不可探究性。单意义性、可靠性和确定性意味着减少、自我牵制和非生产性。伴随着人类的这种情形出现了一种空间和时间上的地点和时间的自由性，基于这种情况，才有可能单独存在一个理想化的位置。与之紧密相关的是人类经历和行为的控制力及与之有关的世界开放性。人类的这种理想的位置可以在危险中借助宗教或者其他的尝试获得成功，从而获得安全，除此之外，没有别的可能。普莱斯纳因此得出结论，任何人想要回家，回到有安全保障的家园，就不得不为自己的信仰牺牲。"拥有精神的人，义无反顾，不会归来。"[19]

由于纳粹主义的权力控制，普莱斯纳被迫离开了德国，所以他的著作长时间没有得到人们的关注。虽然普莱斯纳后来的人类学著作在他回到荷兰之后受到了人们的高度重视，但是有关他的著作的认识直到近些年才有些转变。渐渐地，普莱斯纳的研究与其他研究的联系愈加密切，其思想的切入点与舍勒的人类学思想相似，都强调了思考的独立性和原初性的特点。此后的一段时期，人们对于普莱斯纳的著作投入了越来越多的关注。[20]

相对于舍勒的精神以较少的基础作为人类的特点来说，普莱斯纳关于离心性位置的思考是否是一种认识的进步，仍然是一个值得讨论的问题。舍勒对于身体—存在和身体—拥有进行了区分，这种"我在我身体的内在位置"，由离心位置所产生，从而回避了身体拥有确证了身体存在这样的问题。不能确定地表明，自我的两个部分构成一个统一的自我。内在实体的相同性没有内在的标准。内在事件或同一性的内在可识别性可以被宣称，但不能被证明。在维特根斯坦（Wittgenstein）的私人语言论证中已经指出了这一点。[21]

第三节　人：他的本性与在世界中的地位[22]

舍勒和普莱斯纳在生命的理论范畴内对人进行了讨论，利用精神或者离心的位置性作为确定人类的特征,与他们两位不同,盖伦试图借助灵魂与精神的概念,提出一种关于生命层级的学说,并且也取得了一定的成就。[23]盖伦想要提出一个关于人的定义,通过这个定义,人类可以对自我进行解释。盖伦使用当时美国实用主义中的行为这一概念,按照他的理解,人类是被行为创生与塑造的。

借助于行为,人类可以克服一些不足,这些方面对于人类本性的构建具有一定作用。为了支持自己的观点,盖伦借用了赫尔德的一些思想。[24]尼采也具有相近的思想。例如,人类被刻画为"最为失败的动物"[25]。与动物相比,人类先天的不足将自己置于危机中。只有依靠行为,人类才能克服与动物相比所具有的结构性的缺陷。[26]这样,人类形态学上的不足得到了弥补,推动了人类的不断完善。[27]在行为中,人类对自我进行着外显、客观化和情境化;间接性、中介性和去陌生化是不能避免的。人类作为"处在危机中的生物"需要文化和情境的安全感以及自我稳定性和纪律性。行为在本能退化和内驱力过剩的前提下,在生态学的压力下朝向中介性和符号性进行着塑型。不断增加的间接性和欲望的动态减轻维持着人类的行为,再加上制度的功能熟练性,它们一起保证了行为的可靠性。[28]

按照盖伦的观点,人类的生态学上的缺陷包括:幼态延续(Neotenie)、宫外年(The extra-uterine year)、本能减退、内驱力过剩、对世界的开放性、摆脱(Entlastung)、制度,这些都是人类学研究的关键词。

一、幼态延续

路易斯·波尔克(Louis Bolk)[29]对新出生的猿和人进行形态学上的对比,对它们后来阶段在关于人类形态学方面的不同发展作了比较,并且对人类胚胎发育进行了研究,盖伦在波尔克的基础上提出了新的见解,他指出应该把人类的整个生命历程看作一个放缓了的发展过程。超长的童年、延长的成年、较长的生命都应该作为有力的论据。包括海克尔(Haeckel)的种系发生的本体论观点,以及个体的人贯穿于人类的发展史之中的观点。以上这些关于人类未发育成熟的假设表明,关于人类发展的早期研究进行得并不是十分顺利。与其他灵长类动物相比,人类的许多个体发育和系统发育发生得要晚得多,甚至根本不发生。在这种观点下,人的特征不是发展的快速,而是发展的缓慢。系统发育学上,这甚至也适用于人类器官,盖伦认为这些器官保留了其他灵长类动物很久以前留下的发育特征。在波尔克之后,盖伦假定人类内分泌紊乱的存在,他认为这可能是其发展差异的原因。这种假设还有一个优点,那就是它与人类和其他灵长类动物在生化上非常相似的证据并不矛盾。

虽然,关于人类未发育成熟的论题具有一定的讨论价值,但是人们也不应该对它进行过高的估计。人类形态学并没有表现出延缓发展的这个特点。对此,盖伦指出,相比于人类胎儿,猿的躯干与四肢的比例要大得多。[30]尤其是腿部的发育在人类身上加速了。而且,人们发现,其他的动物甚至植物都发展得比较缓慢,所以关于人类的延缓的发展过程是人类的特殊性的说法不再站得住脚。否认未发育成熟不符合进化论的说法,因为它是在一定的条件下的,应该以一个种系发生为优先所在。[31]

二、宫外年

盖伦另一个关于人类特殊性的观点受到了阿道夫·波特曼(Adolf Portmann)研究的启发,即关于人类的妊娠、出生和新生期与其他灵长类动物的比较。[32]波特曼对比了巢栖动物和离巢动物,人类与这两种类型的动物都有所不同。食虫类动物和啮齿类动物属于巢栖动物。它们的妊娠期很短;每一次繁殖,数量都非常大。刚生下来的时候,它们是无毛的,眼睛和耳朵都是闭着的;它们不能离开它们的"巢穴",也不能自我独自生存。因此,它们必须得到父母的帮助。另一类生物是离巢的,波特曼将蹄类动物、鲸和猿类归为这一类动物,它们在母体内已经长成,并具有了巢栖类动物出生后才具有的一些本领。这类动物的妊娠期比较长,每一次繁殖,数量都很少,一出生就能够听和看,可以自己活动,马上就可以和母亲进行交流。小马驹和小象甚至在出生后很短的时间内就可以站立和走动。

人类既不属于巢栖类动物,也不属于离巢类动物。虽然,人类与离巢类动物有一些相似的特征,但是新生的婴儿与巢栖类动物又有很多相似之处。在出生后的一年之后,即宫外年内,人类才可以达到离巢类动物刚出生时的发展程度。实际上,人类的妊娠时间应该还要长一些。因此,波特曼和盖伦都认为人类就是一个特例,并将人类称为"亚巢栖类动物"。盖伦进一步得出,人类在很大程度上表现为教育与社会化,也就是借助文化为中介,失去文化,人类将失去生存能力。人类诞生初期的无助性促进了肉体和心理的、个体和社会的等方面发展的联系,它对于幼儿的发展具有重要意义。脑研究[33]和有关人类思维的文化发展[34]的最新研究已经证实,婴儿过早离开母体的阶段对于人类个体发生具有重要意义。然而,盖伦用过早出生支持他关于人类是有缺陷的这一论点,并用它来证明与生物学相关的人类特殊地位的概念,这种观点还是引发了人们的质疑。

三、本能减退

按照盖伦的观点,人类的特殊性是作为"有缺陷的存在",不仅通过未发育成熟和宫外年来确定,而且也由本能的减退和过剩的内驱力所决定。残留的本能具有丰富的结果,舍勒和普莱斯纳也将这些本能机制作为重点内容来考虑。人类会在非任意性的活动中表现出来,这些活动包括营养的摄取(吮吸、咀嚼、吞咽)、性活动(性交、分娩、对婴儿的典型模式[Kindchen-schema])以及在突然危险情况下的反应(恐慌、逃离等)。除此之外,在本能和具体的对象和运动之间不存在天生的关联。人类对于一些可以形成感觉的关键刺激有所反应,而且是必需的,他们不能摆脱这些感觉且无法抗拒。人类的行为存在于这些欲望之间的空隙中,表现为由此引发的反应,这样人类的行为才有可能与本能疏远、对本能说"不"。这种本能控制的失去被盖伦解释为人类"缺陷存在"的证明,并且构成了学习对于人类生命来说具有重要意义这一情况的前提。正如盖伦认为的,其他的灵长类动物也存在很多学习情况。在最新的有关灵长类动物的研究中,人们发现了很多例证。[35]同一种类的猿的不同群体之间的差异受生存环境所影响,并可以通过它们的学习过程得到解释。1953年秋,日本一个猕猴群中一只雌性猕猴第一次在海水中洗了一个红薯。直到今天,这个群落中一直保持着这个行为,并且一代一代传承下去。在另外一个距离这个群落不远的猕猴群中,直到今天也没有形成这种行为。倘若在进化的历史中开放的行为模式能够带来发展优势的话,那么通常的封闭行为模式将会被这个开放的行为模式所替代。可见,人类遗留下来的本能也不再是缺陷,反而成为人类发展的优势。为了感受到这种发展的优势,并适于生存,需要更复杂的遗传素质作为封闭的机制。[36] 人类在本能上并不欠缺什么。[37] 由此可以得出结论:对于人类来说,遗传所形成的生存模式并不少,而相对于其他动物来说是更多的。如果不断深入调查下去的话,我们将会发现,人类比其他动物具有更多的由遗传带来的行为品质。只是在实际行为中这方面的相关成分较小,因为在其他方面,即由文化生成的行为成分,仍然在不断地加强。[38]

四、过剩的内驱力

盖伦没有从人类更多的内驱力着眼,而是从一种无区别的内驱力出发进行研究。其他动物的内驱力被分成很多特定的种类,人类的这种内驱力与之不同,这些内驱力伴随着各自的功能圈,比如饮食与繁殖相互关联。这种无区别的内驱力渗透于人类行为的各个领域,并且与其他的内驱力相联系,例如攻击性以及权力和支配性努力的联系。与动物的性的欲望不同,人类的性欲没有季节性规律。它是永久存在的,并在一个伴随着永不满足的需求的持续驱动中表达自己。盖伦将它描述为一种"无尽的能量",一种"人类的所有行为方式的潜在欲望控制"[39]。出于这种人类内部生命结构,产生了过度的冲动,盖伦、舍勒和弗洛伊德对此进行了进一步研究。按照盖伦的理解,内驱力过剩对于人类的"缺陷"是必需的。因此,需要强大的能量来实现在本能减退中产生的丰富的行为可能,并且获得感觉。

内驱力的过剩源于未发育成熟。在拜腾迪克(Buytendijk)看来,由于人类延缓的发展,欲望的能量与儿童长时间未能形成的运动机能和性功能碰到了一起。在儿童和青少年长时间的发展阶段中,过剩的内驱力与大量无目的的行为(例如游戏和好奇的行为)联系在一起。因此,在盖伦的观点中出现了一种"生物学上的矛盾行为"。"从直接的需求满足模式分离出来的欲望潜力促使我们将生活赋予在游戏之中。过剩的能量将我们从满足维持自身的需求中驱使出来。没有这种能力,人类将无法达到任何新的彼岸。人类是一种冒险的存在,但是同时他也在寻找着危机。"[40]这种情况对人类提出了养成和教化的需要。刺激和反应之间的间隙,使得控制和支配过剩的内驱力成为必需并变得可能。它的实现借助于由文化生成和中介的图像,这些图像可以发展和形成人类的需求结构,通过图像的中介实现需求的满足,所以带来了人类行为日益加大的间接性。除了图像之外,语言也在这个过程中发挥了重要作用。内驱力被语言化地再塑型。内部被语言结构化;出现了一种内部语法。进而,一种内部的语言化进一步出现。"人,他没有为它带来……存在于世界之中的长久的需求形成和兴趣结构,在过剩内驱力的重压下退化为自我毁灭的嗜求。"[41]在想象中出现了一种语言结构化的"内部"的外部世界,随之,外部与内部之间的界限将被打通。因此,产生了人类情感的扩展和分化。在后来的一些著作中,盖伦弱化了他的这种关于人类精力的单一特征的观点。[42]

五、世界的开放性

像舍勒和普莱斯纳一样,盖伦认为,与动物对环境的依赖性不同,人类对世界是开放的。

人类不像动物那样,具有特殊的组织器官,人类的器官是很普通的。这种情况包括他们的感官以及进一步退化的体毛,由此人类可以生活在炎热的和寒冷的不同区域,人类的皮肤产生了更强的敏感性,具有了更大的模仿表达的可能性。在盖伦看来,大脑也不是一个特殊的器官,因为没有一个相应的形态学基础,它就不会获得这样的发展。[43]以进化史的观点来看,直立行走比大脑的长足发展要提早很多;大约50万年前,人类就大大超越了其他灵长类动物,开始了直立行走。盖伦将大脑看作一个"矛盾的器官",因为它与双手一起完成了所有器官的特殊化。[44]当将人类作为"非特殊存在之上的特殊存在"时,盖伦和康拉德·洛伦茨(Konrad Lorenz)持有相同的观点。[45]因为在环境和器官的特殊化之间存在一种类似,反过来也具有这样的关系。人类没有特殊的环境,他们也没有特殊的器官。这种观点回到了于克斯屈尔(Jakob von Uexküll)的认识,即动物依赖于它的环境,它与环境通过一系列的功能圈相联系。[46]从动物的角度来看,只存在着影响动物生存的一些因素。对于动物的感觉和行为以及它们的感觉的世界和真实的世界来说,同样如此。于克斯屈尔将这种考虑放在人类身上,并清楚地指出,人类也是远见性地感受他们的世界。所以,对于散步的人来说,树林与森林是不一样的。与动物不同,人类可以感受不同的环境,进而改变他们的观点。因为,人类与环境并不是绑定在一起,而是对世界开放的;他们不是生活在封闭的功能圈中,而是生活在开放的行为圈中。舍勒与他们有所不同,他认为人类的世界开放性建立在精神当中,盖伦认为,人类的世界开放性是人类具有缺陷性的生物学本质。文化代替了动物的环境,人类必须借助于语言和劳动来创造文化。因为,对于人类来说,并没有事先存在的某种文化形式,人类对于世界是开放的。在世界开放性中,本质的、历史的和文化的条件融合在一起。当人类的行为破坏了自然的时候,世界的开放性会对人类还以颜色。[47]

六、摆脱

摆脱是人类本质的一个重要特征。有了摆脱,人类的感觉和运动才能合作运行。行为方式被塑造;如果要进行考验的话,它就必须得到锻炼,并实现自动化,而不需要特别的注意和反射就可以工作。习惯在这些过程中得以养成,这种习惯可以给人们带来安全。身体姿态形成了,它们为行为创造了条件。[48]日常的习惯和规律使得人们可以充分地具有生产性的行为。[49]倘若没有摆脱,那么人类将会被这些强大的欲望规律所限制,且只能在一定程度上进行其他行为。同样,技术与制度也为摆脱助了一臂之力。技术代替了人体的器官,使人类从他们与大自然日常的关系中解脱出来。制度为人类传递了秩序结构,保障他们免受危险。技术与制度巩固了习惯,确立了继承,促进了人类团体的形成。技术与制度使得人们从外部的刺激和欲望过程的束缚中解脱出来。除了技术和制度之外，艺术对于人类的摆脱也起到了重要作用。艺术促进了建立在与世界的摆脱关系之上的审美行为的发展。

这些过程有助于避免身体的紧张，创造距离，无意识地促进身体的发展。然而，摆脱的行为还会面对在习惯和惯例中变得僵化的可能和风险。

七、制度理论

盖伦的人类学著作中，最没有争议的部分就是他的制度理论。按照他的解释，行为在制度中才可以保持下来，这可以弥补人类的不足。制度包含内外两个部分，借助于制度，一方面来自外部世界的威胁可以得到应对，另一方面内部世界与欲望有关的刺激和危险可以得到控制。由此，稳定和安全可以得到保障。盖伦受到现实的困扰，即不断增长的个体化和主体化，使得可以组织和控制力量的制度逐渐瓦解。倘若一种主体性的文化本质上变得不稳定的话，这种文化将会因由此而产生的大量的瞬间的过剩产出而告终。[50]制度可以稳定社会，将它的"领导理念"具体化。制度的实现除了个体的制度之外，还包括理性的决定和法治国家的统治。因此，制度巩固了在民主统治之外的社会结构，减轻了社会的负担。盖伦将制度称作"指导系统"，它具有解释世界、塑造行为、给人们带来安全的功能。其中，国家对于社会的延续和稳定发挥了特别作用。国家意义和制度的丧失导致由此进行的个体塑造的减弱，相反，个人生存于全球化和各种组织构成的上层建筑之间，而这些组织都没有义务遵守规范性的指导原则。

盖伦的思想中缺少对于制度具有历史转变的批判性评价以及对于个体规范的要求。所以，相应地在这种制度理论中就缺少通过民主过程实现的合法化。

盖伦主张的关于制度的稳定结构和功能的非历史性观点还涉及他关于"后历史"的概念。这种观点认为，在没有引发文化和社会变革的情况下，在关于人的很多领域中就存在了一个质的进步。相反，一种典型的文化板结发生了，其效果是没有真正的新的艺术作品可以创造出来。有关"后历史"这一概念,可以追溯到科耶夫(Kojève)对于黑格尔思想的理解,并不表示时间的结束或者人类的灭亡,或者历史事件。仅仅意味着,将不再有任何真正的文化创新或任何新的政治制度或思想,个人可以借此影响现在的上层建筑。根据盖伦的说法,政治行动[51]在其最真实的意义上是一种保守的尝试,它试图说服自己有机会控制一个超人类的过程,这个过程已经使自己从这种控制中解脱出来。

　　在 20 世纪的前 50 年,哲学人类学的相关研究之间并没有什么关联。虽然舍勒和普莱斯纳的出发点和他们的一些论点有部分相似之处,但有关舍勒对普莱斯纳的剽窃指控是站不住脚的。舍勒和普莱斯纳在理论上确定了人类在生命世界中的位置,而盖伦想要在行为的结构原则上建立一种关于人的理论。这一领域还有很多其他研究,有很多研究者,比如米夏埃尔·兰德曼(Michael Landmann)[52],他们为哲学人类学的发展做出了很大的贡献。

　　舍勒和普莱斯纳受到了狄尔泰(Wilhelm Dilthey)的阐释学、胡塞尔(Husserl)的现象学和海德格尔(Heidegger)的基础存在论(Fundamentalon-tologie)的影响。[53]对于盖伦来说,他首先受到了美国实用主义的影响,实用主义成为他的理论的基础。舍勒和普莱斯纳的研究主要从生物学角度探讨了人类在生命领域中的特殊地位,盖伦吸取了他们生物学的有关研究,提出了人类作为"缺陷的存在"的理论。

　　舍勒构建了传统的身体(或者生命)与精神相分离的宇宙层级结构,普莱斯纳在他的有机体的层级中,通过对开放的和封闭的形式、中心和离心位置的区别,以及对与自身保持距离的尝试、对身体的双重关系(身体存在、身体拥有)的探寻等努力,最终在克服这种二元论的方向上取得了进步。普莱斯纳在这一方面究竟取得了怎样的成果,其最终的判断还需要我们进一步分析与讨论。

　　当时,哲学人类学在生物学的基础上得到了怎样的支持,还需要进一步讨论。在今天看来,那时生物学的有关部分如今已经失去了价值,所以我们必须调整对它们的认识。比如,一个明显之处就是盖伦对于未发育成熟和"宫外年"意义的过度评价。

依照新的生物学研究,盖伦关于人类是"缺陷的存在"论点也存在问题,如果仅从这一点出发,即人类依赖于文化和教育,那么人类要组织好自己的生活,就必须借助于行为。而今天,人们必须沿着盖伦提出的关于人类缺陷性的假设出发,实际上其中展现了进化的有利的一面。盖伦认为,人类具有缺陷性,所以他高度评价了文化、教育、制度和秩序结构对于社会的形成和维持作用,不管人们对此赞同与否,而盖伦有关人类生物学前提条件和他们行为之间的关系的一些观点仍然具有一定的思考价值。

反对盖伦制度理论的批评接踵而来,虽然该理论有一定的思想价值,但是对于制度的固定表现和功能的非历史的定义是很难被人们接受的。此外,盖伦对于摆脱原则、对于个体化和主体性的轻视,以及他的有关现代艺术和"后历史"的具有挑战性的论点,也引来了一些反对和批评。

就所有的区别来说,普莱斯纳和盖伦是共同的,即他们在各自以后的研究中都不断地向社会学和历史学方向转变,并促进了独立的研究领域的开展。然而,这种转变仅仅带来了对人类学概念的扩展和完善。

舍勒、普莱斯纳和盖伦在他们的人类学研究中,几乎都没有反思过各自研究的历史性和文化性。他们没有采取人类学批判的观点。这一点只是后来在普莱斯纳的"隐匿的人"的概念中才有所体现,从原则上讲,在有关人类学知识的片断性和暂时性中,体现了一定的人类学批判。

在哲学人类学对于人类的关注中,出现了人类的历史多样性和文化多样性。这是哲学人类学走向备受责备的失败后出现的必然趋势,因此也激起了提出一个有关人类的可靠的定义(它展现了人类生活形式的丰富性)的研究浪潮。这种研究的目的主张人类学问题需要建立在历史科学的基础上进行探寻,正如后来在法国出现的年鉴学派,在新史学(nouvelle histoire)运动中发现了自己的研究方向。相应地,对于盎格鲁-撒克逊的文化人类学来说,情形也是如此,文化人类学的研究关注的是不同文化中人类的多样性,并致力于搜集和分析与之相关的丰富的实际材料。

注　释：

[1]"哲学人类学"一词在哲学中用来描述自我反思的过程,即人类试图把握自己的过程。从这个意义上说,哲学人类学是哲学的一部分。在这种精神下,伯恩哈德·格雷图伊森(Bernhard Groethuysen)通过观察柏拉图开始了他的哲学人类学研究(Munich:Oldenburg,1969),并以对蒙田(Montaigne)的考察作为结束。这是哲学人类学的广义理解。这个词更具体的用法主要涉及舍勒、普莱斯纳和盖伦的作品。

[2]雅各布·冯·于克斯屈尔、汉斯·杜里舒(Hans Driesch)、路德维希·冯·贝塔朗菲(Ludwig von Bertalanffy)、弗雷德里克·J.J.布伊滕迪克(Frederick J.J.Buytendijk)、路易斯·波尔克、阿道夫·波特曼的研究与著作对哲学人类学的研究发挥了重要的基础作用,对从自然科学基础上理解人类都很有借鉴意义。其中具有影响力的作品有(按学科领域划分):

——生物环境研究:Jakob von Uexküll, *Theoretical Biology*, New York:Harcourt, Brace & Company, 1926;Jakob von Uexküll & Georg Kriszat, *Streifzüge durch die Umwelten von Tieren und Menschen*, 1934;Frankfurt/M.:Fischer,1970。

——有机体自组织和自分化的研究:Hans Driesch, *The Science and Philosophy of the Organism*, New York:AMS Press, 1979;Frederick J.J.Buytendijk, *Mensch und Tier.Ein Beitrag zur vergleichenden Psychologie*, Hamburg:Rowohlt, 1958;Frederick J.J.Buytendijk, *Das Menschliche, Wege zu seinem Verständnis*, Stuttgart:Köhler, 1958。

——体内稳态研究(homeostasis):Ludwig von Bertalanffy, *General Systems Theory.Foundations, Development, Applications*, New York:Penguin, 1973;又见 Ludwig von Bertalanffy, *Theoretical Biology*, London:Oxford University Press,1933。

——新生儿研究:Louis Bolk, *Das Problem der Menschwerdung*, Jena:Fischer, 1926。"宫外年":Adolf Portmann, *New Paths in Biology*, New York:Harper & Row, 1964;又见 Adolf Portmann, *A Zoologist Looks at Humankind*, New York:Columbia University Press,1990。

[3]参见 Max Scheler, *The Human Place in the Cosmos*, Evanston/Ill.:Northwestern University Press,2009。

[4]Max Scheler, "Späte Schriften", in *Gesammelte Schriften* vol.9, Berne, Munich:Francke,1976,p.11. 参见 Max Scheler, *Selected Philosophical Essays*, Evanston:Northwestern University Press,1973.

[5]Scheler, *Späte Schriften*, op.cit., p.26.

[6]Gerhard Arlt, *Philosophische Anthropologie*, Stuttgart:Metzler,2001,p.98.

[7]Johannes Flügge, *Die Entfaltung der Anschauungskraft.Ein Beitrag zur pädagogischen Anthropologie*, Heidelberg:Quelle und Meyer, 1963, p.68;参见 Christoph Wulf, "Die anthropologische Herausforderung des Offenen", in *Paragrana. Internationale Zeitschrift für Historische Anthropologie* 10,2(2001), pp.11−29.

［8］参见 Christian Bermes，Wolfhart Henckmann&Heinz Leonardy（eds.），*Vernunft und Gefühl. Schelers Phänomenologie des emotionalen Lebens*，Würzburg：Königshausen und Neumann，2003。

［9］Arlt，op.cit.，p.111.

［10］Helmuth Plessner，"Die Stufen des Organischen und der Mensch"，in *Gesammelte Schriften IV*，Frankfurt/M.：Suhrkamp，1981，chs.5，6 and 7.

［11］Joachim Fischer，"Exzentrische Positionalität.Plessners Grundkategorie der Philosophischen Anthropologie"，in *Deutsche Zeitschrift für Philosophie*（Berlin）48，2（2000），p.276.

［12］Arlt，op.cit.，p.118.

［13］Plessner，op.cit.，p.372.

［14］Plessner，op.cit.，p.375.

［15］Plessner，op.cit.，p.377.

［16］Plessner，op.cit.，p.383.

［17］Plessner，op.cit.，p.384.

［18］Plessner，op.cit.，p.410.

［19］Plessner，op.cit.，p.420.

［20］参见 Felix Hammer，*Die exzentrische Position des Menschen.Methode und Grundlinien der philosophischen Anthropologie Helmuth Plessners*，Bonn：Bouvier，1967；Axel Honneth&Hans Joas，*Soziales Handeln und menschliche Natur*，Frankfurt/M.：Campus，1980；Günther Dux，"Für eine Anthropologie in historisch-genetischer Absicht. Kritische Überlegungen zur philosophischen Anthropologie Helmuth Plessners"，in *Der Prozess der Geistesgeschichte.Studien zur ontogenetischen und historischen Entwicklung des Geistes*，Günther Dux & Ulrich Wenzel（eds.），Frankfurt/M.：Suhrkamp，1994，pp.92－115；Hans-Peter Krüger，*Zwischen Lachen und Weinen. Das Spektrum menschlicher Phänomene*，Berlin：Akademie-Verlag，2001；Kai Haucke，*Plessner.Zur Einführung*，Hamburg：Junius，2000；Kersten Schüssler，*Helmuth Plessner.Eine intellektuelle Biographie*，Berlin，Vienna：Philo Verlagsgesellschaft，2000；Fischer，op. cit.；Arlt，op.cit.；Stephan Pietrowicz，*Helmuth Plessner.Genese und System seines philosophisch-anthropologischen Denkens*，Freiburg，Munich：Alber，1992；Oreste Tolone，*Homo absconditus，L' antropologia filosofica di Helmuth Plessner*，Naples，Rome：Scientifiche Italiane，2000；Christoph Dejung，*Plessner，Ein deutscher Philosoph zwischen Kaiserreich und Bonner Republik*，Zurich：Rüffer und Rub，2003。

［21］参见 Gunter Gebauer & Christoph Wulf，*Spiel，Ritual，Geste.Mimetisches Handeln in der sozialen Welt*，Reinbek：Rowohlt，1998，p.57。

［22］参见 Arnold Gehlen，*Man，his Nature and Place in the World*，New York：Columbia University，1988。

［23］Arnold Gehlen，*Anthropologische und sozialpsychologische Untersuchungen*，Reinbek：Rowohlt，1986，p.14.

［24］参见 Johann Gottfried Herder, *On the Origin of Language*, Chicago：University of Chicago Press, 1986。

［25］Friedrich Nietzsche, *The Antichrist*, London：Fanfrolico Press, 1928, p.14.

［26］一个关于动物的完全不同的概念出现在 Hartmut Böhme, Franz-Theo Gottwald, Christian Holtorf, Thomas Macho, Ludger Schwarte & Christoph Wulf, (eds.), *Tiere.Die andere Anthropologie*, Cologne, Vienna：Böhlau, 2004; Boris Cyrulnik (ed.), *Si les lions pouvaient parler.Essais sur la condition animal*, Paris：Gallimard, 1998。

［27］参见 Dietmar Kamper & Christoph Wulf(eds.), *Anthropologie nach dem Tode des Menschen*, Frankfurt/M.：Suhrkamp, 1994；又见 Mary Maxwell, *Human Evolution. A Philosophical Anthropology*, New York：Columbia University Press, 1984。

［28］Arlt, op.cit., p.149.

［29］参见 Bolk, op.cit。

［30］参见 Gehlen, *Man*, op.cit。

［31］Christian Thies, *Gehlen zur Einführung*, Hamburg：Junius, 2000, p.41.

［32］参见 Adolf Portmann, *Essays in Philosophical Zoology.The Living Form and the Seeing Eye*, Lewiston：E.Mellen Press, 1990。

［33］参见 Wolf Singer, *Der Beobachter im Gehirn.Essays zur Hirnforschung*, Frankfurt/M.：Suhrkamp, 2001。这里解释了这个早期阶段对人脑发育的重要性, 参见 Gerhard Roth & Mario F.Wullimann, *Brain Evolution and Cognition*, New York：Wiley, 2001; Gerhard Roth, Wolfgang Prinz & Sabine Maasen, *Voluntary Action. Brains, Minds, and Sociality*, New York：Oxford University Press, 2003。

［34］参见 Michael Tomasello, *The Cultural Origins of Human Cognition*, Cambridge：Harvard University Press, 1999。这也是一种尝试, 利用经验, 比较灵长类动物的研究, 以确定幼儿的特殊性格和他们学习的方式, 参见本书第七章相关主题内容。

［35］参见 Frans de Waal, *The Ape and the Sushimaster, Cultural Reflections by a Primatologist*, New York：Basic Books, Perseus Books Group, 2001; Jane van Lawick-Goodall, *My Life with the Chimpanzees*, New York：Pocket Books, 1996。

［36］参见 Ernst Mayr, *Toward a New Philosophy of Biology.Observations of an Evolutionist*, Cambridge：Belknap Press of Harvard University Press, 1988。

［37］参见 Ernst Mayr, *Toward a New Philosophy of Biology.Observations of an Evolutionist*, Cambridge：Belknap Press of Harvard University Press, 1988。

［38］Thies, op.cit., p.76.

［39］Gehlen, *Man*, op.cit., p.323.

［40］Thies, op.cit., p.86.

［41］Gehlen, *Man*, op.cit., p.51.

［42］Arnold Gehlen, "Philosophische Anthropologie und Handlungslehre", *Gesamtausgabe* vol.4, Frankfurt/M.：Klostermann, 1983, p.218.

［43］鉴于其他强调大脑在进化过程中的特殊作用的观点，这个假设在很大程度上是当前争论的问题。

［44］Gehlen，*Philosophische Anthropologie und Handlungslehre*，op.cit.，p.445.

［45］Konrad Lorenz，*Über tierisches und menschliches Verhalten*，vol.2，quoted in Thies，op.cit.，p.51.

［46］Jakob von Uexkuell，*Umwelt und Innenwelt der Tiere*，Berlin：Springer，1909；Jakob von Uexkuell & Georg Kriszat，*Streifzüge*，op.cit.

［47］参见 Max Horkheimer & Theodor W.Adorno，*Dialectic of Enlightenment*，New York：Seabury Press，1972。

［48］后来，皮埃尔·布迪厄（Pierre Bourdieu）也把这种态度和习惯的形成置于其理论的中心。然而，他的思想有着截然不同的参照系和对立的政治目标。参见 Pierre Bourdieu，*Distinction. A Social Critique of the Judgement of Taste*，Cambridge：Harvard University Press，1984；Pierre Bourdieu & Alain Accardo，*The Weight of the World. Social Suffering in Contemporary Society*，Cambridge：Polity Press，1999。

［49］Gehlen，*Man*，op.cit.

［50］Arnold Gehlen，*Urmensch und Spätkultur. Philosophische Ergebnisse und Aussagen*，Frankfurt/M.，Bonn：Athenäum，1964，p.23.

［51］Arnold Gehlen，"Über kulturelle Evolutionen"，in *Die Philosophie und die Frage nach dem Fortschritt*，Helmut Kuhn & Franz Wiedemann（eds.），Munich：Pustet，1964，p.209；参见 Francis Fukuyama，*The End of History and the Last Man*，New York：Free Press，1992.

［52］参见 Michael Landmann，*De Homine*，*Man in the Mirror of his Thought*，Ann Arbor：Univ Microfilms International，1979；（德语 *Der Mensch im Spiegel seines Gedankens*，Freiburg，Munich：Alber，1962）；Michael Landmann，*Fundamental Anthropology*，Washington，D. C.，Center for Advanced Research in Phenomenology & University Press of America，1985。

［53］参见 Gerold Hartung，*Das Maß des Menschen. Aporien der philosophischen Anthropologie und ihre Auflösung in der Kulturphilosophie Ernst Cassirers*，Weilerswist：Velbrueck Wissenschaft，2003；又见雅克·布兰（Jacques Poulain）的研究：*De l'homme. Éléments d'anthropologie philosophique du langage*，Paris：L'Harmattan，2001。

第三章　历史人类学

哲学人类学探讨的是关于人的问题,历史学中的人类学研究主题涉及的是人类的基本情境和根本经验。哲学人类学研究对象的范围首先在马克斯·舍勒、赫尔穆特·普莱斯纳和阿诺德·盖伦的著作中得到了界定,到目前为止,哲学人类学的研究领域已经基本划定,那么突破上述几位学者的有关研究便显得尤为突出。可见,在历史学中人类学并未得到重视。历史学中的人类学转变带来了很多研究成果,这些研究几乎与《年鉴》杂志(Annales,1929年在法国开办)[1]中的哲学人类学研究同时出现。在随后的几十年中,出现了很多新的研究,都可称为"新史学"(nouvelle histoire)。新史学研究的主要问题就是时代变迁中的人。这些研究不仅仅指向人类作为一种生命体,而且关注不同历史空间中人类生活的多样性。人类的感觉、经历、思想、行为、愿望和梦想都是研究的主题、出发点和方法。随之出现了思想史转变和法国历史学的历史人类学转变。使用德语的地区也受到了这种研究的强烈影响。下面,我们就这些研究对于人类学发展的意义作一下梳理。

第一节　年鉴学派

一些历史学家与《年鉴》杂志具有紧密的关系,这些研究者包括新史学的两代学者,很多国家的历史研究受到新史学的很大影响,如果没有新史学,就不会出现历史学中人类学的转变,也不会出现德国人类学研究的转变。这些学者中最著名的包括卢希安·费弗尔、马克·布洛赫、费尔南·布罗代尔、乔治·杜比、雅克·勒高夫以及埃马努埃尔·勒华·拉杜里。他们研究的目的具有如下特点:"第一,问题化分析的历史代替了对于事件传统的描述;第二,一个人类全部行为的历史代替了一个基本的政治史;第三,与其他学科合作,比如地理学、社会学、心理学、经济学、语言学、民族学等等。"[2]一般来说,年鉴学派的研究分为三个阶段。第一个阶段是从杂志的创办到第二次世界大战结束。这个时期的表现是,年鉴学派的学者反对政治的历史和事件的历史。其中代表人物是卢希安·费弗尔和马克·布洛赫。第二个阶段是从 1945 年到 1968 年,年鉴学派对于法国的历史学产生了决定性影响,其中核心人物是费尔南·布罗代尔。第三个阶段是从 1969年到现在,这期间,年鉴学派的众多学者对于法国的历史学始终产生着影响;当然,他们之间也不再如以往那么团结,以前的紧密关系也不复存在了。一些学者重新回到了社会文化的历史,另一些又回到了政治的历史。

费弗尔和布洛赫于 1920 年在斯特拉斯堡相识,之后他们一同工作,1933 年,他们一同前往巴黎。费弗尔和布洛赫是跨学科研究团队的核心成员,这个团队的其他人员还有社会心理学家夏尔·布隆代尔(Charles Blon-del),他的研究受到了历史心理学家费弗尔的影响。还有在斯特拉斯堡执教的乔治·勒费弗尔(Georges Lefebvre),他一直致力于法国革命的研究,并热衷于精神史的研究。除此之外,还有宗教社会学家加布里亚尔·勒博拉斯(Cabriel Le Bras)和古代历史学家安德鲁·皮卡尼奥尔(André Piganiol),他们都是费弗尔和布洛赫的研究伙伴。[3]

1924 年,布洛赫出版了《国王的魔法》(*Lesrois thaumaturges*)一书。[4]在本研究中,布洛赫考查了在英国和法国自中世纪到 18 世纪不断扩展的信仰问题,曾经存在一种国王用手抚摸的仪式,用来治愈人们皮肤的伤痛。这个研究对于精神史的研究以及对于历史学中人类学主题的演变具有重要意义。研究一度关注于由伤痛创造出的国王力量的想象,这样可以显示出国王的特殊权力。在这里我们看到了一个"集体思想"的例子,它在精神史上受到了极大的关注。而且,应该使用比较的研究方法,这种系统的研究一直属于历史人类学迫切注重的研究内容。布洛赫在后来发表的一些关于封建文化的研究中,表达了很多新的具有挑战性的观点。[5]在这些研究中,研究者对于"感觉和思维的形式",以及"集体思维"对于中世纪历史时期的理解充满了兴趣。[6]

费弗尔关于文艺复兴和16世纪宗教改革[7]的研究为集体意识的研究做出了贡献。费弗尔热衷于对"个体和集体,个人积极性和社会必需性之间关系"等问题的研究。[8]费弗尔的跨学科研究、问题史的研究以及感觉史的研究促进了他在法兰西公学院(Collège de France)的研究工作,并进一步推进了年鉴学派在巴黎的创立。[9]玛格丽特·冯·纳瓦尔(Margarete von Navarra)是一位聪明而虔诚的贵族妇女,她为什么要写《七日谈》(Heptameron)这样一本不雅的故事集,费弗尔对此很感兴趣。他还想确定法国作家拉伯雷(Rabelais)信仰上帝的程度。在他看来,重要的是要说明为什么无神论在16世纪是不可能的,为什么无信仰不属于那个时代的"精神工具"。[10]费弗尔的很多设想后来都成为进一步细化的研究问题,且需要进一步讨论。因此,思想史研究的发展和进步要大大归功于费弗尔和布洛赫具有革命性的研究。[11]

第二次世界大战期间,布洛赫作为抵抗运动的一员被杀,之后,费弗尔创立了法国高等研究实践学院(École Pratique des Hautes Études)的"第六专业",并担任该组织的主席,在此之后,费弗尔在这一位置依据自己的感觉进一步发展了历史描写的方式。1956年布罗代尔作为费弗尔的继任者担任了该组织的主席,但是他采用了其他的观点。这在布罗代尔最初的三段论著作《菲利普二世时代的地中海和地中海世界》中就已经表现得很明显了。[12]"首先,'相同的静止的'人类历史将放在它与'周围的环境'的关系中进行处理,然后是逐渐变化的经济、社会和政治结构的历史,最后是急速行进的事件的历史。"[13]历史的最初形式是地理史,地理史主要探讨风土和环境对于人类的影响。山地、平原、海滨、岛屿,气候与交通都是地理史研究的问题。在这一方面历史的变迁是相当缓慢的。第二方面,"集体的命运和全体的行动"是需要研究的内容。经济结构、国家结构、社会结构和文化结构的历史都是研究的对象。这种历史发生在地理史漫长的时间跨度和迅速变化的事件史之间。首先,它发生在代辈的更替和实际的流逝中。事件史是动态的,是关于人类行为的详尽的历史,布罗代尔使用了如下的比喻来形容:"我记得,一天晚上我身处巴伊尔(Bahia)附近的一片恰似烟火的萤火虫的光亮之中:光亮了,熄了,又亮了,即便没有别的光亮,黑夜也将被它照亮。事件也是如此;光亮过后依然是黑暗。"[14]

将历史的地理引入历史的描述中是多么新奇,在布罗代尔以前关于想象、价值、行为和心智的研究著作中很难发现这种情况。比如,缺少关于荣誉与男性之间关系的分析,而这种关系对于地中海文化的社会关系具有重要意义。再有就是对于基督教和伊斯兰教关系的解释也是没有定论的。世界是如此表现的,不同时性决定了不同的时间节奏,其中人类控制的很多事件被抽取出来,人类作为行为体还没有得到足够的重视。不管怎样,这些研究还是取得了一定的成功,空间和时间的核心意义被提及,也即研究了地理的、社会的和个体的时间,同时也为历史人类学的发展做出了重要的贡献。

布罗代尔的第二部重要研究成果《15 至 18 世纪的物质文明、经济和资本主义》借鉴了《地中海》的三段论结构。本书的第一部分《日常生活的结构》是关于物质生命的几乎静止的历史,第二部分《形形色色的交换》描述了经济生活的缓慢变化的历史结构,第三部分《世界的时间》探讨了资本主义的机制以及由此带来的世界的剧烈变化。在第一部分中,展现了持续了大约 400 年的传统经济秩序。其中,大的时间段,即"长时段"(longe durée)以及全球性观点对于缓慢变化的解释发挥了重要作用。在第二部分中,行为以及与之相关的经济生活是讨论的主要内容。第三部分多维度地展现了资本主义的产生过程。对于资本主义的理解,布罗代尔的解释不像马克思(Karl Marx)和韦伯(Max Weber)那样,他认为资本主义产生于一个单一的源头。它应该是一个异质的矛盾的现象,关于它的解释理论必须产生于多学科之中。在《菲利普二世时代的地中海和地中海世界》一书中,布罗代尔并没有提及布洛赫和费弗尔的精神史的观点。

在年鉴学派发展的第三阶段,精神史又重新获得了重要的位置,与此同时,勒高夫接替布罗代尔担任了分会主席的职位,并于 1975 年成为重新改组的法国高等社会科学研究院（École des Hautes Études en Sciences Sociales）的主席。

1960年出版的菲利浦·艾里斯的《儿童的世纪》（*Centuries of Child-hood*）[15]，对于思想史以及历史人类学的进一步发展具有重要意义。按照这种理解，在中世纪时根本就没有关于"童年的概念"。在七岁之前，孩子几乎没有什么地位；之后，才被以小的成年人来对待。在法国，直到17世纪才产生了关于童年的认识。从那时起，孩子才有了特别的服装，大人们才开始对孩子投入更多的关照。同时，有关孩子的肖像画的数量也在不断增加，人们也才开始认为童年是一个特殊的阶段。在艾里斯的第二本著作中，童年被包含在人类学研究的主题中，与之相关的是"死亡的历史"；对于死亡存在不同的理解，从中世纪的"驯化的死亡"到现代的"不可见的死亡"，从听天由命的无助感到让死亡成为禁忌。这部作品由于其主题的原始性和材料的丰富性，受到了人们很大的关注。

即使像一位作者描写的那样，开始的时候一些历史学家还没有找到门路，但是随后的研究便指向了家庭的历史、性的历史和爱的历史。让-路易·弗兰德林（Jean-Louis Flandrin）的研究非常重要[16]，他的研究像布罗代尔、艾里斯、勒高夫和杜比的研究一样都被翻译成了德语。罗伯特·曼德罗（Robert Mandrou）发表了一篇关于现代法国的历史心理学的研究论文，在论文中，他对疾病、感受和思想进行了详细的介绍。[17]德吕莫（Jean Delumeau）在《西方的恐惧》（*Angst im Abendland*）中便采取了思想史的观点，该研究以及所涉及的罪恶与恐惧[18]之间关系的研究具有一定价值。同样，勒华·拉杜里的关于蒙塔尤（Montailou）的研究对于卡特里派教徒（Katharer）、法国农业史、村庄的物质文化、村民的思想、村民关于神与自然的想象、时间与空间以及死亡与性的研究也具有一定的推动作用。这种研究是一种受文化人类学激发的微观历史学的实例研究，它成为我们成功开启了解奥西塔尼亚（Okzitanien）地区生活之门的钥匙。在进一步的思想史的研究中，勒华·拉杜里通过使用心理学和心理分析的一些概念对于"罗马狂欢节"（Karneval in Romans）作为一种心理剧进行了研究，从中发现了人类与无意识之间的联系。[19]

自 20 世纪 60 年代以来,勒高夫和杜比所做的研究对于思想史和人类学研究问题的发展产生了重要影响。在《炼狱的诞生》(*Die Geburt des Fegefeuers*)一书中,勒高夫研究了中世纪时世界形势的变迁,并清楚地表明,人们对于空间、时间和数量的认识是如何改变的,新的生活习惯是如何形成和传播的。[20]在民族学作品的影响下,他完成了著作《中世纪的时代、作品和文化》[21]。借助实例研究"三种秩序",杜比从"神侣"、"武士"和"农民"三个阶级探究了物质与人之间的关系,并且指出,伴随着 11 世纪早期的三级社会图景的复活,政治制度与人类的思想性影响密切相关。[22]后来他与艾里斯合作出版了 5 册有关私人生活史的论文集,该论文集也被翻译成了德文,在这项研究中思想史和人类学的一些问题扮演了重要角色。[23]

另一个主题是对思想的改变产生了重大影响的文字的形成,法国的福雷(Furet)和奥祖夫(Ozouf)对于 16—19 世纪的文字进行了研究。[24]书籍在这个过程中发挥了重要作用,其中的研究范围包括图书的生产、阅读习惯和阅读文化的发展趋势,这些都是研究的重点问题,[25]它们对于教育领域产生持续的影响。[26]通常被认为是先天性的文化现象和思想,此时被单独作为一种建构过程的结果来看待。[27]这些方面也反映了艾里斯关于童年和死亡的相关研究。这两方面的研究并不是关于童年和死亡,而是对于这些现象的历史性的不同理解。[28]在法国,有关想象这一概念的研究在接下来的时间里也成为一个很突出的研究亮点。

第二节　人类学的转变

20 世纪八九十年代,在德国,人类学完成了在历史科学中的转变。20世纪 70 年代,人们相信,所有的社会问题都能够得到解决,到了八九十年代,人们对于这种乐观主义提出了越来越强烈的质疑。核威胁和困扰人们的环境污染问题增加了人们对于现代化可以给人们在重要领域带来进步的怀疑。在这一时期,出现了对于文明和文化的持续批判,这些质疑与批判促使人们对于历史问题投以新的兴趣。历史社会科学将研究目光投向 19 世纪和 20 世纪,我们要特别感谢汉斯·乌尔里希·韦勒(Hans Ulrich Wehler)和于尔根·科卡(Jürgen Kocka)两位学者所做的工作。[29]与之不同,这个时期法国对于人类学课题的研究,主要聚焦于中世纪和新时期的研究。有关从前工业社会到工业社会的过渡[30]的研究,以及工人史[31]的研究,都促进了人们对于人类学问题的重视。人们越来越注重对于具体的生活关系的研究。盎格鲁-撒克逊的文化人类学、民俗学[32]和后来出现的"欧洲民族学"[33]的研究都推动了人类学的发展。

这种发展表现在三个方面。首先是六个有关人类学主题的研究领域;其次勾勒出人类学主要研究问题和研究方法;最后列出了有关历史人类学核心主题的三个方面的情况。

一、研究领域

人们试图确定历史研究的领域,与此同时,人类学的问题和主题也得到了发展,从而得出以下六个重要方面:[34]历史的文化研究、历史的人口统计学与家庭研究、历史的日常生活研究、妇女和性别研究、思想研究、历史文化人类学。

(一)历史的文化研究

出现了一种历史的民间文化即文化研究。这一领域主要是关于差别和边缘群体的研究。这类研究主要表现在爱德华·P.汤普森(Edward P. Thompson)的关于平民文化的研究,彼得·伯克(Peter Burke)出版的关于欧洲大众文化的著作,罗贝尔·穆尚布莱(Robert Muchembled)开展的关于大众文化与精英文化之间关系的研究。[35]图宾根的民俗研究所进行了有关村民的社会史和社会心理学的研究。[36]里夏德·范·迪尔门(Richard van Dülmen)的一些研究也属于这一范畴。[37]这些学者力图改变人们对于民间文化的误解和轻视。通过这些努力,力争促使人们将民间文化作为一种生产力来理解,进而形成对于一种新的文化概念的寻求,这种文化不同于市民文化,并且认为文化不是单独作为一种社会组成部分,而是建立在民族学的严谨的文化理解之上的(参见本书第四章)。

(二)历史的人口统计学与家庭研究

历史的人口统计学也为人类学研究问题的提出贡献了力量。阿图尔·E.伊姆霍夫(Arthur E.Imhof)致力于有关疾病和死亡的研究。他考察了自17世纪以来人们寿命的增长情况对生活态度的影响,以及不同的人们采用了怎样的策略来应对生活的威胁和日常挑战。[38]而且,当大量的数据还未聚焦在个人的感觉、思维和行为方面时,这类实证研究更多地表现为人类学对于生和死的理解变化的解读。米特罗尔(Mitterauer)关于历史家庭的相关研究也受到了关注。他早期的研究主要与普通家庭的特征相关,比如婚嫁年龄、婚姻维系的时间、出生和死亡的活动,进而他证明了有关"大家庭"到"小家庭"进化演变的再生模式的不足,[39]他后来的研究紧紧围绕着家庭问题以及由此形成的家庭成员的不同观点上面。[40]

(三)历史的日常生活研究

人类学研究的另一个领域是日常生活史。[41]在这项研究中,对于一般人的生活和其生活经历中主观方面的研究是重点内容。[42]研究的内容不仅包括饮食和穿着习惯,而且还涉及居住和工作关系等方面,该研究试图重新构建一个"下位的历史",借以刻画人类的健康状态和内心生活。由此得出,人类的社会结构和日常行为相互渗透,日常生活实践通过重复和体验来完成,实现社会的持续性。这一领域的很多研究属于地区的或者地方的,使用了很多与日常生活有关的材料,比如信件、日记、传记和照片。研究的范围非常广泛,从工业时期和市民社会的日常文化研究,如汉斯·托伊特伯格(Hans Teuteberg)和彼得·博夏德(Peter Borscheid)的"日常生活史的研究"[43],到关于第三帝国的日常生活研究。[44]

(四)妇女和性别研究

20世纪70年代末80年代初出现了关于妇女和性别的研究,其中人类学的主题一直扮演着重要角色。[45]值得注意的是,研究的兴趣不再是"女强人",取而代之的是对于普通女性日常生活经历的研究。女性在家庭和工作中的角色成为探讨的话题。研究的主题不仅包括女人的社会作用,除了关注她们的社会责任之外,她们的感受和行为也成为研究的主题。单个女人的历史被视为女性的历史来对待。在这项研究中,"女人"与"性别"被历史化、具体化和背景化。"女人"和"男人"的角色和性别特征被看作历史的文化的建构,并在它们的产生和变化中进行重构。很多研究围绕着女性的性、生育、工作和群体的女性形式等主题展开,进而清楚地证明了有关女人和男人的性别研究之间存在着紧密的联系。

(五)思想研究

历史人类学的一个重要研究领域就是关于思想历史的研究。乌尔里希·劳尔夫(Ulrich Raulff)将思想定义为"思维的绝对形式",它作为思维独自产生的一种"历史先验"的类型,作为"饱含感受的确证";思想是"基础,它可以将感受引领到它们的(可识别的、可命名的)轨迹上去。思想可以对认知的、民族的和具有影响的安排进行调整"[46]。个体在思想的层面上很难把握。思想是无意识的,它可以对人类各个历史时期和文化中的认知、感受、意识和行为进行结构化处理。与很多基于人类学研究的微观分析不同,思想史的研究与传统的研究领域发生着紧密和经常性的联系。[47]尽管思想发生着历史的变化,但是它却存在于"长久"的范围之中。这些情况反映了欧洲思想史的研究状况,集中展现了人类基本经验与个体/家庭/社会、性/爱、疾病、寿命、交流、时间/历史、空间、自然/环境等方面的关系在古代、中世纪及现代不同时期的具体情况。[48]诺博特·伊里亚思(Norbert Elias)的有关"文明过程",以及米歇尔·福柯的有关"监视与惩罚"的研究都属于这种关系,还有关于想象的结构的一些研究。[49]由于有关思想的研究主题的复杂性,此类研究很容易受到批判。在所有研究的时空中,都能够找到相反的例子,从而对思想史的观点提出质疑。然而,有关想象的研究不可或缺;人类的感受、思维和行为都会镌刻下不同时代的印记。

(六)历史文化人类学

这一领域研究的主要代表作当属沃尔夫冈·赖因哈德(Wolfgang Reinhard)的《欧洲的生活方式》(*Lebensformen Europas*)。这本书的重点是言谈举止和生活习惯,即历史行为研究的核心问题。"规范在相似性意义上的人类群体的行为的思想维度……被称为文化"[50],因此,历史行为研究为历史的文化人类学的研究做出了重要的贡献。生活方式的研究依赖于历时的文化比较,出发点是体现着历史痕迹的人类的身体。随之出现了同伴和环境,以及环境对于人类身体塑造和对人类生活方式的影响。

在这一领域的主要研究还包括历史文化人类学的国际跨学科研究,代表作品是狄特马·卡姆佩(Dietmar Kamper)和克里斯托夫·武尔夫的《逻辑与激情》(Logik und Leidenschaft)。前面介绍的相关研究,大都是历史学家以历史学的视角研究新的历史现象,与之不同,柏林研究学派从一开始就具有跨学科的特点。这样就带来了很多不同问题与主题的研究。研究者们饶有兴趣地对历史问题进行探究,以期待对当今的理解有所贡献,从而赋予研究以各自的历史性。历史性体现在研究问题本身、研究视角的选取、研究方法的运用等方面。这种历史人类学的显著特征就是充分考虑研究本身的历史性以及研究者自身的历史性之间的相互联系。[51]

二、问题提出和研究方法

这些研究范围在人类学的基础上到底该如何理解呢?会涉及哪些问题以及使用什么研究方法呢?对此,可以从基本的情形与根本的经验(例如怀孕、父母去世、结婚等)、主体性、文化定义、实例研究四个方面进行探讨。

历史人类学注重对人类存在的基本情形和根本经验的研究。该研究指向"思维、感觉和行为的人类学稳定的基本状态"(彼得·迪岑巴赫,Peter Dinzelbacher)[52],"人类的基本现象"(约亨·马丁,Jochen Martin)[53],"基本的人类行为方式、经验和基本情况"(汉斯·梅迪克,Hans Medick)[54]。如果人们从另一个角度来理解的话,它们又不是关于人类的一般认识,而是不同生活条件、历史背景中具体的人所经历的多维度的认识和理解。这种人类学研究致力于多样性的研究,借以表达和展现人类生活的不同方式。现象的多样化说明了人类学定义和研究方法的多维度性和多学科性。在这一研究领域中,有关所研究的历史世界和当今研究的参考范围之间差异的感觉关联特别需要建立和发展。[55]例如,不同时期或者关系中的语言隐喻和定义具有不同的意义,我们必须考虑到这种意义的不同。这种情况同样适用于对于基本的人类行为方式、经验和基本情形的研究。在历史学的视角中,所研究的感觉、行为和事件只能在它们各自的历史唯一性中进行理解,这时它们是动态的,并成为历史变化中的主题。[56]艾里斯指出:一方面,对于童年的理解存在于历史的变迁之中,所以各个历史时期的童年是不同的[57];另一方面,与死亡的关系在世纪的流逝中也是不断变化的。[58]

历史人类学关心这样一个研究热点,即人类所表现出的唯一性和主体性。这里讨论的不是一般的人类,而是"宏大"历史背景中的男人和女人,从而激起了对于人类和历史描述的新的理解。这些被研究的人们通常是下层人民或者边缘群体的成员。[59]因此,在对这些人的生活进行重构时,就会出现大量的众多人们所展现的生活史的各种元素,从而引发有关历史的生活关系的进一步"扩展",结果就会产生对新的对象和主题的研究兴趣。对"简单"人生活的关注,通常会使研究者对这些人的生活的主观方面的重构投入大量的精力。对于人类的关注主要表现在他们的生活是如何受感觉、思维和行为影响的。具体的生活史和主观生活方式备受关注。个体行为的不同方式成为研究的对象,其矛盾性和模糊性得到描述。人们对人类与政治、经济条件的关系,以及主体行为与社会结构的关系进行了探讨。在理性之外,人类行为的其他形式也受到了关注;感觉、思想和梦想变得具有"历史能力";主观的获得过程与行为过程成为研究的主题。私人生活史成为有关个人行为的主体特点和主体行为的先天条件的重要例证。

人类学研究的不断推进导致了"文化"定义的改变。受到民族学的影响,最近十年,在历史学的研究中出现了一个新的文化定义。这个定义虽然不是整体的,但是在文化的原则中,它和与之相联系的价值、理解和行为已经不再是社会的一部分,取而代之的是一个更加宽泛的文化定义。克利福德·格尔茨(Cliffford Geertz)给出了如下定义:

- 它以符号形式出现,构建了一个有关意义的系统,并在历史中流转。
- 借助符号形式形成的交际系统。

● 它是人类得以传递、维系并不断发展关于生活的知识以及对于生活的理解的一个系统。[60]

按照这种理解，文化是一个充满象征符号的系统，人们在其中得到发展，并且文化随之运动，从而获得进一步发展。这一定义是如此宽泛，它不会将具有差异与不同的人们排除在外。

很多基于历史的人类学研究都是案例研究，并且这些研究受到微观历史的影响[61]，其中的一些研究受到文化人类学的影响。这些研究关注小的可以统观的空间、时间和行为，从而探讨复杂的人类学概念和关系。对研究对象的限定有助于细微的研究和多视角的研究。很多时候，在一个案例研究中可以映射出一般的关系，没有它，研究的唯一性和认识的深度将难以实现。案例研究通常是地方的或者地区性的研究，由于基本情况清晰可见，所以可以形成具体的一般认识。只有在案例研究中，我们才可以领略人们的生活命运、主体的一次性行为、生活感受和生活观点。随着微观历史研究的发展，人们会对一般的理论产生怀疑，通常来说，人们会以个人的喜好作为事物建立的基础。[62]因此，一般理论通常会允许对历史细节的合理编排和解释。思想史有很多这方面的例子。[63]

三、思想史的批判性评价

在"年鉴学派"中出现了对于思想概念的关注，进而在接下来的时间里引发了对于概念的强与弱的激烈讨论。[64]思想的定义具有一定的特征，它不关注个人的理解，它以平常的、无意识的假设为主题，与日常行为的实践理性联系在一起。对理念和有意识的思考进行传统的理性分析之外的内容成为它研究的主题。在关于思想的研究中，一些重要的行为将得到探讨；研究的目的是对信仰系统以及与之相关的范畴、比喻和符号进行分析。这种思想史与美国的思想史、德国精神史和概念史新的萌芽由此得以区分。[65]从认识论的观点来看，思想史定位于理念史和社会史之间。因此，可以避免在"一种智力缺少的社会和社会历史没有思想两种情况之间"作出困难的选择。[66]

在对思想概念进行回顾时有一个例子是人们无法避免的,即对于中世纪时期神的判定来说,虽然以理性的名义进行批判,但很少借助关于思想概念的思考对他者进行历史的解释。相应地,这也适用于对"联系"这一概念的解释,如七大行星、七种金属和一周七天等。这些分析表明了对于思想概念的回顾还是很有成果的,因为它有助于一些合适观点的实现、表现和回避,它们的信仰系统与我们这个时代的观念交织在一起。

尽管人对思想概念的讨论取得了一定成绩,但还是遇到了一系列困难,这些困难决定了直至今日的一些讨论。所以,在这一概念的应用过程中存在一种危险:未知的和难理解的想象通过均质的思想概念得到总结和概括。这就导致我们低估了一个社会在特定时间点上集体观念的异质性,而对他们的差异关注得太少。与此相关的问题是,将不同的观点放在一起是否会为随着时间的推移而发生的变化留下空间。"思想"必须是动态的,也就是说,随着时间和空间的变化,对它的考虑要有所改变。随之出现了这样的问题:一种思想过渡到另一种思想时,在多大程度上可以被理解和定义。这里存在一个危险:思想作为一个自我封闭的系统,我们应该注意到它的动态特征。我们必须谨防这样一个陷阱,即认为精神概念所指的信仰体系或多或少是自主的,而没有认识到它们是如何与社会条件联系在一起的。最后,其中还存在一种看不见的危险,这种思想概念触发了进化论的历史理解以及一种内部目的性的历史发展的想象。至少在列维-布鲁尔(Levi-Bruhl)的著作中,确定了一种更加模糊的进化论思想,在涂尔干(Emile Burkheim)关于集体表现的理解的影响下,伴随着前逻辑的和逻辑的思想之间的区别,列维-布鲁尔第一次使用了思想的概念。[67]而且在后来的罗伯特·芒德鲁(Robert Mandrou)、让·德吕莫和 罗贝尔·穆尚布莱的著作中,进一步证明了历史的进化论的到来。[68]

这些关于思想史研究的批判以不同的方式表现出来。为了实现这些批判,同时提高思想概念的有效性,彼得·伯克强化了兴趣、范式和比喻之间的联系。令我们惊奇的是,布洛赫在他的《国王的魔法》中提出了问题,即它是用怎样的兴趣点保持了国王对于超自然力量的信任。[69]其他的情形与后来的杜比和勒高夫有关，他们分析了社会兴趣的有关问题。这看起来是很有意义的，在有关集体思想的研究中，不同范式和模型的使用获得了越来越大的关注。托马斯·库恩（Thomas Kuhn）关于范式概念的讨论也带来了更大的贡献，它使得理解一种思想到另一种思想的过渡成为可能。[70]在这种情形下，对范式和模式必须在它们的历史特征之下进行审读与动态性理解。最终，不同比喻的使用，在思想构建领域内对于体现思想领域内的差异发挥了重要作用。

尽管存在这么多批判性异议，思想史研究的潜力在文化史、理念的社会史、想象的历史、感觉的历史、人文地理、历史的人口统计学、历史生物学等方面在很长时间内都难以完全显现出来。

四、主题范围

历史人类学研究十分宽泛，由于具有不受学科制约的特点，它的研究领域很难受到限制。[71]我们仅列举三个主题来表明人类学问题是如何在历史学中形成和处理的。人类的很多基本经验都与身体有着直接的关系。[72]问题就是：人类的身体是以何种方式表现的呢？认识不同就会形成不同的可能。一些新的研究试图对身体的物质性进行更好的梳理，类似于早期的研究工作，例如卫生、营养等。对于日常生活进行关注这一转变，使得日常生活方式的身体特征获得了越来越多的重要性。[73]这方面包括性与生育[74]，童年、青少年和老年[75]，营养[76]和服装[77]，疾病[78]，死亡[79]，节日，欢庆和仪式。[80]对人类行为的主观方面的不断关注，增加了对于人类认知、感觉和行为的身体意义层面的注意。很多研究的关注点集中在空间与时间、地方与区域的历史，同样也提升了对于与身体有关的原物质性的思考。

更加复杂的基本经验通过宗教这一领域来构建。这种观点来源于年鉴学派研究的创始人布洛赫和费弗尔。这一学派的其他学者在以后的时间里也一直延续了这一观点。在宗教中，就是要克服那些与身体相关的瞬间性和宗教所带来的希望的有关体验。宗教在人类的众多生活领域中占据了重要位置,尤其在中世纪的标准人类学中表现得更加明显,可以这样说,人类很少像 11—15 世纪的基督教中世纪那样,创造了一幅普适的永恒的人类图像。在这个宗教创造的时代中,在这个由宗教的严谨结构所架构的社会中,人类的图像全然受到宗教的确定。[81] 对于中世纪的人们来说,除了宗教,就没有别的领地。异教徒处于"官方的"宗教之外,他们经常会受到威胁甚至被杀害。而且对于个人的成长来说,尤其是在最早的法律和监狱出现之前,宗教扮演着重要角色。每一个人都要为他的行为负责,感受与行为的个体化是必然出现的结果。魔幻化的全民宗教活动与以教会为代表的宗教紧紧绑定在一起,长时间以来一直在不断加强。[82] 金兹堡(Ginzburg)从宗教审判的活动重新构建了生活在 1600 年前后上层僧侣的宗教世界观,他的宗教观与宗教精英的宗教观有着强烈的背离,这是近代早期宗教经验和世界观多样性的重要证据。[83]

基本情况和人类基本经验的另一个大领域是与陌生人紧密相关的。有关认知的历史现象和情况在这种观点下还没有成为研究主题。无论是在中世纪还是在现代早期阶段,都没有形成有关陌生人的统一的定义。陌生人通常是指那些不属于家里或者村庄里的人。对于陌生人来说,他们经常不使用当地人的语言,而是在另外的环境下成长起来的。陌生人首先在边缘群体和特殊历史情况下成为研究的主题。这些人不被认为属于成型的社会,年轻人、流浪汉、(中世纪时的)吟游诗人和妓女得到了研究的特别关注。研究的主题是那些被指控为异教徒或巫师的人的历史世界与教会和贵族的历史世界之间的差异。同样,策略和机制也进入了人们的视线,人们在它们的帮助下试图抵抗宗教的、政治的、村庄的和国家范围内的陌生人。对于重要现象和事件的认识给我们带来了新的观点和认识,而且将熟悉的事物以另外的形式展现出来。

历史学是人类学向着生产性转变的一个最好的例子;它引发了很多新的主题和研究重点。其中包括人类的认知、感觉和行为,这些内容一直以来就没有被认为是与"历史相关的"。研究的兴趣点主要在于它们的世界观和主观性。因此,人类生活的知识是在他们特定的地理空间和历史事件中形成和获得的。随着对边缘群体的研究不断深入,历史多样性也在不断增大。其中,尤其是外部的和陌生人的特殊经历和行为条件成为核心内容。由于主题选择和资料来源不同,涌现了大量基于地方和区域历史的个案研究。微观历史研究的关注点通常与重视一般历史发展的解释理论结合在一起并取而代之,推进了具有时空限制的现象的多维度研究,获得了一种历史关系的复杂性的视角。

人类现象研究的方法备受关注,即历史的人类精神的研究充分表现出来,其中需要研究的是集体的表现。集体表现是人类认知、感觉和行为的前提,决定了具体历史情况下人类的感受、认知和行为。为了理解集体表现和个体行为之间的关系,我们需要对人类精神的长期变化情况进行研究。基本经验的关注伴随着对人类身体的重视。应该对历史现象和情况进行研究,其中人类的精神和相应的象征扮演了重要角色。[84]伴随着这种研究,人们发现了很多新的主题。[85]在民族学的关系上,打造了历史文化人类学的基础。[86]

历史学中的人类学研究推动了跨学科研究的发展,借助于跨学科的研究,人们才有可能面对问题和事件情况的复杂性。当今,历史人类学的众多议题都不能脱离民族学、心理学、社会学、神学、经济学和地理学的支持。由此形成的对于历史的认识作为"开放的历史"在理解上呈现出众多不同,即将历史理解为"进步史"或者"衰落史"。把历史看作开放的包括把历史行为看作偶然的,意识到它们的潜力和局限性是很重要的。

注　释:

[1]完整的标题(*Annales d' histoire économique et sociale*)的简短版本。编辑委员会不仅包括研究古代和现代历史的历史学家,还有地理学家阿尔伯特·德芒戎(Albert De-mangeon)、社会学家莫里斯·哈布瓦赫(Maurice Halbwachs)、经济学家查尔斯·里斯特(Charles Rist)和政治学家安德烈·齐格弗里德(André Siegfried)。

[2]Peter Burke, *The French Historical Revolution. The Annales School*, *1929-1989*, Cam-

bridge：Polity Press，1990.

［3］Peter Burke，*The French Historical Revolution. The Annales School*，*1929－1989*，Cambridge：Polity Press，1990.

［4］Marc Bloch，*The Royal Touch*：*Sacred Monarchy and Scrofula in England and France*，trans. J. E. Anderson，London：Routledge & Kegan Paul，1973；*Les rois thaumaturges*，Paris：Gallimard，1987.

［5］Marc Bloch，*Feudal Society*，Chicago：University of Chicago Press，1964.

［6］参见 Marc Bloch et al.，*Schrift und Materie der Geschichte. Vorschläge zur systematischen Aneignung historischer Prozesse*，Claudia Honegger（ed.），Frankfurt／M.：Suhrkamp，1977。

［7］参见 Lucien Febvre，*Martin Luther. A Destiny*，New York：E. P. Dutton & Co.，1929。

［8］Cited in Burke，op. cit.

［9］马克·布洛赫差不多是在同一时间被《索邦报》（*Sorbonne*）聘用的，这让我们将其视为该期刊从法国边缘地区迁至其中心的一次变动。

［10］Lucien Febvre，*Le problème de l'incroyance au XIVe siècle. La religion de Rabelais*，Paris：Michel，1968.

［11］参见 Lucien Febvre，*Combats pour l'histoire*，Paris：Colin，1992。

［12］Fernand Braudel，*The Mediterranean and the Mediterranean World in the Age of Philipp II.*，New York：Harper & Row，1972.

［13］Burke，op. cit.

［14］Fernand Braudel，*On History*，Chicago：Chicago University Press，1980，cited in Burke，op. cit.

［15］Philippe Ariès，*Centuries of Childhood. A Social History of Family Life*，New York：Knopf，1962，French：*L'enfant et la vie familiale sous l'ancien régime*，Paris：Plon：1960.

［16］Jean-Louis Flandrin，*Families in Former Times. Kinship*，*Household*，*and Sexuality*，New York：Cambridge University Press，1979.

［17］Robert Mandrou，*Introduction à la France moderne. Essai de psychologie historique*（1500－1640），Paris：Michel，1998；Georges Duby and Robert Mandrou，*A History of French Civilization*，New York：Random House，1964.

［18］Jean Delumeau，*Sin and Fear. The Emergence of a Western Guilt Culture*，13th－18th Centuries，New York：St. Martin's Press，1990；orig. Le péché et la peur，Paris：Fayard，1983.

［19］Emmanuel Le Roy Ladurie，*Carnival in Romans*，New York：Braziller，1979.

［20］Jacques LeGoff，*La naissance du Purgatoire*，Paris：Gallimard，1991.

［21］参见 Jacques Le Goff，*Time*，*Work and Culture in the Middle Ages*，Chicago：University of Chicago Press，1980；Jacques Le Goff，*Constructing the Past. Essays in Historical Methodology*，New York：Cambridge University Press，1985。

［22］Georges Duby，*The Three Orders. Feudal Society Imagined*，Chicago：University of

Chicago Press,1980.

[23]Philippe Ariès and Georges Duby, *A History of Private Life*, Cambridge: Belknap Press of Harvard University Press,1987.

[24]François Furet & Jacques Ozouf, *Reading and Writing.Literacy in France from Calvin to Jules Ferry*, New York: Cambridge University Press,1982.

[25]参见 Robert Mandrou & Georges Duby, *A History of French Civilization*, New York: Random House, 1964; Henri-Jean Martin, *Print*, *Power*, *and People in 17*th *Century France*, Methuen: Scarecrow Press, 1993; Henri-Jean Martin, *The French Book.Religion*, *Absolutism*, *and Readership*, 1585—1715, Baltimore: Johns Hopkins University Press, 1996。

[26]参见 Roger Chartier, *Cultural History.Between Practices and Representations*, Ithaca: Cornell University Press, 1988; Stephan Sting, *Schrift*, *Bildung*, *Selbst. Eine pädagogische Geschichte der Schriftlichkeit*, Weinheim: Beltz, Deutscher Studienverlag, 1998; Stephan Sting, *Stichwort*, *Literalität-Schriftlichkeit*, *Zeitschrift für Erziehungswissenschaft* 6（2003）3, pp. 317–337。

[27]参见 Chartier, op.cit.; Roger Chartier(ed.), *The Culture of Print.Power and the Uses of Print in Early Modern Europe*, Cambridge: Polity Press, 1989; Guglielmo Cavallo & Roger Chartier (eds.), *History of Reading in the West*, Amherst: University of Massachusetts Press,1999。

[28]参见 Michel de Certeau, *The Capture of Speech and other Political Writings*, Minneapolis: University of Minnesota Press, 1997; Gilbert Durand, *On the Disfiguration of the Image of Man in the West*, Ipswich: Golgonooza Press, 1977; Cornelius Castoriadis, *History as Creation*, London: Solidarity, 1978; Cornelius Castoriadis, *The Crisis of Culture and the State*, Minneapolis: Center for Humanistic Studies, University of Minnesota, 1987。

[29] 参 见 Hans-Ulrich Wehler, *Geschichte als Historische Sozialwissenschaft*, Frankfurt/M.: Suhrkamp, 1973; Hans-Ulrich Wehler, *The German Empire*, 1871—1918, Leamington Spa, Dover: Berg Publishers, 1985; Jürgen Kocka, *Sozialgeschichte*, Göttingen: Vandenhoeck & Ruprecht, 1977; Jürgen Kocka, *Geschichte und Aufklärung*, Göttingen: Vandenhoeck & Ruprecht, 1997。

[30]参见 Peter Kriedte, Hans Medick, and Jürgen Schlumbohm, *Industrialization before Industrialization: Rural Industry in the Genesis of Capitalism*, New York: Cambridge University Press, 1982。

[31] 参 见 Klaus Tenfelde, *Sozialgeschichte der Bergarbeiterschaft an der Ruhr im 19. Jahrhundert*, Bonn: Verlag Neue Gesellschaft, 1977; Franz-Josef Brüggemeier, *Leben vor Ort*, Munich: Beck, 1983; Wolfgang Ruppert, *Die Arbeiter*, Frankfurt/M.: Büchergilde Gutenberg,1988。

[32]参见 Hermann Bausinger, *Folk Culture in a World of Technology*, Bloomington: Indiana University Press, 1990; Helge Gerndt, *Kultur als Forschungsfeld. Über volkskundliches*

Denken und Arbeiten, Munich：Münchner Vereinigung für Volkskunde, 1986；Richard van Dülmen & Nobert Schindler, *Rebellion*, *Community and Custom in Early Modern Germany*, Cambridge：Cambridge University Press, 2002；Wolfgang Kaschuba, *Volkskultur zwischen feudaler und bürgerlicher Gesellschaft. Zur Geschichte eines Begriffs und seiner gesellschaftlichen Wirklichkeit*, Frankfurt/M.：Campus, 1988。

［33］参见 Wolfgang Kaschuba, *Einführung in die europäische Ethnologie*, Munich：Beck, 1999。

［34］参见 格特·德莱塞尔（Gert Dressel）开展的有趣、广泛和值得关注的研究, 见 *Historische Anthropologie. Eine Einführung*, Vienna：Böhlau, 1996。该文试图对历史人类学的整个领域作一个概述, 介绍历史人类学的发展和（相关）体系, 以及它的主要议题和组织形式。参见 Richard van Dülmen, *The Society of the Enlightenment. The Rise of the Middle Class and Enlightenment Culture in Germany*, New York：St.Martin's Press, 1992。

［35］参见 Edward P.Thompson, *Plebejische Kultur und moralische Ökonomie. Aufsätze zur englischen Sozialgeschichte des 18. und 19. Jahrhunderts*, Frankfurt/M., Berlin, and Vienna：Ullstein, 1980；Edward P.Thompson, *The Making of the English Working Class*, Harmondsworth：Penguin Books, 1968；Robert Muchembled, *Popular Culture and Elite Culture in France*, 1400—1750, Baton Rouge：Louisiana State University Press, 1985。

［36］参见 Albert Ilien & Utz Jeggle, *Leben auf dem Dorf. Zur Sozialgeschichte des Dorfes und zur Sozialpsychologie seiner Bewohner*, Opladen：Westdeutscher Verlag, 1978；Wolfgang Kaschuba & Carola Lipp, *Dörfliches Überleben. Zur Geschichte materieller und sozialer Reproduktion ländlicher Gesellschaften im 19. und 20. Jahrhundert*, Tübingen：Tübinger Vereinigung für Volkskunde, 1982；Wolfgang Kaschuba, *Volkskultur in der Moderne. Probleme und Perspektiven empirischer Kulturforschung*, Reinbek：Rowohlt, 1986。

［37］van Dülmen&Schindler, *Rebellion*, op.cit.

［38］参见 Arthur E.Imhof, *Lost Worlds：How our European Ancestors Coped with Everyday Life and why Life is so Hard Today*, Charlottesville：University Press of Virginia, 1996。

［39］Michael Mitterauer & Reinhard Sieder, *Vom Patriarchat zur Partnerschaft. Zum Strukturwandel der Familie*, München：Beck, 1977；Josef Ehmer & Michael Mitterauer（eds.）, *Familienstruktur und Arbeitsorganisation in ländlichen Gesellschaften*, Vienna：Böhlau, 1986.

［40］Michael Mitterauer, *Familie und Arbeitsteilung*, *Historisch-Vergleichende Studien*, Vienna：Böhlau, 1992.

［41］参见 Norbert Elias, *What is Sociology*？ New York：Columbia University Press, 1978；Norbert Elias, *Reflections on a Life*, Cambridge：Polity Press, 1994。

［42］Alf Lüdtke（ed.）, *Alltagsgeschichte. Zur Rekonstruktion historischer Erfahrungen und Lebensweisen*, Frankfurt/M., New York：Campus, 1989.

［43］参见 Peter Borscheid, *Geschichte des Alters. Vom Spätmittelalter zum 18. Jahrhundert*, Munich：dtv, 1989.

［44］参见 Detlev J. Peukert, *Jugend zwischen Krieg und Krise. Lebenswelten von Arbeiter-jungen in der Weimarer Republik*, Cologne：Bund-Verlag, 1987；Lutz Niethammer（ed.）, *Die Jahre weiß man nicht, wo man die heute hinsetzen soll. Faschismuserfahrung im Ruhrgebiet*, Bonn：Dietz, 1986；Lutz Niethammer, *Hinterher merkt man, dass es richtig war, dass es schief-gegangen ist. Nachkriegserfahrungen im Ruhrgebiet*, Bonn：J. H. W. Dietz Nachf., 1983。

［45］参见 Claudia Honegger & Bettina Heintz, *Listen der Ohnmacht. Zur Sozialgeschichte weiblicher Widerstandsformen*, Frankfurt／M.：Europäische Verlagsanstalt, 1984。这本书收录了许多女性历史学家的研究贡献，对性别史研究产生了深远影响。参见 Gisela Bock, *Women in European History*, Malden：Blackwell Publishers, 2001；Carola Lipp, *Medien popularer Kultur*, Frankfurt／M.：Campus, 1995；Beate Fieseler & Birgit Schulze（eds.）, *Frauen-geschichte, gesucht-gefunden? Auskünfte zum Stand der Historischen Frauenforschung*, Cologne：Böhlau, 1991；Karin Hausen & Heide Wunder（eds.）, *Frauengeschichte-Geschlechtergeschichte*, Frankfurt／M.：Campus, 1992；参见 Rebekka Habermas, *Geschlechtergeschichte und 'anthropology of gender'. Geschichte einer Begegnung*, Historische Anthropologie 1（1993）, pp. 485–509。

［46］Ulrich Raulff（ed.）, *Mentalitäten-Geschichte*, Berlin：Wagenbach, 1987, p.9.

［47］参见 Jacques LeGoff, *The Medieval World*, London：Collins&Brown, 1990；Aaron J. Gurjewitsch, *Das Weltbild des mittelalterlichen Menschen*, Dresden：Verlag der Kunst, 1978；Aaron Gurjewitsch, *Stimmen des Mittelalters, Fragen von heute. Mentalitäten im Dialog*, Frank-furt／M.：Campus, 1993；Aaron J. Gurjewitsch, *Medieval Popular Culture：Problems of Belief and Perception*, Cambridge：Cambridge University Press, 1988；Aaron J. Gurjewitsch, *Historical An-thropology of the Middle Ages*, Cambridge：Cambridge Polity Press, 1992。

［48］Dinzelbacher, *Europäische Mentalitätsgeschichte*, op. cit.

［49］参见 Durand, *On the Disfiguration of the Image of Man*, op. cit.；Gilbert Durand, *In-troduction à la mythologie*, Paris：Albin Michel, 1996；Jean-Jacques Wuneburger, *L' imagination*, Paris：Presses Universitaires de France, 2. ed. 1995。

［50］Wolfgang Reinhard, *Lebensformen Europas. Eine historische Kulturanthropologie*, Mu-nich：Beck, 2004, p.12.

［51］参见本书第五章。

［52］Dinzelbacher, op. cit.

［53］Jochen Martin, *Der Wandel des Beständigen. Überlegungen zu einer historischen An-thropologie*, *Freiburger Universitätsblätter* 126（1994）, p.42.

［54］Hans Medick, "'Missionare im Ruderboot'. Ethnologische Erkenntnisweisen als Herausforderung an die Sozialgeschichte", in *Alltagsgeschichte. Zur Rekonstruktion historischer Erfahrungen und Lebensweisen*, Alf Lüdtke（ed.）, Frankfurt／M., New York：Lang, 1989, pp. 48–84.

［55］参见 Richard J. Evans, *Fakten und Fiktionen. Über die Grundlagen historischer*

Erkenntnis,Frankfurt/M.：Campus,1998；Richard J. Evans, Simon Zadek & Peter Bruzan （eds.）,*Building Corporate Accountability. Emerging Practices in Social and Ethical Accounting*,*Auditing*,*and Reporting*,London：Earthscan,1999。

［56］参见 Wolf Lepenies, *Geschichte und Anthropologie. Zur wissenschaftlichen Einschätzung eines aktuellen Disziplinkontakts*,*Geschichte und Gesellschaft* 1（1975）, pp. 325–343；Gernot Böhme, *Anthropologie in pragmatischer Hinsicht*, Frankfurt/M.：Suhrkamp, 1985,pp.251–265。

［57］Philippe Ariès,*Centuries of Childhood*,op.cit.尽管艾里斯在 17 世纪提到了童年的发现,但几年前有人提出童年正在消失的观点。

［58］参见 LeGoff et al.,*Die Rückeroberung des historischen Denkens*,op.cit.,pp.62–102。

［59］参见 Natalie Zemon Davis,*Die wahrhaftige Geschichte von der Wiederkehr des Martin Guerre*, Berlin：Wagenbach, 1984；Norbert Schindler, *Widerspenstige Leute. Studien zur Volkskultur in der frühen Neuzeit*, Frankfurt/M.：Beck, 1992；Hans Medick, *Weben und Überleben in Laichingen* 1650–1900.*Lokalgeschichte als allgemeine Geschichte*,Göttingen：Vandenhoeck & Ruprecht, 1996；Alain Corbin, *Auf den Spuren eines Unbekannten. Ein Historiker rekonstruiert ein ganz gewöhnliches Leben*,Frankfurt/M.：Campus,1999。

［60］参见 Clifford Geertz, " Thick Description：Toward an Interpretive Theory of Culture" , in *The Interpretation of Cultures. Selected Essays*, Clifford Geertz, New York：Basic Books,1973,pp.3–30。

［61］参见 Alf Lüdtke & Hans-Jürgen Goetz, "Mikro-Historie.Historische Anthropologie" , in *Geschichte-ein Grundkurs*,Hans-Jürgen Goetz（ed.）, Reinbek：Rowohlt, 1998, pp.557–578； Jürgen Schlumbohm et al.,（eds.）,*Mikrogeschichte-Makrogeschichte.Komplementär oder inkommensurabel？* Göttingen：Wallstein,1998。

［62］参见 the discussion in Schlumbohm et al.,op.cit。

［63］参见 LeRoy Ladurie, *Montaillou. Village occitan de* 1294 *à* 1324, Paris：Gallimard,1975。

［64］Jacques Le Goff, "Les mentalités.Une histoire ambigue" , in *Faire de l' historie*,3 vols, Jacques Le Goff & Pierre Nora（eds.）, Paris：Èditions Gallimard, 1974；Raulff, *Mentalitäts-Geschichte*, op. cit.；Annette Riecks, *Französische Sozial-und Mentalitätsgeschichte. Ein Forschungsbericht*, Altenberge：Telos,1989。

［65］Reinhart Koselleck,*Futures Past.On the Semantics of Historical Time*,New York：Columbia University Press,2004.

［66］Peter Burke,*Strengths and Weaknesses of the History of Mentalities*,*History of European Ideas* 7,5（1986）,p.440.

［67］Lucien Lévy-Bruhl,*La mentalité primitive*,Paris：F.Alcan,1922.

［68］Robert Mandrou, *L' Europe absolutist. Raison et raison d' État*, 1649–1775, Paris：Fayard,1977；Robert Muchembled, *Les derniers bûchers：un village de Flandre et ses sorcières sous Louis XIV*, Paris: Ramsay, 1981; Delumeau, *Sin and Fear*, op.cit.

[69] Bloch, *Les Rois Thaumaturges*, op, cit.

[70] Thomas S. Kuhn, *The Structure of Scientific Revolutions*, Chicago: University of Chicago Press, 1970.

[71] 参见 the explanation of this topic in Dressel, op.cit., p.84。

[72] 参见 Dietmar Kamper & Christoph Wulf (eds.), *Die Wiederkehr des Körpers*, Frankfurt/M.: Suhrkamp, 1982; Dietmar Kamper and Christoph Wulf (eds.), *Der andere Körper*, Berlin: Mensch und Leben, 1984; Dietmar Kamper & Christoph Wulf (eds.), *Das Schwinden der Sinne*, Frankfurt/M.: Suhrkamp, 1984; Dietmar Kamper & Christoph Wulf (eds.), *Transfigurationen des Körpers. Spuren der Gewalt in der Geschichte*, Berlin: Reimer, 1989; Claudia Benthien & Christoph Wulf (eds.), *Körperteile. Eine kulturelle Anatomie*, Reinbek: Rowohlt, 2001; Hans Belting, Dietmar Kamper & Martin Schulz (eds.), *Quel Corps? Eine Frage der Repräsentation*, Munich: Wilhelm Fink, 2002。

[73] 参见 Reinhard, op.cit., esp., p.43。

[74] 参见 Peter Gay, *The Bourgeois Experience. Victoria to Freud*, New York: Oxford University Press, 1984; Stefan Breit, "*Leichtfertigkeit*" *und ländliche Gesellschaft. Voreheliche Sexualität in der frühen Neuzeit*, Munich: Oldenbourg, 1991; Beate Schuster, *Die freien Frauen. Dirnen und Frauenhäuser im* 15. *und* 16. *Jahrhundert*, Frankfurt/M.: Campus, 1995; Klaus Schreiner (ed.), *Gepeinigt, begehrt, vergessen. Symbolik und Sozialbezug des Körpers im späten Mittelalter und in der frühen Neuzeit*, Munich: Fink, 1992; Daniela Erlach, Markus Reisenleitner & Karl Vocelka, *Privatisierung der Triebe? Sexualität in der Frühen Neuzeit*, Frankfurt/M.: Lang, 1994; Sabine Kienitz, *Sexualität, Macht und Moral. Prostitution und Geschlechterbeziehungen Anfang des* 19. *Jahrhunderts in Württemberg*, Berlin: Akademie-Verlag, 1995。

[75] 参见 Ariès, *Centuries of childhood*, op.cit.; Lloyd de Mause, *History of Childhood*, New York: The Psychohistory Press, 1974; Irene Hardach-Pinke & Gerd Hardach (eds.), *Kinderalltag. Deutsche Kindheiten in Selbstzeugnissen* 1700–1900, Reinbek: Rowohlt, 1981; Borscheid, op.cit。

[76] Hasso Spode, *Die Macht der Trunkenheit. Kultur-und Sozialgeschichte des Alkohols in Deutschland*, Opladen: Leske und Budrich, 1993; Georges Vigarello, *Concepts of Cleanliness. Changing Attitudes in France since the Middle Ages*, New York: Cambridge University Press, 1988。

[77] Neithard Bulst et al., (eds.), *Zwischen Sein und Schein. Kleidung und Identität in der ständischen Gesellschaft*, Freiburg: Karl Alber, 1993; Daniel Roche, *La culture des apparences, Une histoire du vêtement*, Paris: Fayard, 1989.

[78] Elaine Scarry, *The Body in Pain. The Making and Unmaking of the World*, New York: Oxford University Press, 1985.

〔79〕参见 Philippe Ariès, *The Hour of our Death*, New York：Oxford University Press, 1991；Philippe Ariès, *Death in America*, Philadelphia：University of Pennsylvania Press, 1975；Arthur E.Imhof, *Die gewonnenen Jahre.Von der Zunahme unserer Lebensspanne seit dreihundert Jahren oder von der Notwendigkeit einer neuen Einstellung zu Leben und Sterben.Ein historischer Essay*, Munich：Beck, 1981；Arthur E.Imhof, *Die Lebenszeit.Vom aufgeschobenen Tod und von der Kunst des Lebens*, Munich：Beck, 1988。

〔80〕参见 Gerd Althoff, "Baupläne der Rituale im Mittelalter.Zur Genese und Geschichte ritueller Verhaltensmuster", in *Die Kultur des Rituals*, Christoph Wulf and Jörg Zirfas(eds.), Munich：Wilhelm Fink, 2004, pp.177–197。

〔81〕LeGoff, *The medieval world*, op.cit.

〔82〕参见 Martin Scharfe, *Die Religion des Volkes.Kleine Kultur-und Sozialgeschichte des Pietismus*, Gütersloh：Mohn, 1980；Peter Dinzelbacher & Dieter R.Bauer,(eds.), *Volksreligion im hohen und späten Mittelalter*, Paderborn：Schöningh, 1990；Richard van Dülmen (ed.), *Arbeit, Frömmigkeit und Eigensinn. Studien zur historischen Kulturforschung*, Vol. II, Frankfurt/M.：Fischer, 1990；Eva Labouvie, *Zauberei und Hexenwerk.Ländlicher Hexenglaube in der frühen Neuzeit*, Frankfurt/M.：Fischer, 1993；Michael Mitterauer, *The European Family. Patriarchy to Partnership from the Middle Ages to the Present*, Chicago：University of Chicago Press, 1982。

〔83〕Carlo Ginzburg, *The Cheese and the Worms：The Cosmos of a Sixteenth-Century Miller*, New York：Penguin Books, 1982.

〔84〕参见 August Nitschke, *Körper in Bewegung.Gesten, Tänze und Räume im Wandel der Geschichte*, Zurich：Kreuz, 1989；Thomas Alkemeyer, *Körper, Kult und Politik.Von der" Muskelreligion" Pierre de Coubertins zur Inszenierung von Macht in den Olympischen Spielen von* 1936, Frankfurt/M.：Campus, 1996。

〔85〕这些还包括仪式和与之相关的符号和手势。参见 Egon Flaig, *Ritualisierte Politik.Zeichen, Gesten und Herrschaft im Alten Rom*, Göttingen：Vandenhoeck&Ruprecht, 2003；Gerd Althoff, *Die Macht der Rituale. Symbolik und Macht im Mittelalter*, Darmstadt：Wissenschaftliche Buchgesellschaft, 2003。

〔86〕参见 Reinhard, op.cit。

第四章　文化人类学

哲学人类学在德国的人文科学中得到了构建和发展,历史人类学在法国的人文科学中得以构建和发展,同样,文化人类学也是一门学科,它在很多国家不同科学传统的共同作用下得以形成。在美国,文化人类学有自己的阐述方式,与英国、法国和德国的相关学科有所区别。20世纪初,来自德国的人文科学的文化理解对于法兰兹·博厄斯和他的学生在文化人类学的创建上产生了重要影响。文化人类学的目的是通过研究北美印第安人急剧变化的社会,力图在它们被遗忘之前进行保护,并使之成为美洲文化的一部分得以保留。博厄斯提出了"四领域人类学",包括考古学、生物学、文化人类学和语言人类学,这是对这些文化进行实证研究的一个模型,与其时代保持一致,并逐渐确立,但其价值直到今天仍然是一个引起争论的话题。[1]以传承美洲本土文化的名义,人们反对具有统治地位的进化论解释模型,并且强调这种文化的唯一性和本身的价值。

对于文化人类学在20世纪的进一步发展,很多国家的众多学者都做出了重要贡献,我想对其中的一些学者做一下简单介绍:在德国,有卡尔·马克思和弗里德里希·恩格斯(Friedrich Engels)以及他们所持的"进化的社会"的观点。在英国,有布罗尼斯拉夫·马林诺夫斯基(Bronislaw Malinowski)和他的参与性观察和田野研究,以及阿尔弗雷德·拉德克利夫-布朗(Alfred Radcliffe-Brown)和他的功能主义,还有和布朗持相对观点的社会人类学家雷蒙德·弗思(Raymond Firth)、爱德华·伊凡·伊凡斯-普里查德(Edward Evan Evans-Pritchard)、梅耶·弗提斯(Meyer Fortes)和埃德蒙德·R.利奇(Edmund R.Leach)。在法国,有爱弥尔·涂尔干、马塞尔·莫斯（Marcel Mauss）和 克劳德·列维-斯特劳斯（Claude Lévi-Strauss）以及他们的结构主义；米歇尔·福柯和他的讨论分析；皮埃尔·布迪厄和他的惯习和实践性知识研究；雅克·德里达（Jacques Derrida）和他的解构主义；还有后现代主义的一些学者，包括弗朗索瓦·利奥塔（François Lyotard）、让·鲍德里亚（Jean Baudrillard）以及保罗·维利里奥（Paul Virilio）。

这些跨学科和国际性的交流促进了文化人类学的多样性发展，与这些学者不同，我更加注重突破学科间的界限，挖掘学科的丰富内涵。鉴于20世纪文化人类学发展的多样性，要想完全呈现它显然是不可能的。我想对其中的一些方面（它们对于阐释学的发展、田野研究所关注的文化人类学而言非常重要）加以介绍，它们可以进一步扩展人类学的研究范式。我将特别挑选一些研究方法和问题进行讨论。关于学科综合的系统研究体现于前面所提到的美国的文化人类学、英国的社会人类学、法国的人类学和德国的民族学。[2]从研究实例来看，虽然目前缺少创造性的研究，但是推动了个别国家学科的整体发展。

在这一章中，我将选择其中两方面具有重大意义的发展进行较为详细的介绍。一方面，是关于博厄斯和他的学生们的研究。此外，一些人从社会人类学、结构主义、马克思主义、女权主义和批判的后现代主义的角度分享或者反对了博厄斯的主要思想。从理论的角度看，这些研究是比较薄弱的，即便如此，他们的研究却是后续研究和著作的出发点和分离点。因此，我想就德国文化中文化人类学的开端和19世纪的思想史进行梳理，并对它们在20世纪后半叶所具有的结构进行研究。另一方面，我想介绍田野研究在文化人类学中的角色，并且说明田野研究与文化和他者有着怎样的关系。尽管田野研究在进化主义、结构主义、马克思主义和后现代主义中具有不同的价值，但是它被认为是文化人类学的核心内容，因此，文化人类学与其他人类学的范式有明显的区别。借助于田野研究，文化人类学获得了有助于它自身学科建设的知识内容。

第一节 博厄斯及其后人创立的文化人类学

借助于查尔斯·达尔文[3]、赫伯特·斯宾塞（Herbert Spencer）[4]、路易斯·亨利·摩尔根（Lewis Henry Morgan）[5]的影响，进化论的地位有所上升。[6]博厄斯和他的学生们对此持反对意见，他们强调实践主义、相对主义和文化的意义。按照博厄斯的理解，文化是不同的，而且只能从文化中理解文化。所以，人类学家必须克服他们的价值与理解，也就是他们自身民族中心的想象，这样才可以最大可能地对陌生文化进行研究。对这种相对主义代表的批评，博厄斯和他的学生也有同感，但都是针对生物还原论、进步的普遍标准、文化决定论的形式，以及对文化现象的普遍比较的过分评价。这些思想促进了人们对文化的理解，认为文化是一种特殊而独特的生活方式的集合，并被用来发展一种温和的文化相对主义的观点。博厄斯在他1896 年撰写的名篇《比较方法的局限》（*The Limitiations of the Comparative Method*）以及 1911 年出版的著作《原始人的思维》（*The Mind of Primitive Man*）中阐明了上述观点，这些观点还在关于人类学的四大领域及书写文化论争中发挥了重要作用。

博厄斯和他的学生们与严格的文化相对主义保持着距离，就像他们强调文化过程的相对自主性一样。一个原因是，博厄斯除了对文化进行研究外，还在生物、考古和语言学的研究上有所建树。尤其在生物学的研究中，总是能够得出普遍的、不断发展的关于人的文化依存的认识。[7]

在美国自然历史博物馆（AMNH）和哥伦比亚大学任职期间，博厄斯奠定了他的研究基础，他的研究所逐渐发展成为文化人类学研究的中心。博厄斯的研究核心在于文化和文化相对主义，目的是通过访谈和文字记录开展关于北美印第安文化的实证研究，随之他又进行了关于历史和语言的研究。博厄斯认为，语言对于文化和思想的发展具有重要的建构作用。他进一步论证了自己的理解，即在逐步扩展的已确定的关于发展的研究中，文化进步获得了它的基础。[8]取而代之的是对于文化之间的联系以及在"传播主义"范围内文化形式和内容蔓延的历史路径的探究。后来,这种研究趋势引发了关于文化和个体之间关系的研究兴趣的增长。博厄斯认为文化现象是相对独立的。

一、文化历史背景

一项关于康德的普世主义(kantianische Universalismus)和赫尔德的历史主义(Herderische Historismus)之间关系的分析表明:这种历史关系强调了启蒙的不同(在法国是普遍的文明,在德国是相关文化),并且表现出了明显的对抗。康德的哲学和人类学也倾向于普世主义启蒙。[9]其中一些概念对于赫尔德的历史观和人类学产生了一定的影响。赫尔德接受了康德关于人类抽象统一的观点,并且补充了历史的和文化的差异的人类学意义。[10]赫尔德关于"多样统一"的观点也即文化差异中人性的统一,这是他的研究的重点体现,一般与特殊联系在一起。这种人类学的观点确定了赫尔德对于文化的理解,即文化的实践特征通过语言、风俗和思想感情的特殊性而显现。由此,就产生了精神和灵魂的影响作用,同时又创生了文化的特殊性。按照赫尔德的理解,人们应该关注并体验这种力量的作用。将精神和灵魂理解为文化力量的创造者,这种理解促发了后来民俗的生成。[11]赫尔德关于民众的灵魂的理解源于他出身于虔诚信教家庭的影响。后来,这种理解帮助他对文化民众和自然民众作出划分,因此出现了与之相关的不同文化阶层的划分。他试图将这一区别所隐含的进化论历史观与试图根据所有文化的价值观、思想和法律来评估所有文化的尝试联系起来,这使他无法高估文化现实主义。

不仅仅是赫尔德和洪堡的哲学对博厄斯产生了影响,而且他的"四领域人类学"的假设以及他的联合政治行动也受到了他19世纪后30年在柏林与阿道夫·巴斯蒂安(Adolf Bastian)的研究激发。经过多年努力,柏林人类学、民族学和史前史协会(1867年)[12]得以创建,直到今天这个协会仍然出版着重要的学术期刊《民族学期刊》(Zeitschrift Ethnologie),民俗学博物馆也被筹建起来(1873年)。协会的首任主席巴斯蒂安曾作为随船医生环游世界,并于 1869 年获得大学执教资格。这些年,民俗学逐渐形成,博物馆陆续建立,一些重要的书籍和旅行游记大量出版。[13]一些重要的作品相继出版,包括 J. J. 巴霍芬(Johann Jakob Bachofen)、古斯塔夫·克林姆(Gustav Klemm)和 西奥多·维特兹(Theodor Waitz)的研究,以及海因里希·巴尔特(Heinrich Barth)所做的研究。巴尔特的研究具有一定国际性,而且他是德国非洲研究的奠基人。[14]

这一阶段发展的特点是基于历史的民俗学与随着新博物馆建立而发展起来的帝国主义殖民政治推行的民族学之间的区别,这两种民族学都是反达尔文主义的。这种区别受到赫尔德主张的文化民众与自然民众之差别的推动,在赫尔德的观点中,自然民众只具有少量的文化成果。[15]赫尔德更多地倾向于使用单数的"文化",而约翰·克里斯托弗·阿德隆(Johann Christoph Adelung)更多地谈论复数的"文化",并且进一步强化了与文化相关的其他方面。这也可以通过出版物不断得到扩展,例如弗里德里希·施莱格尔(Friedrich Schlegel)的论文《印度人的语言和智慧》[16]以及弗里德里希·吕克特(Friedrich Rückert)关于亚洲语言的研究。威廉·冯·洪堡的语言研究促进了关于语言先于文字(avant la lettre,参见本书第十章)产生的历史比较人类学研究,这同样影响了博厄斯关于语言研究的意义所持的观点。

文化相对主义的蔓延通过与进化主义相关的两个条件得以推进,柏林病理学家鲁道夫·菲尔绍(Rudolf Virchow)和阿道夫·巴斯蒂安也深受这种影响。其一是普鲁士的虔诚主义,其对人类起源的反创造论的拒绝;其二是普鲁士的民族主义,它导致了人们对英国新理论的怀疑。巴斯蒂安的研究兴趣在于对基本观点的挑战,他受赫尔德所启发的有关人类统一性的概念,在表现上呈现出多样性。巴斯蒂安的研究包含细致的单一研究、详细的描述和语言分析,[17]但它们在整体上还缺乏系统性。在他的一本著作中,在启蒙论和实证主义之间所建立的联系构成了一种混合体,它不断地影响着博厄斯的思想。

就博厄斯的人类学概念而言,菲尔绍有关生理的或生物的人类学研究也具有一定意义,它们对博厄斯一生的研究都具有重要影响。在菲尔绍研究的推动下,学校美学占据了重要位置,它对于无数学校儿童产生了影响。在这种研究的帮助下,种族差异的特征被提及,而且种族概念得到了科学的界定,这种思想在德国历史上产生了巨大影响。[18]

总之,在一段时期内博厄斯关于文化人类学的理解在德国获得了一定发展。它对于启蒙和浪漫主义所激发的关于文化和文化人类学研究的理解、对于语言的意义、对于生物人类学及与之相关的自然科学的方法都具有重要意义。就北美印第安人的研究来说,史前考古学被应用于文化人类学的研究之中,通过这些资料和发现,我们获得了有关北美洲原住民的栖息地以及不同单个部落之间关系的重要认识。

二、博厄斯流派

尽管博厄斯的学生之间有很大差异,他们中的许多人都有自己的研究和发展道路,但仍然有可能对他们的出发点和相关活动有大致的了解。可以把他们分成三代。第一代包括第一次世界大战前的博士生,他们是经验主义者,但更感兴趣的是以历史为导向的文化人类学。第二代继承人也是一些博士生,他们在 20 世纪 20 年代与博厄斯一起工作,他们首先关注了个体的文化和社会化。第三代继承人的相关研究开始于 20 世纪 30 年代。

阿尔弗雷德·克鲁伯(Alfred Kroeber)属于博厄斯的第一代继承人,他于 1901 年在哥伦比亚大学获得博士学位,并在伯克利大学建立了人类学系。像克鲁伯一样,博厄斯的许多学生作为第一代继承人在美国都占据了新的卓有成就的位置。罗伯特·罗伊(Robert Lowie)也来到了伯克利大学;爱德华·萨丕尔(Edward Sapir)和 法伊-库伯·科尔(Fay-Cooper Cole)去了芝加哥;梅尔维尔·赫斯科维茨(Melville Herskovits)到了西北大学;弗兰克·斯佩克(Frank Speck)去了宾夕法尼亚大学;亚历山大·戈登卫塞(Alexander Goldenweiser)到了社会研究新学院(New School for Social Research),他在这里成为莱斯利·怀特(Leslie White)和鲁斯·本尼迪克特(Ruth Benedict)的老师。尽管博厄斯在哥伦比亚大学主要从事民族学和语言学的研究,但是在其他大学的文化人类学系,博厄斯所主张的"四领域模式"仍然受到重视。在这一时期,博厄斯通过与博物馆合作,主持美国人类学协会的内部工作(1907年博厄斯曾任该协会主席)以及专业期刊的创立等工作,为实现文化人类学的专业化付出了巨大努力。乔治·斯托金(George Stocking)认为博厄斯学派人物有着严谨和反叛的区别,据此人们将他们划分为两个群体[19]。第一个群体包括罗伊、斯皮尔(Spier)、赫斯科维茨、威斯勒(Wissler)和斯佩克。第二个群体包括如下人物:克鲁伯对于人与历史的关系提出了自己的假设;萨丕尔提出了自己对于语言学的理解,并且提高了个体在文化人类学中的研究地位;保罗·拉丁(Paul Radin)也属于第二个群体,他探讨了"原始哲学"的世界观,他的传记《温尼贝格印第安人》(*Winnebago Indian*,1920年)可被看作生活史研究方法的重要贡献;还有戈登卫塞,他曾与萨丕尔和拉丁一起工作,对文化发展中的个体的研究抱有极大兴趣。随着克鲁伯的《超有机体》(*The Superorganic*,1917年)和萨丕尔的《文化、真实与虚假》(*Culture*,*Genuine and Spurious*,1924年)等作品的出版,博厄斯学派研究范围进一步扩大了。[20]克鲁伯的文章表明,文化人类学的研究对于有机的或者说生物的、心理的和个体的文化现象的依存已经进一步丧失。萨丕尔的研究已经不再是文化理论,取而代之的是有关单一群体的"精神占有"的说法。萨丕尔努力重新理解博厄斯关于"大众精神"的概念,进而借助于价值模式的发展推动不同文化的"文化整合"。

博厄斯学派继承人之间存在着较大差别与矛盾,这些差异还将博厄斯学派与持有其他文化人类学立场的代表学者进行了划分。所以,博厄斯学派与颇具影响的华盛顿/剑桥学派代表之间的冲突不断加剧。这也是进化论与历史论立场之间的矛盾,或者说是种族决定论与文化决定论之间的矛盾。在这个关系中,占上风的早期美国白种新教徒与犹太教的移民发生了冲突。这场论战体现了第一次世界大战时期移民政治、种族概念、国家主义、孤立主义等之间的差别。博厄斯学派的根本和平主义及其反对美国参战的立场,加深了他们四面受敌的情况,从而失去了在美国人类学协会(AAA)中的席位。

博厄斯去世后,克鲁伯于1942年接替了他的位置,成为文化人类学最有影响的代表人物。他注重文化人类学研究的历史维度,研究的兴趣点在于文化形式以及价值与文化创造性的关系。克鲁伯拓展了文化领域的研究,在这一领域,他进一步推进了关于北美洲的文化人类学研究。他的研究主要关注文化发展和文化类型的构建。很多博士研究生参与了他关于"文化元素传播计划"的研究,这一项目的主要研究工作就是关于文化形态和类型的研究,他进一步勾画了整个项目的走向。在离开耶鲁之后,萨丕尔开始了自己的研究方向,他希冀与耶鲁心理学家的合作没有能够实现。那时,他提出了语言的萨丕尔-沃尔夫(Sapir-Whorf)设想,按照这一设想,语言的语义学结构,尤其与它的语法无法进行比较,它们的特点对于思想和文化具有持续的影响。

博厄斯学派的第二代继承人主要活跃于20世纪20年代,其代表人物对于历史的关注进一步减弱,而受到了心理分析和行为分析相关研究的影响,总的来说,可以称作"文化人格学派"(Cultural and personality school)。这一阶段的主要代表人物包括:鲁斯·本尼迪克特、玛格丽特·米德(Margaret Mead)和克莱德·克拉克洪(Clyde Kluckhohn)[21],欧文·汉龙威尔(Irving Hallowell),拉尔夫·林顿(Ralph Linton)和罗伯特·罗维(Robert Lowie)的研究也属于这一方向。例如,罗维写了一本关于德国民族特点的书(1945年)。克鲁伯受到这种发展的影响,并将自己的研究从地区研究转向了文化形态的研究。博厄斯的另一个学生米德注重"主导文化态度"的研究,本尼迪克特称之为"模式",它与心智模式的相似性是很明显的。1928年米德出版了著作《萨摩亚人的成年》(Coming of age in Samoa),其中包含大量田野调查,这一点也在副标题"西方文明原始青年的心理学研究"中得以印证,"人类特征的心理形式存在的提出充分证明了青少年行为模式的直线性文化传承,它与欧美中产阶级青少年的行为模式有着很大的差别"。其他很多学者进一步推进了这一研究,也导致了激烈的争论。从研究方法来看,米德和格列高里·贝特森(Gregory Bateson)通过大量照片和影像进行研究的新方法对视觉人类学的发展做出了特别重要的贡献。米德在 1926 年开始了关于萨摩亚人的研究,研究的主题是青少年以及文化形式。她试图证明在美国蔓延开来的对于青春期的理解,不但具有由荷尔蒙和感情因素引发的不安,而且在很大程度上与文化有一定的关系,青春期在其他文化中有不同的表现和感受。直至今天,该研究的一些方面仍然存在争议[22],但是该研究从方法论的视角来看依然具有重要意义。米德的研究是第一例按照马林诺夫斯基的田野研究和参与式观察等方法实施的研究。她的研究围绕着印度尼西亚人、青少年和社会角色展开,从而在文化人类学的研究中发现了新的主题与视角。

随着本尼迪克特的《文化模式》(*Patterns of Culture*,1934 年)的出版,文化人类学的研究地位得到了进一步提升。本尼迪克特认为,理解一种文化最好的方法是去研究它,发现它的主旨以及这些主题是如何确定文化形态特点的。本尼迪克特和她的很多同事考虑到了文化的唯一性,以及它对人类社会化的形成所发挥的重要作用。按照她的理解,每一种思想和行为方式都可以在文化中习得。然而,与之前的博厄斯一样,这些学者并没有假定行为完全由文化决定。在这一时期,人们进行了很多地区研究,其中最著名的当数梅尔维尔·赫斯科维茨的"东非牛情结"。[23]根据这项研究的结果,在牛的文化中,我们发现了游牧、父亲血统、年龄、新娘、牲畜与祖先的联系等。

第三代博厄斯学派的传承人更注重经济层面和冲突,更注重纠纷与冲突。这个时期最主要的研究者包括:奥斯卡·里维斯(Oscar Lewis),他研究了黑足印第安人的皮毛贸易;简·理查德森(Jane Richardson),她对于基奥瓦人(Kiowa)的权利和地位结构进行了研究;亚历山大·莱瑟(Alexander Lesser),他研究了波尼人(Pawnee)如何通过鬼舞手游戏来表现文化的演变[24],后来他又在研究中将文化历史的观点与功能论、进化论观点进行了联系。博厄斯于 1937 年退休,而拉尔夫·林顿与本尼迪克特关系密切,鉴于这些更为稳固的条件,博厄斯的继承者在哥伦比亚大学开启了社会科学研究新的发展阶段。[25]尽管林顿的研究兴趣在于文化和个性的问题,但是,他与心理分析学家卡蒂娜(Abraham Kardiner)的研究还是有所区别的

（他们自 1938 年开始合作组织了一系列讨论课）。

在米德和本尼迪克特研究的影响下，文化人类学在那时逐渐成为一门可以被接受的学科，它涉及很多研究方面。同时，这些研究不再局限于对北美印第安人的研究，而是对亚洲和非洲投入了更加开放的研究兴趣。拉德克利夫-布朗 1931—1937 年在芝加哥生活，在此期间，他受到城市社会学当地传统的影响，形成了坚实的社会科学基础。拉德克利夫·布朗由此认为，只存在一种科学模式，而且它必须植根于自然科学。其中，有关文化事象之间关系的内容要少于对于这些文化事象的解释。在第一次世界大战期间，马林诺夫斯基身居美国，并在耶鲁大学获得教授席位，之后不久他便逝世了。布朗和马林诺夫斯基都受到英国社会人类学的影响，对马林诺夫斯基来说，这种影响更加持久。同时，以文化为中心的文化人类学概念在美国也得到了确立。在那时，文化人类学的研究受到了军方强有力的资金支持，人们期望受到这些资金支持的文化人类学可以获得关于其他国家的更多认识，从而有助于本国的政治与军事发展。第二次世界大战之后，这种来自军方的资金支持更加广泛，并且促进了很多相关领域研究的发展与分化。尤其在第三世界的发展中，对于人类学家而言出现了很多新的工作机会和可能。

三、来自新进化论、新唯物主义和功能主义的挑战

在北美文化人类学的研究中，博尼斯的适度相对主义对 19 世纪在英国占统治地位的进化论思想提出了反对意见，从而在辩证的运动浪潮中出现了新的发展，其中进化论扮演了重要角色。

最初，这种发展的动力来自莱斯利·怀特和朱利安·斯图尔德（Julian Steward），他们仍然支持一种更接近文化相对主义的立场。怀特执教于密歇根（Michigan），他的学生包括马歇尔·萨林斯（Marshall Sahlins）、阿尔伯特·斯鲍丁（Albert Spaulding）、罗伯特·卡耐罗（Robert Caneiro）和路易斯·宾福德（Lewis Binford），从而确定了反对文化决定论的位置。[26] 与怀特的线性进化论不同，斯图尔德提出了多线性进化论的概念，目的是克服单

一线性进化论中存在的问题，即文化发展必须是单基因的。文化发展的具体历史分析范围受到环境的影响，促进了人们对进化的多维度性理解以及相关的研究方法论的发展[27]，当今，我们可以追踪这些位置和新达尔文主义之间的联系，例如社会生物学（参见本书第一章）。

在这两位学者提出"唯物主义"之后，斯图尔德试图对社会和文化发展进行解释，这些努力都为艾利克·沃尔夫（Eric Wolf）、萨林斯以及哥伦比亚大学孟德尔激进组织（MUS）的马文·哈里斯（Marvin Harris）等人提出的基于马克思主义的方法论创造了条件，他们在对历史、社会和文化作进化论解释的过程中发挥了重要作用。沃尔夫关于社会和社会统治结构构建性的研究[28]，萨林斯的《石器时代经济学》（Stone Age Economics）以及他有关文化和实践理性的研究[29]，还有哈里斯关于文化和文化唯物主义起源的相关论著[30]都属于这一方面。虽然引入这一观点非常重要，但它的价值因其将文化还原为物质生产和物质性而降低，没有考虑到象征因素的生产力。

唯物主义的一种新形式在法国扮演了重要角色。克劳德·梅拉索克斯（Claude Meillassoux）批判了列维-斯特劳斯的结构主义，因为结构主义并没有将剥削问题和亲属关系的物质条件作为研究主题。在梅拉索克斯看来，生产关系可以确定再生产关系，并受到社会权力关系中生产关系的统和。在这一过程中，形成了对于妇女的约束和控制，妇女的意见得不到重视。[31]莫里斯·古德利尔（Maurice Godelier）的结构马克思主义也属于这一情况，这一理论主要探讨了环境、技术与社会之间的关系。[32]其核心内容是讨论生产关系，他认为社会和个人的关系都建立在生产关系中。文化可以理解为一种受控的意识形态，与之相对的是经济，它作为社会发展的生产因素。伊曼纽尔·沃勒斯坦（Immanuel Wallerstein）关于世界系统的分析也属于这一关系，他阐述了殖民主义与全球化、欠发达与发展之间的关系。[33]他所提出的中心与边缘之间的区别，为我们更好地理解全球动态性以及边缘社会的结构提供了很多借鉴。

像马克思主义那样，马林诺夫斯基和拉德克利夫·布朗的功能主义也包含进化论元素。拉德克利夫·布朗反复强调，人类学具有两个起源：一个是 1870 年左右的进化论思想,其中赫伯特·斯宾塞发挥了重要作用;另一个是 18 世纪中叶孟德斯鸠(Montesquieu)的《论法的精神》(*Vom Geist der Gesetze*)。孟德斯鸠选取了社会传统为出发点,这说明社会具有一定的结构,这种结构是科学研究的任务,也是社会学和社会科学的任务。受到孟德斯鸠和孔德(Comte)的影响,涂尔干、马塞尔·莫斯和他的学生分析了社会结构的动态性。在这一研究中,他们放弃了进化论历史观点的意义,进而强调一种与现今相关的共时性研究的视角。在这里,列维-斯特劳斯与法国受到费尔迪南·德·索绪尔(Ferdinand de Saussure)影响的结构主义被联系在一起。

1922 年,马林诺夫斯基出版了《西太平洋的航海者》(*Argonauts of the Western Pacific*),拉德克利夫·布朗出版了《安达曼岛人》(*The Andaman Islanders*),这两部著作推动了功能主义与结构功能主义在英国的发展。[34]马林诺夫斯基的功能主义理论可以划分为三个抽象的层次:第一个层次表现为一个机构对于其他机构的功能或影响,也就是说,它确定了不同机构之间的关系;第二个层次是集体成员如何通过风俗来理解所处的集体;第三个层次对于研究者来说,在于建立社会组织之间不同方面的联系。[35]马林诺夫斯基功能主义理论的出发点在于七大基本生物性需求和与之相关的文化满足。这些生物性需求包括物质交换、再生产、身体的舒适性、安全、运动/移动、生长、健康;与之相关的文化满足包括营养的维持、亲属、居所、保护、行动、锻炼、卫生。由此,马林诺夫斯基提出了四个"工具性要求":经济、社会控制、教育和政治组织。马林诺夫斯基对于民族志的研究做出了杰出贡献,其贡献的价值限定于文化的一个科学理论以及功能主义的理论。[36]

正如前文所提到的,拉德克利夫·布朗的结构功能主义源于社会的自然科学,他在芝加哥大学的讲座中提出了其中的一些基本观点。[37]他反对一种统一的社会科学及关于文化的科学,认为取而代之的只能是一种社会的自然科学,其任务在于对社会进行比较及系统地改进比较研究的方法。通过这一项目,布朗将进化论的前辈和他的比较研究联系在一起。他的研究旨趣的重点在于一种共时性的思考方式。布朗探讨了社会系统中的制度是如何发挥作用的,社会系统借助稳定和持续的发展保持一种长期的有保障的结构。按照布朗的观点,社会系统必须满足三个功能:措施的实施,从而适应物理环境;预防措施,从而保持有序的社会生活;文化机制,借此形成个体的"习惯和思维特征",使其有能力参与社会生活。[38]这时,社会法规必须发挥作用:"社会系统组成部分之间确定功能的稳固性就属于这种法规或者社会持续存在的必需条件。……对于这种规定……我们可以再补充一点……权利和义务必须得到确定,这样才可以在不损毁结构的情况下消除关于权利的冲突。……另一个社会学规律不仅要求社会结构的稳定、明确和一致,而且要求社会结构的连续性。"[39]这种观点的激进性导致了很多冲突,并且产生了一定影响,此后再也没有一个文化人类学家追随布朗的研究路线。拒绝接受这种功能结构观点的普遍特征的研究者包括埃文斯-普里查德(Evans-Pritchard),他在社会人类学的研究中更加注重历史和文化相关维度的思考,他认为,相较于自然,社会人类学与历史更具有统和性。他将社会作为道德和象征的系统而不是作为自然的系统进行研究,他更多地关注过程而不是设计,他并不探寻模型或者规律,关系代替必要的条件,更多的整合,这些都是他所主张的观点。[40]1945—1970 年,在英国开始了被人们认为是社会人类学"黄金时代"的时期,其间的代表人物包括伦敦经济学院的雷蒙德·弗思、牛津大学的埃文斯-普里查德、曼彻斯特的马克思·克拉克曼(Max Gluckman)、剑桥的迈耶·福蒂斯(Meyer Fortes)和埃德蒙德·R.利奇,他们的研究都具有一定的影响力。[41]

在法国,长期以来,一直有人认为人类学理论的创造和实践研究之间存在一定的分离。比如,马塞尔·莫斯在 20 世纪 20 年代和 30 年代进行了大量田野研究,而马赛尔·格里奥列(Marcel Griaule)却不是这样,他在非洲的考察实现了有别于马林诺夫斯基的另外一种田野研究模式,但在美国并没有得到足够肯定。[42]莫斯接受了涂尔干的结构主义,并且提出了他的关于交换作为"全部社会行为"的概念,认为交换构建了社会。[43]其主要观点在于,给予、索取和回报的相互性形成了社会和象征的秩序。给予更多地可以看作是与世界和他人的主动关系,索取更多地可以看作是与世界和他人的被动关系。这两种行为规定了亲近与疏远,构筑了归属与崇敬、侵略与敌对。给予、索取和回报是人类与自然、人类与神灵之间进行交换的主要手段,给予将想象和象征的关系具体化。在莫斯看来,给予和索取之间的转变具有更多不同的结构元素:给予、给予的行为、给予的对象、给予带来的回报;给予和索取所蕴含的意义以及所产生的影响。按照他的理解,这些结构元素独立于文化的表现。依照莫斯的结构模型,给予很少是单纯意义的;很多时候给予是矛盾的,而且是多重意义的。通过给予,陌生的矛盾被化解,陌生变为熟悉。互相给予生成了信任,确立了好感,建立了神、人和物之间的关系。给予是一种社会行为,很多时候,它蕴含着难以述说的期待,这是给予带来的回报。谁给予,谁就可以获得威望和面子。给予的自愿性是社会力量的表现。通过给予的被接受,给予者的占有转为了接受者的占有,从而他们的关系发生了改变。接受者期待着,他将与给予者做同样的事情,并可以改变财物窘迫的境况。给予可以使得他人像给予者那样,像他那样强大并且获得相应的声望。当接受者成为给予者的时候,他们之间关系的不平等就可以克服了。

莫斯最著名的继承者当数克劳德·列维-斯特劳斯和路易·杜蒙(Louis Dumont)[44],他们进一步发展了法国的结构主义。列维-斯特劳斯出生在布鲁塞尔,当纳粹势力在欧洲猖獗之时,他逃往圣保罗和纽约,后来又回到法国,来到法国国家科研中心(CNRS),担任巴黎人类博物馆(Musée de l'Homme)以及法国高等研究实践学院(École Paratique des Hautes Ètudes,EPHE)等机构的相关职务,从1959年开始一直到退休,他都在法兰西公学院(Collège de France)工作。倘若他没有对语言学的兴趣,尤其是对于费尔迪南·德·索绪尔的著作进行学习研究的话,那么他的结构主义思想就无法形成。当语言的表达在那个时代获得推广时,语法(人们借此发展语言)得以确立。索绪尔以莎士比亚(William Shakespeare)为例,清楚地说明了一般与特殊之间的相互作用。一条原则与个人游戏的唯一条件相关联,没有和他人一样的。在象棋游戏中,列维-斯特劳斯发现了一种人类学研究的模式,这一模式的任务在于对情境的抽象,探究规律,进而发展出一种独立于情境的科学。列维-斯特劳斯的出发点在于语言结构,他力图在几乎所有文化领域中都找到相似的结构。[45]列维-斯特劳斯从莫斯那里借鉴了有关交换的概念,并将它应用在亲属关系中,亲属关系的结构通过交换,首先通过女人的交换而建立相互的关系。在一个社会中,阶级差别非常明显,女人的交换是相互性的基础,而且这种交换遵循乱伦禁忌。他因此得出结论:阶级是交换的行为,它依照相互性的原则,目的在于建立社会群体之间的联盟。而历史进一步对这种模式进行了抽象。列维-斯特劳斯主张二元对立观点,在此基础上相应的结构基础得以构建,而且它可以在阶级系统之上完成交换,泰勒(Tylor)将这种确定形容为"嫁出或者死去"。列维-斯特劳斯认为,就对所有阶级系统具有建构作用的乱伦禁忌而言,其中都有一个结构,自然和社会在这个结构中相互关联。"人类通过交换,特别是婚姻,也超越了它(禁忌),这是一种社交手段,实际上使他们变得社交化,因为它允许他们把乱伦作为一种神话般的自然状态抛在身后。"[46]列维-斯特劳斯认为,尽管表现方式有显著不同,但是所有的文化具有相同的结构,而且功能也是一样的。这种观点因其在接受深层结构的二元性以及它们在表面上的表现方式方面的循环论证而受到批评。之所以出现这种循环论证,是因为我们只有表面表现的具体证据,而没有深层结构本身的具体证据,而列维-斯特劳斯的论证显然是演绎性的。它的前提是,理性主义逻辑对于洞察事物很重要,不允许质疑其有效性。

第二节　田野研究—参与式观察—民族志

从博厄斯及其学生的实证研究开始,再加上马林诺夫斯基使用参与式观察的研究方法,田野研究便成为文化人类学的核心内容。虽然人们对于田野研究的意义有不同的认识,但是却没有动摇它的核心地位。借助于田野研究,文化人类学发展了一种研究方法,依靠这种方法,文化人类学得以区别于其他学科,而且,至今它还不断地对其他学科进行吸收与借鉴。即便阐释学方法在 1970—1980 年间得到了进一步发展,人们并没有放弃田野研究,我们仍然需要一些总结性思考。

一、历史观点

在 1914 到 1918 年之间,马林诺夫斯基在几内亚(Guinea)北部的特罗布里恩群岛(Trobriand Islands)开展了为期两年的研究。在此期间,他开创了参与式观察的研究方法,这种方法被用在田野调查之中。其中受地点和时间限制的研究被统整在一起,而且很多相关联的元素在它们的关系中得到探讨。"观察"是重点,它不是简单地"观看";而是在理论的指导下进行,即观察者需要具备一定的知识,以及与研究问题相应的参考框架、一种在不完全确定观测结果的情况下影响观测结果的方法。研究者必须信任陌生文化,学习其语言,分享他们的生活世界。这是为了和被观察者生活在一起,采用他们的行为,研究者不能在被观察者的生活中扮演任何角色,以免危及他作为观察者的地位,他必须保持距离,不能成为这个集体的完全的成员,不要改变对于陌生文化的信任。马林诺夫斯基在《西太平洋的航海者》(1922 年版)一书的序言中提出了"参与式观察"的概念,由此开创了文化人类学研究的经典时期。

在该书序言中,马林诺夫斯基总结出三种方法:

● 信息的统计,通过询问和观察来获得,从而展现陌生文化的规律和秩序机制。

● 对人们的观察情况进行持续细致的记录,由此,确定他们的典型行为方式,来对作为统计内容的原材料进行补充。

● 完成典型的讲述(巫术和宣讲方式)的汇总,从而得出人们的心理状况。

借助于不同的信息,一幅关于社会的多层次图像被描画出来,在这个基础上才可以形成一般化。这项研究的一个重要前提是研究人员的独立,它使得研究者有可能参与被研究人群的生活实践,而且可以克服研究者基于自身文化而产生的预先判断。

虽然"参与式观察"可以克服"学究型民族学家"和权威代表人物之间的分歧,但是除了研究方法的进步之外,仍然出现了一些难以解决的研究问题。正如无法消除戏剧中观众与演员之间的差别那样,我们也无法克服田野研究者和他的生活世界中需要处理的人之间的不同。两者之间存在无法去除的差异。在这种差异中产生了关于研究者观察的可表现性的问题:当民族志引发了以丰富研究经验为基础的文化解释时,自由的经验是如何转变为权威性的书面报道呢? 在参与式观察中出现了一种自我封闭的时间记载,它缺少历史维度。通过方法的选取,陌生文化单独地被确定为某种形式,记录一段时间,观察者所造成的距离化和相关化是这种形式的构建条件。这种方法产生的后果是,具体人的单一性消散在"一个大的'主体'之中:这些都来自特罗布里恩群岛的土著这个大'主体'"。

"土著"按照他们的世界观行动,可以被讲述,民族志承担了这项任务,即整理和翻译大量不同的观察和讲述,且被同属于其文化的人们所理解。对民族志的文字进行加工的过程具有很强的建构性。文字生成的行为很少是由被研究的人们完成的,只存在一些"原始材料",文字记述就是针对这些材料展开的,而研究者需要做更多的工作,他们要对材料进行挑选、组织和解释,进而完成展现、中介和再现的任务。这个过程被称为民族志现实主义,可以理解为试图描述一种生活方式作为一个整体,对作者亲历的日常情况进行广泛和详细的描述。[47]所以可以认为,在现实和文字表现之间有一种关联,使得读者有可能获得关于不同文化的生活信息。其独立的形式是专题论著,其中展现了异文化人们完整的生活世界;随着时间的推移,它成为文化人类学的表现方式。按照这一轨迹,出现了很多有关社会的单独的研究,这些研究在后来发生了很大的变化,所以这种研究成为目前重要的历史渊源,通过它可以获得关于过去的社会和文化状况的一些信息。

在20世纪八九十年代,一些与民族志专题论著有关的方法论问题被发现并展开讨论。其一,它与对象的组成有关,以往被忽视的解释的和交际的问题此时无法逃避,它产生于从"原始数据"到研究对象的构成和表现的过渡之中。其二,是具体研究和得出普遍结论之间的紧张关系,因此,"民族志应该在有关个人的经验报道和非个人的社会结构之间架起一座桥梁;民族志在一般的关系上来讲应该是单一的、不可比较的;民族志应该使得受自然限制的研究的经历和观察的有关范围与要求一致,一个世界或者一种生命形式作为一个整体或者至少作为整合的关系来进行表现"[48]。其三,田野研究者和作者这一双重角色交织在一起,两者之间存在不可克服的差异。

一些解释的或者相关的民族学者着手对这些问题进行了探讨。[49]在他们看来,文化人类学的任务是通过深入研究在其他文化中处理和解决生活基本问题的方式来提高对其他社会的认识。由此,对于陌生生活和世界设想的理解需要阐释学的应用。以这种观点来看,人类世界总是一个可以解释的世界,我们必须发现它的意义并为之努力。这个世界由文化的实践所创生和中介并建立关系,在这个基础上,不同生活世界的成员通过他们的行为来发生关系。在行为和关系中,设想和意义得以完成。文化人类学继续努力,希望将这些工作继续向前推进,将它们看作文本来阅读,并从中得出客观的行为。在格尔茨的"深描"中,不同的意义元素被归纳和表现出来。陌生的理解局限于以自身的标准来看待异文化的点滴组成。然而,意义的转变,有时是相当大的,当与土著生命有关的概念先被去语境化,然后再被重新语境化时,这种转变就不包括在分析中。[50]

解释文化人类学家经常提到的保罗·利科(Paul Ricoeur)将语言和文本之间的区别描述如下:"我们究竟能够从文字记录中得到什么呢,不是说话的行为,而是'说出'的内容——我们将它理解为刻意的'表达',即'说出来',它对于讲述的目标具有建构性作用,由此,说变成了说出,成为通知和已通知。简单来说,我们所记录的,所登记的就是言说的心智。它是语言事件的意义所在,而不是语言事件作为一个事件。"[51]有效的组成包括三部分,即作者的意图和实际确定的意义之间的差异,意义与对话情境的分离,以及尽可能多的读者可以阅读的文本的产生。文化人类学的解释仅仅是很多可能的解读中的一种,这些解读涉及社会行为、仪式和制度。除了在科学中发展的标准和问题提出之外,文化人类学的主体条件也属于这样的读物,它的预测、心理社会冲突和目标确定都深深地影响了它对社会现实的感知以及民族志文本的结构。尽管存在这些差别,记录文化实际的文章形式仍然保证了民族志文本发展的可能。在解释之前没有客观的真实。文化被理解为文本。[52]

相应地,格尔茨将巴厘岛(Bali)上的斗鸡活动看作一种巴厘文化的艺术表现形式,与之相关的文章,在格尔茨看来是一个"实际的人类事件"。格尔茨的分析既不是一个具体斗鸡活动的描写,也不是表现具体的巴厘人的行为和意义;除此之外,剩下的就是文章作者的出色的解释;"斗鸡"和巴厘人应该放在超过个体的集合中去观察。格尔茨把斗鸡解释为一个描写过程的事件,因此具有双面的缩影:"首先,这个事件不是公开的,它是如何被挑选出来的,形成了他者的一个解释的世界;其次,它没有表明,一个社会中的成员是如何编写他们的文化文本,或者这个事件是怎样作为一种具体沉积从行为中产生并维持的。格尔茨仅仅关注于文本的意义,忽略了它的生产和再生产。"[53]随之,出现了一些问题:具体的他者没有出现在视野当中,在深描中,实际的事件过程变得不可见。尽管格尔茨的根本视角在于有关表现、描写和作者的问题,而不关注一些科学论述和(生成论述的)谈论之间的不平衡。而且,他还没有研究解释和社会实践,以及社会结构的产生和中介与文化生活世界之间的关系。

无疑,这些异议是合理的,它们使得格尔茨解释的适用范围受到限制。后来受到威廉·狄尔泰、汉斯-乔治·伽达默尔(Hans-Georg Gadamer)和保罗·利科以及他们阐释学的相关著作的启发[54],格尔茨进一步强调了田野研究的必要性。对格尔茨来说,社会行为不仅仅是文本;阅读文本仅仅意味着从田野研究中对社会行为的解释进行类比。格尔茨的注意力涉及很多不同的对象,比如政治行为、仪式、农业劳动,但他并没有降低这些活动作为文本进行阅读的质量。"与德里达或者福柯的文本模式有所不同,格尔茨对文本的使用仅仅是启发性的。他不是返回图书馆来开展田野研究,也没有局限于文章的脚注、图片、媒体或者修辞之内。"[55]对于他来说重要的是,与研究现场具有的解释关系不能消融在研究的内容之中,他的民族志的研究不能缩减为一种"干瘪的"描述。格尔茨坚持他的解释学方法,最终避免了将田野研究化为从属于哲学的或者方法论的模型的尝试。

　　给他者提供更多的空间和语言的尝试引发了不同的实验民族志书写方式的出现。其中的著作包括米歇尔·雷里斯（Michel Leiris）的《幻影非洲》（*Phantom Afrika*）和列维-斯特劳斯的《忧郁的热带》（*Tristes Tropique*）。[56]以上两个例子,民族志的作者和他们有关陌生者的经历成为文章的中心。著作主题包括他们的感觉、期待、失望、回忆、梦想、想象和寂寞。文字所记录的不是关于他者的现实,而是作者在特定时间所经历的东西。我们还发现了与变化和他者的生活世界相遇的主观形式,以及一个人在学习他者时无法逃离自己的文化的意识。

　　很多民族志生活史都非常有趣,例如《尼萨:一个非洲游牧民族女人的生活》（*Nisa*:*Das Leben einer Nomadenfrau in Afrika*）,这段生活故事包括与尼萨的15段访谈,由玛乔丽·肖斯塔克（Marjorie Shostak）完成访谈并翻译。[57]与传统的生活故事不同,民族志中的每一章节都配有评论,这些评论源于与另一位昆申（! Kung-San）女人的谈话,并表现了当时的情境,其中涉及尼萨的感情、评价和经历。作者在后记中交代了谈话发生时的情况,以及所有访谈进行时周围的形势,从而生成了昆申（! Kung-San）人日常生活的多层面的图景。

　　书写的另一种形式存在于对话的民族志中,文中再现了民族志学者和陌生文化成员之间的对话。他者自己就变成了文本。有很多这种形式的例子,比如温森特·克拉潘扎诺（Vincent Crapanzano）的《图阿密:一位摩洛哥人的素描》（*Tuhami*:*Portrait eines Marokkaners*）,或者凯文·杜外尔（Kevin Dwyer）的《摩洛哥对话》（*Maroccan Dialogues*）。[58]在以上两本著作中,述说者都讲述了他们的生活故事,进而表明了他们的世界观和对事物的评价,以对话的形式,民族学者同时面对了来自其他文化的谈话者的观点。在对话当中,谈话的双方进行着确认与修正。这会出现一个共同而又具有差别的看待事物的观点,在这个构造中,双方分享着同样的权利。其中,作者将谈话情况的复杂性转变为透明可见的,将自己的意义事先呈现出来,并再一次对自己提出疑问,以避免对解释情况的有意的垄断控制。他的观点相对于谈话者来说,要显得同样与文化密切相关。研究者要把自己看作被研究的他者;对他者的分析转化为自我分析。[59]

这些实验民族志的形式努力将文化人类学转变为一门复合学科,其主要目标是表达多种观点,并给予他者与文化人类学同样的机会来呈现和表达自己。[60]这些努力表明,研究者并不像吹肥皂泡的人,他们并非掌控着事件的所有线索,能够决定以什么方式来表现它们。同时,这些民族学家也不是可以为异文化代言的代表或者管理员,相反,异文化的成员应该可以自己表白与表现。在有关社会科学领域的质的研究中,对于被研究者的感情和世界观的关注扮演着重要角色。同样,在社会研究中,模仿过程的意义也在不断加大,研究者也在向着被研究的人们和他们的生活世界不断"靠近"。[61]

不久之后,在文化人类学中,人们就开始从自由描写的现实中走了出来,也不再将民族志的表现看作对于外部世界的内部映像。取而代之,人们更看重解释的行为特征和力量特征,以及所有解释对于差异和区别而言所具有的开放特点。因此,解释的方式与结果并不是中立的,必将在文化人类学的对话中"大显身手",这些都应该以"事实"来对待。[62]由于其偶然性,每种解释只能提供一种视角。如果通过对话增加解释视角的数量,这可能导致文本的多重作者。[63]不管怎样,如今,人们正致力于促进他者的表现,并且努力推动文化人类学中多样化研究和表现方法的发展。[64]

二、田野研究的问题

20世纪80年代中期,书写文化论战引发了关于文化人类学的一些基本问题的讨论。在这些讨论中,一些主要研究方法所发挥的重要作用受到了质疑,也就是说,田野研究中的体验以及在此基础上进行的民族志的专题论著受到了质疑。[65]这种论调主要是关于"表现的危机"。需要方法的转变,即"从观察的双眼到完全表现的言语(和手势)"[66]。需要一种实验性的描绘,这是对现实需要的自我批判,并伴随着其碎片式的意识。这种批判建立在有关文化人类学研究的三种否定之上:"民族志表现为一种自我否定的文学的风格;这种对观察的信任导致人们在对被研究的事物/主体进行形象塑造时,否定了所使用的民族志方法;民族志呈现出这样的趋势,即从田野研究的每一个阶段到文章和书籍的撰写,都否定其研究对象和它所生成的知识的建构特点。"[67]因此,民族志的视角在与殖民主义的密切关系中具有了开端,而且在后殖民主义中进一步发挥了作用。[68]在这种背景下,民族志研究的有效性、研究结果的相对真实价值以及比较研究结果的可能性受到了挑战。批判指向了对现代社会的关注,指向了孤立的、静止的、非历史的特征,以及田野研究中对现代过程的欠缺思考之中。文本主义者批评民族志学家在田野工作中制造了一种"恋物癖",并拒绝将研究对象和民族志学家之间共同居住的假设视为神话。民族志研究甚至被批评为德里达所说的"存在的形而上学"。有时,这种批评是如此极端,以至于在批评过程中,它威胁要摧毁目标。尽管批评很重要,但它决不能过于激进,致使我们忽视可以从民族志研究中获得,或者已经获得的见解。如果文化人类学适应当今哲学、文献学和历史上的方法,那么它将再次面临成为一门"纯知识"学科的危险。如果真是这样,它将倒退一步,回到它受到博厄斯学派、马林诺夫斯基和格尔茨追随者影响之前的阶段。

为了将文化人类学转变为文化批判,一些研究者倾向于放弃田野研究的核心地位。与这些观点和努力不同,我相信保持民族志的田野研究还是很有必要的。[69]所以,我们不应该反对有关田野研究进一步扩大化的观点。全球化现象,例如市场的网络化、人口的流动、图像在新媒体中的汹涌态势以及国际性的集体想象的风暴,目前都成为重要的议题和民族志研究的内容。[70]人们关注这些问题,于是新的数据与数据调查和解释的新形式变得越发重要,就其内容而言,例如片断性、虚构化、表现性、表演性、多样性和实验特征都扮演了重要角色。

鉴于民族志田野研究的复杂性,这些内容无疑是非常重要的;然而,田野研究又不局限于这些内容。它的思考并不表示,早期重要的问题和内容目前已经不太受重视、没有什么意义了。从功能主义、结构主义和解释主义的思想来看,这些内容一直以来都具有重要意义。这些内容再一次及时受到重视,并且在新的问题范围内得到了新的研究。例如,那些受到卡尔·马克思、格奥尔格·齐美尔(Georg Simmel)、爱弥尔·涂尔干以及西格蒙德·弗洛伊德(Sigmund Freud)的著作所启发的相关研究。有关文化人类学知识的问题表现和语言形态非常重要,而且田野研究的经验是它们的前提。这是与人和人工制品接触的地方,以一种使民族志研究与文学研究完全不同的方式进行,在文学研究中,阅读和写作与已经写好的文本有关。这里的区别在于,民族志研究者在田野研究中所进行的观察、体验和认识,需要以语言的形式表达。因此,它们与无意识的语言模型、集体的和个体的想象以及研究的实践联系在一起。民族志并没有把相关的方法(田野研究并不被认为是必需的)作为其重要特征。当民族志的研究单独与文本及社会和文化的文本形态发生关系时,就会出现危险,即文化人类学被当作文本科学,而通常又没有达到与文本科学相同的标准。

隐喻可以传达一定的意义。这包括有关文本的隐喻(当使用它时),它强调了文化和社会的象征结构。阅读的隐喻也是如此,在它的影响作用下,人类文化和社会也可以作为文本来进行解释。这两种隐喻揭示了重要的关系,同时又掩盖了其他关系。因此,在阅读的隐喻中,存在着这样的危险,我们与世界的关系将主要表现在文字上,我们将忽略阅读文本和民族学家在外国世界中所经历的差异,这些经历并不像为读者构建的文本那样整洁有序。田野研究的体验是无序的:它们出现在与其他人的接触之中,它们的行为遵循着另一种逻辑,并且对民族志研究者产生影响。体验是矛盾的:它们是参加者身体——意识的形式,通过这种形式,所有的意识被联系在一起,而不仅仅是民族学意义上的关注和视觉上的观察。与身体的意识性绑定在一起,这些体验是前语言的,而且逐渐地形成了意义和解释。它们产生于与他人的接触之中,而且仅是部分可见。

在田野研究中,模仿过程(mimetic processes)具有重要意义,借助于模仿过程,民族志研究人员会适应不熟悉的环境。这种过程借助于意识并以身体为基础。模仿可以帮助研究者进入对他来说是陌生的世界。这些模仿过程指向他人,它构建了研究者和陌生世界之间的交互关系。在此过程中,他人的感觉和想象可以被体验。借助于想象,研究者和他人之间的"桥梁"被架设起来,这一过程为陌生的外部化作研究者的内心世界的图像、感觉、语言和体验开辟了通道。它把外部世界的"印记"融入自己的精神世界。在这个模仿的过程中,通过想象以及研究者的图像和语言的想象,将会获得对外部世界的再造。模仿的结果是与外部陌生世界的联系,其中集体和个人的特征交叠在一起,而形成一种新的融合。(参见本书第七章)[71]

在田野研究中,对于感受的模仿式处理形成了一种实践的经验知识,它对于田野研究具有建设性作用。我认为,这种知识可以看作文本,对待这种知识可以简化为阅读。作为一种由众多模仿过程所形成的实践性知识,它必然包括表演的(参见本书第八、九章)[72]、图像的(参见本书第十一章)[73]和语言的元素(参见本书第十章)[74],三种元素不可缩减,而且它们与田野研究的价值紧密相关。把社会现实像文本一样来阅读还是不够的。社会行为的表演性方面同样重要,即行为的阶段性和表演性方面,其内涵也可以称为人文学科中的表演性转向。图像也具有同样的意义,它产生于人类的行为、社会空间和自然风光之中,并在民族志研究者的想象和感觉世界中占有一席之地。正像对于社会的表演性的关注一样,与陌生事物的图像方面的接触同样需要新的表达方式,一种田野研究新的表现方式。[75]田野研究表现在实践的形式之中;它促发了一种实践性知识,这是民族志认识的出发点。[76]

文化人类学中包含着来自欧洲的很多建议,而且这些建议不断地推动文化人类学的发展,因此,当今的田野研究正朝着国际化和跨学科的方向发展,田野研究更加不同、更具多样化,所以,它不再是一个故步自封的研究领域。在20世纪初,出现了有关历史性、文化和四领域人类学的观念[77],它们来源于德国,并通过博厄斯和他的追随者确立了文化人类学。所以,文化人类学受到英国的很大影响,比如马林诺夫斯基、拉德克利夫-布朗,他们对于田野研究和美国功能主义特殊形式的产生做出了杰出贡献。这与博厄斯的文化相对主义有着微妙的联系,并且带来了一些新的研究,例如关于文化与人格学派领域内的研究。在第二次世界大战之后，马克思主义和唯心主义之间的分歧越来越大，到 20 世纪末仍有证据表明。而且，在这一时期，很多非美国本土出生的人类学家如卡尔·波兰尼（Karl Polanyi）、艾利克·沃尔夫以及维克多·特纳（Victor Witter Turner），他们对美国的文化人类学的发展产生了重要影响。法国的社会学家、人类学家以及哲学家，如涂尔干、莫斯、列维-斯特劳斯，以及后来的福柯、德里达、布迪厄，他们都陆续地被人们所熟识。英国的雷蒙德·弗思、埃文斯-普里查德、迈耶·福蒂斯和埃德蒙德·R.利奇，他们缔造了社会人类学的黄金时代，在此之后，文化人类学的研究在美国越发受到重视。文化人类学又吸收了很多理论和有关其他国家的田野研究，由此，文化人类学这一学科的国际化发展进一步加大，带来了不同领域的区别、新的研究问题及研究领域，以及国际研究新的合作形式。[78]

就我研究的有关历史文化人类学及其研究观点的核心范式来说，以下一些方面尤为重要。一方面，文化人类学的研究已经清楚地表明，文化的概念不应该局限于文学、艺术、音乐和戏剧，正如目前它出现在人类科学的众多领域中那样。更进一步的理解是以自然和文化的紧密联系为出发点，并认为社会实践是文化建构的元素。从这种视角出发，在全球化背景下出现了很多新的情况和问题。关键在于，那些在封闭的文化中曾经长期作为研究主题的内容，现在已经消失了。产生了新的世界范围的文化形式，它们与传统的文化相遇，并与传统的文化交融在一起。全球的、国家的、地区的和地方的这种文化交融生成了新的多文化、跨文化和混合的形式。[79]

对有关"陌生的"研究来说，这种发展带来了很多新的问题，这种研究不再类似于对于封闭源文化的研究（即只由一种意义来确定），由此人们认为，陌生与自我始终具有某种关系，而且原则上是不能被本体化的。如果什么是外来的、什么是我们自己的不能明确界定的时候，就需要一种文化人类学研究的新概念，来对文化现象和形势的变化、混合和交融进行研究。文化全球化在一定程度上意味着文化产品世界范围的市场化。文化全球化对于这种发展具有积极作用，它有助于世界性社会的形成，这种社会具有普遍的民主的文化特征。另一些人则对这种发展持怀疑态度，他们认为文化差异是保持个性的必要条件,因此更倾向于认为这种发展会导致身份的丧失。在对全球化的文化市场的分析中,人们对于市场机制、文化和文化产品的特点进行了关注。

这种发展证实了四个复杂的问题。第一个问题来自与全球发展相关的传统文化的侵蚀,在这种情况下,人们不相信传播的进步性。第二个问题产生于文化产品不断加大的个别的和异质的特点,以及向有限的接受者的扩展。第三个冲突形势与如下问题紧密相关,即碎片文化是否以及在多大范围内能够有所贡献并且创造社会的联系。第四点是探索,文化的断裂对社会生活的不同领域产生怎样的影响,以及文化产品在生产过程中受到的负面影响在多大程度上胜过它们在传递过程中受到的负面影响。

我们无法给出解决这些问题的简单方法。因此,首先需要我们在文化人类学的田野研究领域内对它们进行系统研究,这提供了开展研究的机会,尽管这些研究将局限于特定的地方,但仍将有深入开展的优势,并能够对新形势的复杂性作出公正的判断。因此,随着田野研究在文化人类学中的进行,新的方法将会被提出,这对于文化人类学具有一定的建设作用,而且目前其他社会科学以及人文科学对此的接受也表现出增长的态势,从这些新的情况来看,它的发展潜力应该是不可限量的。

注 释:

[1]Daniel Segal & Sylvia Yanagisako(eds.) , *Unwrapping the Sacred Bundle. Reflections on the Disciplining of Anthropology* ,Durham ,London:Duke University Press ,2005.

[2]参见 Fredrik Barth, Andre Gingrich, Robert Parkin & Sydel Silverman, *One Discipline* , *Four Ways*: *British* , *German* , *French and American Anthropology* , Chicago: Chicago University Press, 2005; Alan Barnard, *History and Theory in Anthropology* , Cambridge: Cambridge University Press ,2000;Susan Carol Rogers, "Anthropology in France", in *Annual Review of Anthropology* 30(2001) , pp.481 - 504;Richard G.Fox & Barbara J.Kind(eds.) , *Anthropology beyond Culture* ,Oxford:Oxford University Press 2002;William Y.Adams, *The Philosophical Roots of Anthropology* , Stanford:Center for the Study of Language and Information, 1998;George W.Stocking, *Observers Observe*: *Essays on Ethnographic Fieldwork* , History of An-

thropology 1, Madison: University of Wisconsin Press, 1983; George W. Stocking, "Volksgeist as Method and Ethic. Essays on Boasian Ethnography and the German Anthropological Tradition", in *History of Anthropology* 8, Madison: University of Wisconsin Press, 1996; George W. Stocking, *After Tylor: British Social Anthropology 1888 - 1951*, London: The Athlone Press, 1996。

［3］参见 Charles Darwin, *The Origin of the Species by Means of Natural Selection*, Mineola/NY: Dover Publications, 2006。

［4］参见 Herbert Spencer, *The Development Hypothesis*, first published anonymously in The Leader 3(1852); 全文参见 http://www.victorianweb.org/science/science_texts/spencer_dev_hypothesis.html(June 2009)。

［5］参见 Lewis H. Morgan, *Ancient Society*, Tucson: University of Arizona Press, 1985。

［6］爱德华 B. 泰勒(Edward B. Tylor, 1832—1917)编写游历报告的方法说明, 也赞同这一观点。参见 Edward B. Tylor, *Primitive Culture. Researches into the Development of Mythology, Philosophy, Religion, Language, Art and Custom*, New York: Gordon Press, 1974。

［7］参见 Clarence C. Gravlee, Russell H. Bernhard & William R. Leonard, "Boas' Changes in Bodily Form: The Immigrant Study, Cranial Plasticity, and Boas' Physical Anthropology", in *American Anthropologist* 105, 2(2003), pp.326-332。

［8］Barth et al., One Discipline, Four Ways, op. cit., p.262.

［9］参见 Dietmar Kamper, Christoph Wulf & Gunter Gebauer(eds.), "Kants Anthropologie", in *Paragrana. Internationale Zeitschrift für Historische Anthropologie* 11, 2(2002)。

［10］参见 John H. Zammito, *Kant, Herder and the Birth of Anthropology*, Chicago: Chicago University Press, 2002。

［11］参见 Manuela Fischer, Peter Bolz & Susan Kamel(eds.), *Adolf Bastian and his Universal Archive of Humanity. The Origins of German Anthropology*, Hildesheim: Olms, 2007; Klaus-Peter Köpping, *Adolf Bastian and the Psychic Unity of Mankind*, Münster: Lit, 2005; Frederick M. Barnard, *J. G. Herder on Social and Political Culture*, Cambridge: Cambridge University Press, 1969。

［12］请注意这个组织的目标和博厄斯人类学的四个领域概念之间的相似性。

［13］例如, 约翰·莱因霍尔德·福斯特(Johann Reinhold Forster)1777 年的环球航行。

［14］Johann Jakob Bachofen, *Myth, Religion & Mother Right. Selected Writings*, Princeton/N.J.: Princeton University Press, 1967; Theodor Waitz, *Introduction to Anthropology*, New York: AMS Press, 1973; Heinrich Barth, *Travels in Nigeria*, London: Oxford University Press, 1962.

［15］进一步了解民俗学和民族学之间的区别, 以及目前试图将民俗学化为适用国际标准的欧洲民族学的尝试, 可以参考 Wolfgang Kaschuba, *Einführung in die europäische Ethnologie*, Munich: Beck, 2006。

〔16〕Friedrich von Schlegel, *On the Language and Wisdom of the Indians*, in *Friedrich von Schlegel*, *The Aesthetic and Miscellaneous Works*, transl. E. J. Millington, London: Bohn, 1860.

〔17〕参见 Köpping, *Adolf Bastian and the Psychic Unity of Mankind*, op. cit。

〔18〕参见 Andrew Zimmermann, *Anthropology and Antihumanism in Imperial Germany*, Chicago: Chicago University Press, 2001。

〔19〕参见 George W. Stocking(ed.), *The Shaping of American Anthropology*, 1883-1951. *A Franz Boas Reader*, New York: Basic Books, 1974。

〔20〕参见 Alfred L. Kroeber, " The ' Superorganic ' ", in *American Anthropologist* 19 (1917), pp.163-213; Edward Sapir, " Culture, Genuine, and Spurious ", in *American Journal of Sociology* 29(1924), pp.401-429。

〔21〕参见 Clyde Cluckhohn, "Universal Categories of Culture", in *Anthropology Today. An Encyclopaedic Inventory*, Alfred L. Kroeber (ed.), Chicago: University of Chicago Press, 1953, pp.507-523。

〔22〕参见 Derek Freeman, Margaret Mead & Samoa, *The Making and Unmaking of an Anthropological Myth*, Cambridge: Harvard University Press, 1983。

〔23〕Melville J. Herskovits, "The Cattle Complex in East Africa", in *American Anthropologist* 28(1926), pp.230-273, pp.361-388, pp.494-528, pp.633-664.

〔24〕Oscar Lewis, *The Effects of White Contact upon Blackfoot Culture. With Special Reference to the Role of the Fur Trade*, New York: J. J. Augustin, 1942; Jane Richardson, *Law and Status among the Kiowa Indians*, New York: J. J. Augustin, 1940; Alexander Lesser, *The Pawnee Ghost Dance Hand Game. A Study of Cultural Change*, New York: Columbia University Press, 1933.

〔25〕Ralph Linton, *The Study of Man. An Introduction*, New York: D. Appleton-Century Co, 1936.

〔26〕参见 Leslie White, *The Science of Culture. A Study of Man and Civilization*, New York: Grove Press, 1949。

〔27〕参见 Julian H. Steward (ed.), "Handbook of the South American Indians", in *Bureau of American Ethnology*, Bulletin 143, vols 1-6, Washington, DC: Smithsonian Institution, 1946-1959; Julian H. Steward, *Theory of Culture Change. The Methodology of Multilinear Evolution*, Urbana: University of Illinois Press, 1955。

〔28〕参见 Eric Wolf, *Peasants*, Englewood Cliffs/N. J.: Prentice Hall, 1966; Eric Wolf, *Envisioning Power Ideologies of Dominance and Crisis*, Berkeley: University of California Press, 1999。

〔29〕参见 Marshal Sahlins, *Stone Age Economics*, Chicago: Aldine, 1973; Marshal Sahlins, *Culture and Practical Reason*, Chicago: Aldine, 1976。

〔30〕Marvin Harris, Cannibals & Kings, *The Origins of Culture*, New York: Random House, 1977; Marvin Harris, *Cultural Materialism: The Struggle for a Science of Culture*, New

York：Thomas Crowell，1979.

[31]参见 Claude Meillassoux，*Maidens，Meal and Money. Capitalism and the Domestic Community*，Cambridge：Cambridge University Press，1981；Henrietta L.Moore，*Feminism and Anthropology*，Cambridge：Polity Press，1988。

[32]Maurice Godelier，*Perspectives in Marxist Anthropology*，Cambridge：Cambridge University Press，1977；Maurice Godelier，*The Enigma of the Gift*，Cambridge/UK：Polity Press，1999.

[33]参见 Immanuel Wallerstein，*The Modern World System*，3 vols.，New York：Academic Press，1974-1989；Maurice Bloch，*Marxism and Anthropology：The History of a Relationship*，Oxford：Oxford University Press，1983；Dominique Legros，"Chance，Necessity，and Mode of Production. A Marxist Critique of Cultural Evolutionism"，in *American Anthropologist* 79 (1977)，pp.26-41。

[34]参见 Bronislaw K.Malinowski，*Argonauts of the Western Pacific*，London：Routledge，1922；Alfred R. Radcliffe-Brown，*The Andaman Islanders*，Cambridge：Cambridge University Press，1922。

[35]参见 Phyllis Kaberry，"Malinowski's Contribution to Field-work Methods and the Writing of Ethnography"，in *Man and Culture. An Evaluation of the Work of Bronislaw Malinowski*，Raymond Firth(ed.)，London：Routledge and Kegan Paul，1957，pp.71-91。

[36]Bronislaw K. Malinowski，*A Scientific Theory of Culture，and other Essays*，Chapel Hill：University of North Carolina Press，1944.

[37]Alfred R. Radcliffe-Brown，*A Natural Science of Society*，Glencoe/Ill.：The Free Press，1957.

[38]Alfred R.Radcliffe-Brown，"Introduction"，in *African Systems of Kinship and Marriage*，Alfred R. Radcliffe-Brown & Daryll Forde (eds.)，London：Oxford University Press，1950，p.9；Alfred R.Radcliffe-Brown，"On the Concept of Function in Social Science"，in *American Anthropologist* 37(1935)，pp.394-402.

[39]Alfred R. Radcliffe-Brown，*Structure and Function in Primitive Society. Essays and Addresses*，London，Oxford University Press，6th ed.，1965，p.43.

[40]Edward E. Evans-Pritchard，*Social Anthropology*，London：Cohen & West，7th ed.，1967，p. 60；参见 Edward E. Evans-Pritchard，*Theories of Primitive Religion*，Westport：Greenwood Press，1985。

[41]参见 Frederik Barth，"Britain and the Commonwealth"，in *One Discipline，Four Ways*，Barth et al.，op.cit.，pp.3-57。

[42]参见 Marcel Griaule，*Méthode de l' éthnographie*，Paris：Presses Universitaires de France，1957；Marcel Griaule，*Conversations with Ogotemmêli. An Introduction to Dogon Religious Ideas*，Oxford：Oxford University Press for the International African Institute，1948/1965；Marcel Granet，*The Religion of the Chinese People*，Oxford：Blackwell，1975。

［43］Marcel Mauss，*Sociology and Psychology. Essays*，London，Boston：Routledge，1979；Marcel Mauss，*Techniques，Technology，and Civilisation*，New York：Durkheim Press/Berghahn Books，2006；Gunter Gebauer & Christoph Wulf，*Spiel，Ritual，Geste：Mimetisches Handeln in der sozialen Welt*，Reinbek：Rowohlt，1998，p.160；Godelier，*The Enigma of the Gift*，op.cit.

［44］Louis Dumont，*Homo Hierarchicus：The Cast System and Its Implications*，Chicago：Chicago University Press，1966/1980；Louis Dumont，*Essays on Individualism. Modern Ideology in Anthropological Perspective*，Chicago：Chicago University Press，1992.

［45］参见 Claude Lévi-Strauss，*The Elementary Structures of Kinship*，Boston：Beacon Press，1969；Claude Lévi-Strauss，*Structural Anthropology*，New York：Basic Books，1999；Claude Lévi-Strauss，*The Savage Mind*，London：Weidenfeld & Nicolson，1966；Claude Lévi-Strauss，*Tristes tropiques*，New York：Criterion Books，1961；Edmund R. Leach，*Lévi-Strauss*，Glasgow：Fontana/Collins，1970；Jean Poullon&Pierre Maranda（eds.），*Echanges et communications. Mélanges offerts à Claude Lévi-Strauss à l'occasion de son 60ème anniversaire*，2 vols.，*Studies in General Anthropology*，5. The Hague：Mouton，1970。

［46］Robert Parkin，*The French Speaking Countries*，in One Discipline，Four Ways，op. cit.，p.212.

［47］Eberhard Berg&Martin Fuchs，"Phänomenologie der Differenz. Reflexionsstufen ethnographischer Repräsentation"，in *Kultur，soziale Praxis，Text，Die Krise der ethnographischen Repräsentation*，Eberhard Berg & Martin Fuchs（eds.），Frankfurt/M.：Suhrkamp，1993，p.39；参见 George E. Marcus & Drick Cushman，"Ethnographies as Texts"，in *Annual Review of Anthropology* 11（1982），pp.25−69。

［48］参见 Berg & Fuchs，op.cit.，p.42。

［49］参见 James Clifford & George E. Marcus（eds.），*Writing Culture：The Poetics and Politics of Ethnography—A School of American Research Advanced Seminar*，Berkeley：University of California Press，1986；David R. Hiley，James F. Bohman & Richard Shusterman（eds.），*The Interpretative Turn. Philosophy，Science，Culture*，Ithaca，London：Cornell University Press，1991；George E. Marcus，*Re-Reading Cultural Anthropology*，Durham：Duke University Press，1992。

［50］Berg & Fuchs，op.cit.，p.50.

［51］Paul Ricoeur，*Interpretation Theory，Discourse and the Surplus of Meaning*，Fort Worth：Texas Christian University Press，1976，p.21；参见 Paul Ricoeur，*Hermeneutics and the Human Sciences. Essays on Language，Action and Interpretation*，New York：Cambridge University Press，1981；Paul Ricoeur，*From Text to Action*，Evanston：Northwestern University Press，1991.

［52］参见 James Clifford，*The Predicament of Culture：Twentieth-Century Ethnography，Literature，and Art*，Cambridge：Harvard University Press，1988。

［53］参见 Berg & Fuchs，op. cit.，p. 60；Martin Fuchs，*Topics in the Calculus of*

Variations, Braunschweig, Wiesbaden：Vieweg, 1994. p.497。

［54］参见 Wilhelm Dilthey, *Introduction to the Human Sciences. An Attempt to Lay a Foundation for the Study of Society and History*, Detroit：Wayne State University Press, 1988；Wilhelm Dilthey, *Hermeneutics and the Study of History*, Princeteon/N.J.：Princeton University Press, 1996；Hans-Georg Gadamer, *Gadamer and Hermeneutics*, New York：Routledge, 1991；Hans-Georg Gadamer, *Truth and Method*, London, New York：Continuum, 2004；Paul Ricoeur, *Time and Narrative*, Chicago：University of Chicago Press, 1984－1988。

［55］John Borneman & Abdellah Hammoudi(eds.)，*Being There：The Fieldwork Encounter and the Making of Truth*, Berkeley：University of California Press, 2009, p.15.

［56］Michel Leiris, *African Art*, New York：Golden Press, 1968；Lévi-Strauss, *Tristes tropiques*, op.cit.

［57］Marjorie Shostak, *Nisa. The Life and Words of a*！*Kung Woman*, London：Earthscan Publications, 1990.

［58］参见 Vincent Crapanzano, *Tuhami. Portrait of a Moroccan*, Chicago：University of Chicago Press, 1980；Kevin Dwyer, *Moroccan Dialogues. Anthropology in Question*, Baltimore：Johns Hopkins University Press, 1982。

［59］参见 Karl-Heinz Kohl, *Ethnologie-die Wissenschaft vom kulturell Fremden. Eine Einführung*, Munich：Beck, 1993, p.125。

［60］关于"对方还嘴"的更多信息，参见 Frantz Fanon, *The Wretched of the Earth*, New York：Grove Press, 2004；Johannes Fabian, *Time and the Other. How Anthropology makes its Object*, New York：Columbia University Press, 1983；Edward W.Said, *Orientalism*, New York：Vintage Books, 1979。

［61］参见 Gunter Gebauer & Christoph Wulf, *Mimesis. Art, Culture, Society*, Berkeley：California University Press, 1995；Christoph Wulf, *Anthropology of Education*, Münster, New York：Lit, 2002；Christoph Wulf,"Mimesis", in *Hauptbegriffe qualitativer Sozialforschung*, Ralf Bohnsack, Winfried Marotzki & Michael Meuser(eds.)，Opladen：Leske und Budrich, 2003, pp. 117－119；Christoph Wulf, Michael Göhlich & Jörg Zirfas,"Mimesis und performatives Handeln", in *Grundlagen des Performativen. Eine Einführung in die Zusammenhänge von Sprache, Macht und Handeln*, Christoph Wulf, Michael Göhlich & Jörg Zirfas (eds.)，Weinheim, Munich：Juventa, 2001, pp.253－272。

［62］参见 Clifford, *The predicament of culture*, op.cit。

［63］由于这些原因，定性研究通常是以团队方式进行的。

［64］在定性研究中使用的一种方法是小组讨论，在这一过程中，当小组中的每个成员或许多成员表达他们的意见时，通常会进行和议；这个过程也特别适合深入了解一个群体的想象。

［65］参见 Clifford & Marcus, *Writing Culture*, op.cit.；George E.Marcus & Michael M.J. Fischer(eds.)，*Anthropology as Cultural Critique. An Experimental Moment in Human Sciences*,

Chicago：University of Chicago Press，1986。

［66］James Clifford，"Introduction：Partial Truth"，in *Writing Culture*，Clifford & Marcus（eds.），op.cit.，p.26.

［67］Bornemann & Hammoudi，*Being There*，op.cit.，p.2.

［68］参见 Said，*Orientalism*，op.cit。

［69］参见 George E. Marcus，"Contemporary Problems of Ethnography in the Modern World System"，in *Writing Culture*，Clifford and Marcus（eds.），op.cit.，pp.165-193。

［70］Arjun Appadurai，"Disjunction and Difference in the Global Cultural Economy"，in *Public Culture* 2，2（1990），pp.1-24.

［71］参见 Gebauer & Wulf，*Mimesis.Culture，Art，Society*，op.cit.；Gebauer & Wulf，*Spiel，Ritual，Geste*，op. cit.；法 语 版：*Jeux，Rituels，Gestes. Les fondements mimétiques de l'action sociale*，Paris：Anthropos，2004。

［72］参见 Wulf，Göhlich & Zirfas，*Grundlagen des Performativen*，op.cit.；Christoph Wulf & Jörg Zirfas（eds.），*Pädagogik des Performativen*，Weinheim：Beltz，2007。

［73］参见 Christoph Wulf & Jörg Zirfas，*Ikonologie des Performativen*，Munich：Wilhelm Fink，2005。

［74］参见 Charles L.Briggs，"Linguistic Magic Bullets in the Making of a Modernist Anthropology"，in *American Anthropologist* 104，2（2002），pp. 481 - 498；Jürgen Trabant，*Mithridates im Paradies.Kleine Geschichte des Sprachdenkens*，Munich：Beck，2003。

［75］参见 Bernd Huppauf & Christoph Wulf（eds.），*Dynamics and Performativity of Imagination. The Image between the Visible and the Invisible*，New York，London：Routledge，2009。

［76］参见 Christoph Wulf，"Praxis"，in *Theorizing Rituals. Issues，Topics，Approaches，Concepts*，Jens Kreinath，Jan Snoek & Michael Stausberg（eds.），Leiden，Boston：Brill，2006，pp.395-411。

［77］今天，虽然许多部门在他们的网站上宣称他们坚持"四领域"人类学的统一，但实际上很少有人真正付诸实践，埃默里（Emory）是其中一个主要实践者。这真实地反映了人类学所处的状况，它具有非同寻常的差异性和多样性，这使得试图在学科内坚持一个结构清晰的统一的理念的努力显得几乎毫无意义。这一点在 20 世纪 80 年代初美国人类学协会重组引起的大多数生物人类学家的转型流失之后变得尤为明显。尽管如此，关于人类学作为一门四个领域的学科的讨论仍然很重要，因为它们鼓励它的倡导者进行学科身份的反思。参见 James M.Calcagno，"Keeping Biological Anthropology in Anthropology，and Anthropology in Biology"，in *American Anthropologist* 105，1（2003），pp.6-15。

［78］参见 Robert Borofsky（ed.），*Assessing Cultural Anthropology*，New York：McGraw-Hill，1994。

［79］参见"'Anthropologists Are Talking.' About Anthropology After Globalization"，in *Ethnos* 72，1（2007），pp.102-126。

第五章　历史文化人类学

前面章节的人类学范式的分析已经清楚地表明,历史和文化是人类学的构建条件。准确来说,我个人的理解是人类学应该是历史—文化的人类学。正像进化论研究所显示的那样,对于人化(德语 Hominisation)过程的理解来说,历史的维度是不可缺少的。人类学的理解受到不同文化的限制而呈现出巨大的差异,对此我已经在关于德国的哲学人类学、法国的历史人类学、美国的文化人类学的介绍中进行了阐述。在历史人类学和文化人类学中存在大量的关系结点。通过这些分析,我认为人类学的研究应该采取共时的和历时的研究是很有必要的。这两方面的联系产生了对现时的现象和结构进行研究的可能性,并且通过对这些现象和结构的解释为人类的自我理解和自我解释提供了帮助。

我认为,可以给出一个历史文化人类学的概念,通过这种尝试,力争从主题到方法上联系不同的人类学观点,并且充分考虑到它们的历史性和文化性。这一人类学分支的研究将在一个时期内进行,传统人类学一般的和刻板的特点不能为不同的学科提供保障,而且人类历史和人类文化可以由理性和进步所导引,这一假设还是值得怀疑的。在历史文化人类学中,历史和文化生活所表现出来的知识性被质疑、被陌生化,并被列为研究的对象和主题。历史文化人类学的研究针对确定空间和时间内的人类的文化以及关注其间的变化。它并非热衷于人类的亘古不变;相反,它强调研究对象和认识的历史和文化特征;历史文化人类学的研究是复合的,通常是跨学科、跨国家的,并且对于自身认识的可能和界限进行反思。它构筑了目前文化科学研究的核心内容。

历史文化人类学并不表现为任何一门学科，它的研究领域是开放的。它的研究突破了学科的界限，并试图在内容和方法上创造知识的新形式。人类学的这种形式产生于抽象的人类学标准丧失之后，为有关人类特征的现象和结构的研究贡献了力量。在关于特定人（西方的、男性的、抽象的）的人类学之后，传统人类学也失去了它的标准力量，人类学的研究具有了它自身研究的反思性，并且与人的历史性和文化性相区分。由此产生的人类学并不是哲学人类学或者历史人类学中的一种，它也不是文化人类学或者自然科学的人类学。它不是历史哲学批判在人类学上运用的继续，而是探寻另外一种认识和感知的模式，对于它的实现来说，这种模式不需要自己的科学学科。

这种人类学研究发生在历史学和人类科学之间的张力场内。它不是人类学的历史，也不是历史对于人类学的贡献。历史文化人类学的研究试图将其研究的观点方法与其研究对象的历史文化维度联系在一起。它具有历史文化的双重特征，从它的研究对象及其研究方法来看，都是如此。人类的（抑或人类学的）历史文化特征的相互关联创造了一种新的复杂维度，因此，人类学研究的关系点一直处在运动当中。有关人类特征的知识的构建、重构和解构全部发生在这种运动之中。出于这种情形，我们将无法对人类给出确定的概念。

这种研究的目的不在于建立一个完整统一的人类学研究领域。它试图建立的是一个关于差异与联系的思维的严谨结构，并且对理论与实践、反思与批判之间的关系提出疑问。它既不局限于特殊的文化范围，也不局限于特定的历史时期。它要考虑到自己的历史和文化，要摆脱人文科学欧洲中心主义的束缚，要克服历史研究的古典情结，取而代之的是，要致力于对有关过去、未来的悬而未决的问题的研究。如果这种研究至今仍然限定在欧洲的文化范围之内，那么这并不是它的初衷。伴随着复杂的全球化过程，该研究必然会扩展到其他文化范围。

这里所建议的历史文化人类学概念包含了历史、文化与哲学研究的结果，后面我们会列举一些事例进行说明。它并不是要求表现可能研究的所有领域，而是具有对于一个研究领域可观察的、可实践的特征，它以跨学科性和跨文化性为特点，它的开放性并不是一个缺点，反而是实现创造性研究的力量。

关于上述我的一些人类学研究的第一个重点内容，主要体现在下面的跨学科的、国际性的研究项目之中，它们集中展现了关于人类基本关系的一些研究情况，包括《逻辑与激情》[1]，以及《论人——历史人类学手册》[2]。历史人类学、历史教育人类学以及相关的心理学、文学的一些研究进一步扩展和补充了这方面的研究。还有 *Paragrana*，这是一本历史人类学的国际性期刊，公开发表了一些研究的成果。[3]

我的人类学研究的第二个重点内容，在于对模仿的历史和理论以及社会行为的模仿基础（参见本书第七章）进行历史的、文学的和哲学的研究。第三个重点是在此研究的基础上，我与很多同事一道，完成了历时 12 年的柏林仪式研究，这项研究由大量案例研究组成。通过应用民族志的研究方法，我们对于教育中的仪式和动作语的意义进行了研究。在目前仍然进行的一个研究中，我们试图表明，历史文化人类学的原则和标准同样适用于全球化的世界中当前和将来出现的开放性问题的研究。在一项德国—日本的合作研究项目中，我们试图在我们不同文化影响下的团队中，通过历史文化人类学的视角开展"作为表演和社会行为的家庭幸福"的研究。

第一节　逻辑与激情

历史人类学的系列研究，从题目上展现了身体与思想之间的紧张关系，人类的文明进程伴随着这种关系经历了不同的风风雨雨。由于自身机体条件的不足，人类长期处于危机之中，只有对身体进行适应和规训才可以走出困境。当今，出现了一种不断加大逻辑（理性）研究的趋势。与此同时，激情在实践中不断丰富地表现出来，逻辑纠缠在普遍当中，其中显现出想象的图像。借助这些研究，狄特马·卡姆佩和我一起进行了一些重点的研究，在以德国、法国和意大利的合作研究为主的情况下，对欧洲文化背景中显现的一些主题进行了重新构建,并借此开创一种跨学科的、国际性的人类学研究模式。在 20 世纪 80 年代及 90 年代初期,这一项目团队包括 200 多名研究人员,来自 10 多个国家的 20 多个学科领域。研究成果呈现出一定的复杂性,包括对一些重点内容的历史的、文化的和哲学的分析,并为对当今与时代的变迁的理解做出了贡献。

一、历史文化人类学的相关主题

逻辑与激情之间的张力贯穿于人类的身体与感觉之中。此时,出现了这样的问题:身体在文明进程、文化和文化科学中扮演了怎样的角色? 身体和感觉的相互依存对于时间的自我理解做出了怎样的贡献? 身体意义的不同是值得考虑的;这同样适用于感觉,我们要研究身体与感觉之间的相互关系,以及它们目前的角色所在。试图理解身体和感觉的这种努力遇到了一定的障碍和矛盾。在这些经验范围中,人类无法避免地破坏了灵魂,灵魂否定身体的物质性、身体的激情以及逻辑的工具性理解。相反,灵魂与某些传统相关联,它将人类与事物联系起来,并表现在宗教和超验之中。灵魂与神圣为何无法逝去,它们各自游走,相互排斥。它们抗拒清晰性,它们是那么恐怖、迷人、模糊与矛盾。以神圣的名义,社会结构得以被创建、摧毁和变形。

神圣体现在美的表现和爱的命运之中。美并不是清晰地凸显自己的;它是可以表现的、瞬间的和令人神往的。试图抓住美的每一次努力,都会毁掉美;美的特点是不确定性。在美丽当中,无限表现在有限当中。艺术与爱、激情与审美体验交叠在一起。爱是对于他者的体验,是逃离孤独的出路。爱的体验可能有着很大的不同。作为缺少和满足的表现,爱是语言的碰撞。在欧洲历史的进程中形成了不同的语言,生成了不同的感受。爱表现出一定的历史性,但却不借助于历史性来确认。它处于制度化和狂热性之间的张力之中。因此,爱的命运成为人类学反思的一个对象。

其他时间的体验在美与爱之中形成,它不是线性的,它是确定的日常生活;它是浓缩时间的视觉体验,它为生活开创了新的维度。时间是重要的,它是构建人类生活的条件。身体与感觉、灵魂与神圣、美与爱在时间中展现,在时间中变化。值得注意的是,不同事件的同时性、相同事件的不同时性,这些都生成了时间的复合性。不同时间体验的研究,为我们提出了有关语言、想象和沉默之间关系的问题。沉默对于语言和时间的体验到底具有怎样的作用?我们说话是希望我们能理解自己在说什么,但我们失败了。我们大胆抗议这种失望的经历,我们不能忍受我们周围世界的不可操作性,并试图通过话语改变沉默的寂静。

接下来,我们将介绍七个主题方面的内容,这些内容是历史文化人类学早期十年间所做的研究,它们共同的特征是成为接下来的文化科学研究领域重点的探索性研究。这些方面包括:

- 身体的回归与感觉人类学
- 灵魂的余烬
- 神圣
- 美的表现
- 爱的命运
- 消逝的时间
- 沉默

(一)身体的回归与感觉人类学

正像在哲学人类学中讨论的那样,身体同样也是历史文化人类学研究的出发点。在今天的文化科学中,身体也是一个中心议题,但是在20世纪六七十年代,身体在社会和人文科学中几乎没有引起人们的关注。身体是历史进步的基础,伴随着身体的距离化、学科化和工具化的进程,出现了一种对身体排斥的声音,它与文明进程的理性和逻辑不相适应,因此,需要我们对身体投入更大的关注。另外,有关身体的加工处理在假肢医学和"生物工程"中成为新的亮点。在医学中,人们尝试着身体的表现、分化和加工的新形式。不断增长的心理的、社会的、医源性的疾病以及自杀者数量上升、吸毒人数增加被认为是这种发展的障碍。合理化和抽象化的副作用越明显,我们就越清楚地看到,在对身体的约束和控制中,身体和感官的各种表现形式的减少。随之,身体的矛盾性和复杂性便呈现在我们面前。[4]

身体在历史的演进过程中被赋予了不同的形象。在古希腊时期,人类的身体被认为是依照上帝的身体塑造的;按照性别的不同,构造了男性的身体和女性的身体,并且进行了性别权力的划分;作为一个微观宇宙整体的映射,身体被认为是宏观宇宙的相似物。身体的每一个形象由周围环境所决定,从中获得行为,身体受到想象的图像、符号和标识系统及人类行为的影响。[5]在这些形象的形成过程中,权力扮演了一个重要的角色。没有权力,所有的准备就不会成功;它影响着身体的构成和解构。这种影响受到多方面的制约,一方面是心理的,另一方面是象征的或者想象的。目的是减少身体形式的多样化,力争最大限度地形成明确的社会需要的个人身体。[6]

人类的形成,也就是他的身体的形成。身体是如何表现的呢? 它体现在人类工作的方式、性和疾病方面。[7]尼采认为,只要历史给了人类一点余地,残暴就会发生。[8]由此产生的伤疤便会留在文明的历史中。这证明了身体不是作为自然的"物质",不是作为"感觉的宝藏",也不是作为"真实性的保证"。这些表现出来的身体的"自然"质量更多的是具有历史的和社会条件的,例如它的无辜、罪恶、审美关联,等等。

随着历史的发展,出现了很多关于身体的不同理解,其中,工作影响了真实的身体。例如,工作与控制和制约的机制一起影响了工作身体的形成。[9]其中就包括时间制度的制约[10]、绩效原则以及机械化[11]。它包含在个体压力的经济学中,是身体的孤立化、精打细算的"世界观"以及初期公民教育实施的重要前提。而且,性的身体也是一个历史社会的产物[12],权力关系蕴含其中。关于这一点,重要的道德化和自我控制的机制运转开来。语言与想象对身体也发挥了作用。[13]身体是表面的,里面蕴含着欲望的风暴。图像式的性的释放在色情文学中被表现得淋漓尽致。[14]

身体的感觉也是历史人类学的重要主题。[15]它给人类提供了可以感觉世界的能力,自我也借此分享着感觉的传递过程。"感觉的实在性——也就是感觉——是共在的体验,展开为主体和客体。感受的并不是感觉,而是在其中体验,它是感觉自身。"[16]当我们通过感官对世界的反应而感知到我们自己在世界上的存在时,这就把我们的身体和我们自己作为世界及其对象的主体联系起来。在这个过程中,人类既经历了改造,又经历了延续。这是人类自我意识的先决条件。

伴随着新媒体的广泛扩展和生活节奏的不断加速,感觉和周围环境的联系不断变化。在这些过程中表现出以下情况,即眼睛和耳朵的"远端感觉"以及社会边缘之间的文化差异向着影响个体的"近段感觉"——如触觉、味觉和嗅觉——转变。尤其是视觉的发展对人类的身体和整个感觉产生了一定影响。而且,听觉对于说话者的自我体验和社会经验具有重要意义。我们将在历史文化人类学关于感觉的研究领域中,进一步讨论视觉和听觉的重要作用。

眼睛在"我们走出自我的巨大步伐中"发挥了重要作用[17],视觉作为一种感觉,将存在于身体外部的物体和人带到身体内部之中。世界将"进入眼睛之中"。在视觉中,陌生者将在"各自身体的感觉平面"上进行体验。视觉指向物体和他人,将对视觉环境进行选择。它是一种在避开和排除的同时出现的指向和聚焦的运动。视觉克服了人类和物体之间的距离,同时获得了距离的感知。它设立了"远近",并且创造了对于社会抽象过程的一种亲和性。人们不仅通过视觉看到可见的事物,还看到了自己。秘密在于,我的身体既可以看,又可以被看见。身体注视着一切,同时注视着自己,它所看到的,是"认识其视觉能力的另一面"。[18]

随着图像功能化的增长,视觉成为我们文化的主要感觉[19],它的控制与自我控制功能形成了对其多样性的限制。眼睛被扩展了:借助眼镜、望远镜、显微镜等设备,它们只是呈现了世界的一部分,研究的目光集中在它们上面,出现了一个"计算的目光"(福柯语),它将成为一种距离和力量的工具,它克服一切,占领统治的地位。[20]随之,一种"说话的目光"在科学中发展起来,一种监督的目光在社会机构中发展起来。借助于技术和管理,一个严密的控制网络形成了,在这个网络中,世界变得清晰可见,借助这个网络,可以看见的人类将被俘获进来。

存在于控制和客观性之上的视觉与受欲望支配的视觉相对,前者不遵从于意志,它自己控制自己,并挟制着人类,交付了自己的顺从。目光的欲望促使主体返回到他自身的"有意义的依赖性"(拉康,Lacan)上面。弗洛伊德关于 E.T.A.霍夫曼(E.T.A.Hoffmann)沙人(Sandmann)的解释更清楚地说明了这一观点,弗洛伊德在 1919 年发表的《暗恐》(Das Unheimliche)中提出了这种观点,其中他在眼睛中看到了男性生殖器的象征[21],眼睛和视觉的情色特点是巴塔耶(Bataille)的著作《眼睛的历史》(Geschichte des Auges)的主题。这里,眼睛成为不同的结构体,它有时象征阴道,有时象征肛门,有时象征嘴巴。[22]它表现为一种吞并的愿望,借此来克服生命的不可持续性。一种色情的欲望将视觉理解为"从生到死的确定"。

歌德(Goethe)向我们揭示了视觉的另一种形式,即人类对权力和控制的需要并没有战胜事物本身,同时,可见性并没有影响个体的激情,这就是歌德在其关于自然的科学研究中提出的可视性思维或者思考性观察,它对于美学观鉴而言是非常重要的。审美需要一种类似于自然本身的活泼的塑型方式,从而可以通过研究捕捉自然在生长、创造、衰退中发生的持续性变化和变形。[23]因此,思考性观察的目的不是打造一种优势,而是从一个客观的距离来描述和测量自然现象。更准确地说,我们的目标是像大自然一样,以生动的方式行事,以凝视的方式关注它的生长和形成,并进行模仿性的创新。歌德的模仿性思维反对视觉具体化的要求。视觉功能化、控制性目光的产生、图片的急速发展以及眼睛的捕获性特点能否以及在多大程度上强调其他形式的记忆[24],仍然是一个悬而未决的问题。

面对目前对视觉特点的过度宣扬,人们提出了关于其他感觉之意义的疑问。现今,听觉、触觉、嗅觉和味觉具有怎样的人类学意义?对视觉的过度重视压制了其他的感觉,它们是否都可成为"视觉形象的"?倘若真的如此,这种发展又意味着什么呢?是对以前的感觉多样性的限制的出现,或者是新的认识习惯的发展?接下来,对于视觉的分析可能会给出答案。

随着工业化的进程,电气化设备和电子技术革命的出现引发了前所未有的喧嚣。工业机器、铁路、汽车、飞机、电话、留声机、广播、电视和计算机制造出了新的声音、声调和声波,对它们进行历史文化人类学的研究分析会给我们带来富有启发性的认识。以个体发育的观点来看,听觉和运动感觉是最早发展的感觉。胎儿在四个半月的时候就已经对声音的刺激做出反应了。在我们出生之前,我们就依靠听觉被呼唤。借助听觉,我们在看到、闻到和触摸到他人之前,就可以听到他们;在我们能够说话和懂得话语之前,借助听觉,我们熟悉了语言。听觉是理解和说话的前提条件。通过呼唤的认知,我们构建了安全和归属的感觉。听觉是社会感觉。[25]没有社会成员的学习和相互聆听,社会就不会产生。通过听觉,我们认识到的不仅仅是说话人对我们所说的词语,还有他们的思想。以这种方式,借助所使用的词语,我们听到了更多的思想:我们体验到说话人的一些不包含在词语里的,而是说话本身所表达的东西。通过音质、声调、强度和发音,完成了说话者和听者之间的交流。

由于听觉是可逆的,说话人也可以听到自己。他的听跟随着他的说;它使我们在说话时可以感知自己,可以对自己进行反思。当一个词被另一个人所熟悉时,它就成为说话者和听者之间新的词语的起点。听觉的这个特点使得人类的自我认知、自我确定的发展成为可能。每一次述说都是对自己的述说。所以,听觉对于主体性和社会性的形成具有重要作用。声音的不断重复使得声音在生活世界中"安家落户"。在以前认识的记忆痕迹和新的声响之间出现了很多偶然性。通过听觉,外部的声音成功地进入内部;外部世界的声音变成了内部世界的声音。尤其是在个体发育的早期阶段,一些元素的重复和模仿对于听觉的发展具有重要作用。仪式的、有节奏的言语的重复促进了模仿能力的发展。人们在不断变化的模仿中习得了语言和理解。

借助于听觉,空间的三维性得以传递。眼睛看到的只是那些摆在他"面前"的现实,耳朵可以捕捉到来自脑袋后面的语调、声响和噪声。听觉的扩展促进了空间感和空间意识的发展。听觉和空间感之间的共同作用与耳朵里的平衡感觉有一定的形态学联系。借助听觉,我们"确立"我们在空间中的位置,保证我们的直立行走以及平衡。与处于中心位置的视觉不同,听觉是分散的。人们可以避开视线,或者将眼睛闭上,但是耳朵是很难控制的。与耳朵相比,眼睛更强的可控制性还表现在用来表达的与视觉有关的词语和比喻上。与眼睛相比,或者与近感觉如"触觉"、"味觉"和"嗅觉"相比,听觉获得了一个中间位置。伴随着口头到书面的过渡,以及作为在新媒体影响下的"次级口头性"的形式,听觉发生了深刻变化。[26]

继续朝着这个方向发展,人类学研究也关注了皮肤和手,因此也就研究了触觉,触觉对于知识的创造、空间的构建、人类与世界的交流、技术的使用以及符号化的世界秩序的出现发挥了重要作用。[27]人类拥有了味觉、与饮食的关系以及对于审美和社会判别的角色。[28]鼻子和气味导向了一个有关自我和陌生认知的更神秘的领域。[29]与眼睛和耳朵相比,嗅觉对于身体文明化进程的作用似乎略逊一筹,但是嗅觉与前两者一样是身体存在的重要基础,需要我们的进一步研究。[30]

(二)灵魂的余烬

人类学的研究总是与身体的另外一维发生关系,它就是灵魂。灵魂被标示为 psyche,anima,l'âme,从一开始它就很难被人们所理解。因此,我们将它称为"幻灭的灵魂",但是它的痕迹依然没有完全消失。[31]历史文化人类学将重新构建欧洲历史进程中关于灵魂的闪动、炫亮和幻灭。灵魂被视为可以从一个人转到另一个人——它存在于事物之中,且超越一切事物。灵魂存在于永恒的物质和死亡之间。它存在于植物、动物和人类之中。作为生命原则、运动本源和形式根源,灵魂是很难被定义的,所有试图通过比喻来确定灵魂的努力都没有获得成功。灵魂没有实体,它是非物质的。因此,它很难被科学所证实。灵魂占据了人类和自然的一个空的位置,这个位置很难被填充,它是开放且活跃的。

灵魂保证了生命感觉、客体意识和理性的非客体的明显性。作为所有可看到的事物的最高层次以及精神世界的最低层次,在奥古斯丁(Augustinus)看来,灵魂正向着神不断地提升,并与神的能力结合在一起。通过思维世界的感觉化过程,才可能实现与神的融合。灵魂显示了人类的内部状况:不是在外部世界,而是在灵魂中,才可以领会到上帝的真实性。灵魂向下看,它看到了身体;灵魂向上看,它看到了上帝。正如在古代时期那样,如在中世纪时,人们认为灵魂与身体有着紧密的联系而不像看不到的精神。在中世纪时,人们通过图画来表现灵魂,使它变得可以看见。[32]

在新时期的早期阶段,除了灵魂的宏大特点之外,人们也考虑到了它的个体化问题。对于这种变化的一个重要推动力是宗教裁判所。灵魂表现出大的和小的作用方式原则,可能也就是出于它的存在,潜在性才得以产生。作为世界运转的力量,灵魂是不死的;就个体而言,灵魂是否不死,仍然是一个争论不休的问题。宗教灵魂是道德斗争的战场,基督教考量与控制着情感。灵魂关怀控制着个体,它是迎合宗教和国家要求的一种统治工具。在启蒙时期,情况有所改变,人类独立自主的理想成为时代的特征,理性和科学可以为实现这一目标做出贡献。在中世纪时,上帝的光芒对于个人来说是什么呢? 只是主观理性。灵魂作为人类整体的保证,是个体整合的力量。伴随着康德的纯粹理性批判,这一概念在哲学中获得了意义。

在浪漫主义时期,灵魂作为理性的他者再一次引起人们的关注,这使得灵魂与睡眠、梦想、理智和无意识等主题发生了一定的关联。人类的存在将不仅仅缩减为理性,其中有一个不可缩减的,它的名字就是灵魂。在无意识的灵魂生命中,存在着意识的钥匙。这又使人们想到了什么呢? 19世纪时,科学发生了分化,出现了"生物学"、"心理学"和"发展心理学"。生物学和心理学都起源于自然科学。[33]弗洛伊德关于无意识的定义表明了一种有意识,以及与科学无关的参考点,它的认识论的参考点仍然是备受争议的。

借助于身体的中介,文明进程书写在灵魂之上。[34]完好的身体是完好的灵魂的保证。人类的确认在理性、真实的自我和身体的基础上得以构建。身体是心理—社会生活的尺度和表现。人类发展的目的不再是纯粹的灵魂,而是纯粹的身体和自我重视。普遍的和个体的理性不再相同,社会结构和主体观点之间的不相同似乎不可克服。[35]身体的再发现促进了自我实现。内部形成的灵魂的兴趣在于塑造的形式、生活方式中的自我塑造、完整身体的感觉认识之中。灵魂的先验源于身体的内部。艺术、文学和神学各自表述了灵魂的先验。两千多年以来,灵魂推动了西方思想的不断变化,激发了如此不同的认识,也导致了灵魂活跃力量的丧失。

(三)神圣

当人们讨论关于身体和灵魂的历史时,就必然涉及宗教、虔诚和庄重等领域和感受。近年来,宗教再一次成为人们关注的主题。[36]人们的兴趣在于宗教不可预料的现实性,以及它的广泛传播与世俗之中的神圣性。即便在几年前,与神圣相关的一些问题还显得很过时。渐渐地,关于神圣的问题又引起了大家的注意。鲁道夫·奥托(Rudolf Otto)和他的(迷人的、令人震惊的和矛盾的)关于现象的描述表明了他对于概念的选择。如果人们继续和那些已做标记的现象彼此隔离的话,也就说明了:"当人们以某种方式对现象进行想象时,人们恰好碰上了'神圣的现象'。人们以科学的(功能主义、社会人类学或者逻辑分析的)方式想象时,就会出现完全不同的结果……当人们进行现象学想象时,神圣作为一个特别的综合的结构表现出来……人们综合地来构想神圣,只有当人们将神圣和其他任何事物进行区分时,这种认识才具有意义。也可以这样认为,远古时期必然出现'一切皆宗教'的情况。"[37]

历史文化人类学关于这一主题的出发点在于马克斯·韦伯通过科学去掉世界魔幻性的一面这一假设。按照韦伯的理解,神圣是不会逝去的,实际上,它应该具有推迟、隐藏、排斥和忘记的特点。由此仅仅会出现的是发现和依据模糊的痕迹来重新构筑。因此,这个主题也仅仅被饱含争议地带入回忆之中。神圣以它可怕的迷人品质对每一个充分的确认进行抗争。研究的问题在于,神圣在现代变得如何呢?首先,人们在启蒙的过程中已经从神圣中解脱出来,这种解脱就是一种进步,人们现在到处能够听到对它逝去的哀叹,它诉求着生命的真谛,"去神圣化""神圣缺失"的现实负担表现出来,并清楚地表明存在着一种强烈的需求,在世俗的空间中寻找等级和确认。神圣不是一种客观物体,而属于一种权限,它存在于宗教、神学或者民族学之中,这是一个无法逃避的苛刻问题。为了应对这一问题,需要对以下假设进一步研究:

- 神圣的概念具有多重意义:它不能被清晰地定义。所以 sacer 意味着神圣与可恶,tabu 意味着纯洁与肮脏。

 • 对于神圣的理解是矛盾的。神圣是迷人的,它震慑着感觉(奥托)。

 • 只要具有神圣,一定存在着不可比较性,这与人类生活的规律性和破碎性有关。

 • 通过牺牲,神圣的秩序在混乱与无秩序中得以创造。因此,神圣与暴力和死亡具有密不可分的联系。

古代社会建立在暴力和死亡的基础之上,建立在由不连续性创造的连续性的基础上。相对于这种联系,有关公开宣扬的、理性和工作的去神秘化策略发生了转变。经济代替了牺牲承载着现代社会的希望,最近的战争说明了这一点。形势虽然困难,但是神圣仍然存在。神圣被深刻地认为是非人的、超人的,它作为一种机制,作为神圣化和世俗化辩证关系中温柔的一面,可以决定暴力的使用和死亡的发生。随着"上帝已死",人们迎来了神圣的剧变。社会的内部空间变为了小的和中度的先验。随着个体的神圣化、家庭的神圣化以及世俗神圣性的蔓延,神圣的形象发生了巨大的改变。[38]

(四)美的表现

不仅仅是神圣令人着迷、使人惊诧,美也是如此。艺术时代之前的很多图画源于神圣,并与之分享美丽和震撼。美丽和神圣有着进一步的相同性。人们一直试图让美丽"起航",并将美丽作为一种媒介,即柏拉图的善与美、中世纪的至高的神、现代社会人类的尽善尽美。最早是尼采提出了这种观点,在他看来,美是过去的表现。所有的现实都无条件的是一种表现,是一种由想象生成的表现——如图画——并作为美的现象被理解。相应的是生活的实现、人类超出人类本身的自我实现、超越个体的升华,只有美才能使这些成为可能。

我们很难给美下一个明确的定义,而美和模仿又紧密相关。模仿过程表现为这样的可能性,它不是人类所拥有的美,而是将美与人类相称。美不是作为物体而存在,也不是作为想象的图像,而是仅仅作为一种确定的图像想象的不可能性。美是动人的,它创造兴趣,并记忆它表现的暂时性以及人类生命的永恒性。美具有不确定性的特点,是确定性观点下的不确定性。美给事物装扮上了一个迷幻的面貌,是一种无法消除的表达,它使得想象无法平静,它存在于运动之中,并激发了融合的模仿过程。

早在古代时期,美就体现在他者之上了——震惊、刻骨铭心的感觉、死亡。在历史的长河中通常表现为美被它的另一面所替代。丑陋、恐惧、感觉挤压在艺术之中,使得美消失殆尽。剩下一个空的位置,回忆在此形成,其中闪烁着美的痕迹。今天,我们仍然能够发现美的光芒。美在早年促生的秩序和对称性仍然存有痕迹;我们的现实是另外的,它由震动、偏差和差异所标识,并非对称性而是非对称性和差异确定了现在。我们的世界处于美的另一面,并摇摆于过去的美和未来的恐惧之间。

世界的美化范围和模仿的美化范围在不断扩大,这种美化控制了当今所有的现实,并将种种现实交织在一起,面对这种情况,以“美的表现”为背景,表现成为人们关注的主题。由此而产生的抑郁和美的联系在今天并不是艺术的终点,而是理解时间的一个新的途径。

艺术的作用又是怎样的呢?它与现实、语言和想象有着怎样的关系呢?是不是“美”的定义还不能够描绘我们的宏大体验呢?美从古希腊时期诞生以来,就使得人们难以平静,给人们带来了不同的意义和使命;美受到了挑战和斗争,它被追溯到以前,并发生着变化。关于这一点,跌宕的历史以及社会科学中美学观点的出现是两个例证。

美不仅可以调节差异,它还可以影响事先没有预料到的激变,它标明了人类的界限,并使得这种界限在我们的眼前消失。美杜莎(古希腊神话中的蛇发女怪,被其目光触及即化为石头)将美丽封装在恐惧之中;在神话中,死亡终结了美,美总是证明,它可以不顾辛劳地摆脱混乱。美促进完善,宣扬自由,赋予“用眼睛观看的”人们以力量。它带来愤怒与反对,表现为不确定性、断裂和差异。它瓦解了至今有效的秩序。美允许一种新的审视,它以震动的形式存在,不断变化,返回到认知基础之上,以期待出现新的模样。

这种表现的模样出现在美的另一面上。它表现为那些以前不是美的事物:无规则、震惊、空虚。威尼斯和废墟的美学方面长期以来一直被视为病态美和灌输我们内心的魔力的例证——人类文化的衰落。今天,自然和历史之间的平衡已被打乱,美已经和艺术创造的记忆发生脱离,在这些记忆中美被追溯、被重构。

美存在于转移、推迟、抑制和变形之中。美所尝试的表现要求矛盾的变化。施莱尔(Schleier)[39]认为这种表现可以作为一种原本的真实标记来被理解与接受。因为,客体的揭露和暴力行为的确证,这些习惯策略的终结不是感知和思考的终结。在施莱尔的性爱观和衣着观方面,在隐蔽和遮挡的关系中,新的欲望产生了。它们创造了幻想的图像,实现从不存在到人的形象的过渡。在美的表现中映照着欲望的影子、自我迷幻的符号、虚无的物质表象。它们同舟共济,在无序中清楚表现了愿望的时间性和它的结构。[40]

(五)爱的命运

爱与性别紧密相关,没有性别,就没有爱[41];爱寻找兴趣,并融入身体之中;爱可以延续,并具有时间性。在创造更多生命的愿望中,爱跨越了个体的界限,触及死亡。爱寻找着另一半,没有他(她),爱无法维系。爱既是事件,也是非事件,感觉起来是如此模糊。对爱的期待越多,它会让你越失望。爱无法保证一定可以调和差异。分离和阻碍是必定的,只是看起来可以避免。幻想和欲望越是刺激,越是无法摆脱牵连。爱被推向命运之中;它们遭遇在一起,人们试图脱离它们的纠缠。爱是不可以孤立的"事物";它是一种力量,它以多种形式分化、深入和转移,它几乎影响了所有领域。爱并不总是表现出情色的关系。我们可以通过以下相关概念领域来认识爱:语言、图像、神话、性别、金钱、时间、死亡、他者、美丽、自我、社会……一些有关情色能量错综复杂结合的代号。[42]

爱遇到的一个统一体是什么? 如何理解这种感受呢? 这些都属于重新出现的突出的人类学研究问题。爱在柏拉图关于人的述说中被分为两半,在苏格拉底关于爱是寻求不同的意义中,爱的主题是主体构建的最初步骤。基督教已经在它的制度化的观点下,在婚姻中对爱进行了分析。爱作为一种激情的爱,它反抗这种尝试,并坚持它的命运性。不是通过整合,而是通过与爱分离而产生充满激情的感觉。自由和专一是爱的前提。热烈的爱在根本上并不能令人满足。人们在 12 世纪的宫廷中发现了爱的这种方式和它所实现的修辞,而它的作用持续到现在。其中含有很少作为想象的他者的具体的"你",这是一种难以实现的统一表达。爱由此而表现,人们谈论着爱。人们如何谈论爱确定的类型和存在方式,它就如何被感受。爱是怎样的,对于爱的讲述是无尽的。言语不断地寻找爱的秘密,既隐藏又包含爱,却无法对爱进行控制与释放,并且在无法确信实现的情况下履行爱的诺言;它表现为空洞,同时又归因于空洞。

爱是一定文化条件的产物;它与神话和一个社会的隐喻形式密切相关,并受到社会的制约。爱与社会动因紧密相连,它滋润着永生的愿望。爱是一种生产力,它赋予人类力量,使人类成为应该成为的样子。爱和与爱相关联的性对社会进行疏导。爱与交换经济的庞大系统整合在一起,并不仅仅通过社会交换过程来确定。每一种爱的激情都由某种社会力量塑造,但它具有与社会对抗的一面。在今天家庭组织的范围内,爱确定了选择的自由。男人选择他爱的伴侣和配偶。在关于爱的日常生活中,愿望借助个性的他者以及获得独立的压力扮演着一个重要角色。解脱和复活的愿望将发挥作用,并将个体的经历与集体的神话相关联。与爱相关的故事的神话化是无法避免的。其中包括宗教、种族和审美的元素,它们即便使得神话批判变得有意识,但也不能消除。也许在充满激情的爱中被寻求的重新唱诵可以被理解为一种试图拥有狂喜体验的尝试,而这种体验恰恰是古代社会制度化的组成部分。

爱的历史包含很多隐藏的方面。所以需要对爱的其他历史进行阐述,这些历史与真实感受、梦、"沉重的精神"、指向内部的旅程相联系,这是一部没有终点的历史。奥德赛和基督都回家了;今天,回家的路最终没有消失吗?自恋清楚地表明:主体会自我毁灭,因为他不能获得成功(如关于纳喀索斯的神话)。

出于这种情形,我们很难公正地从一种爱的感受中走出;相遇是对更多情况的谈论,其中含有阻碍的感觉。虽然按照历史和社会的时间点,爱具有不同的感觉,但以爱的概念来看,感觉的多样性将受到缩减。自从有了历史记述以来,"爱"成为人们谈论的有关欠缺和满足的主题。在历史变迁中,出现了有关爱的不同的"比喻",它们形成了人类的感觉。有关爱的文学作品是一个重要方面,其中语言和欲望总是以新的方式出现。

(六)消逝的时间

如果认为神圣是人类的一种尝试,即反抗时间的行进,那么美和爱都无法与过去发生联系。在美与爱之中就没有持续的停留。那么,时间到底是什么呢?"如果没有人问我这个问题,我似乎知道;如果我想解释这个问题,我就不知道了。"[43]还没有人与奥古斯丁的想法相似——他发现了今天的时间。时间在推衍,问题进一步被提出,似乎时间的渗透性与时间的体验没有相应的关系。一百年来,以时间为主题的文学作品充斥着时间的消失、在博物馆中普遍存在的时间停滞、时间的"空走"等特征;从这种无人能够认真对待的结果来看,时间成为重要的主题。[44]一切皆经济——正如马克思所预见的那样——最终变为"时间的经济"。时间越被精打细算,它就会变得越少。当转换的节点被超越了之后,矛盾和对抗也就变得越发清晰。当今,认为只有真正拥有时间的人才可以浪费时间的观点已经是不合适的论断了。

普遍的观点认为,时间是人类、自然和宇宙的界限。经济危机以及由此显露出的资源短缺加剧了人们"世界末日"似的生活感受的蔓延,似乎时间的尽头越发接近了。由此可以得出结论:自然科学长期以来就是与自然及一切历史相对比的。宇宙、自然和人类文化都有一个开端和一个终了,也许有很多开端、很多结尾。假定的非历史的发展是不能重复的——牛顿对此估计错了。时间不能返回,它是不可逆的。时间的这种不可逆性不仅仅是针对人类的生命,即人类会死亡;而且自然和宇宙都会变"老"。对于时间这一主题来说,不断增加的知识总是伴随着不断增加的未知;尤其是当科学家、社会学家、文学家、历史学家通晓时间的本质以及时间在文化、自然和宇宙中的结构时,这将变成他们的共同体验。

目前,有关时间的想象已经改变,为我们提出了这样的任务:对关于宇宙、自然和人类的历史重新进行书写。过度阶段化表现出任意性,现今时间意识的复杂性难以估计。因此,人们必须进一步考虑非同时事件的同时性以及同时事件的不同时性。按照这种有关时间复合性的观点,出现了新的人类科学研究之跨学科问题的复杂性。

从两方面来说,有关时间的"衰老"和"消逝"的思考取得了丰富成果。一方面是融合了各个学科的知识,并可以形成相应的理解;另一方面是更多地理解了秘密的合法性,它导致了时间的"年轻"或者"衰老",是以满足应对,还是出于完全缺少。在有关空间、领域、地方、自我对于方位的意识方面,时间总是一个谜团。时间开始的非物质性和最终的结束,都是无法回馈的。我们要改变这些,哪怕是很小程度的改变,就必须打破这种传统思维,即把时间与生活节奏分开,把时间放在更加宽广的制度世界之中,最终,把时间理解为后历史或者看作启示录。

(七)沉默

与东方相比,西方国家的沉默文化要稍逊一筹。在人们看来,它的具体表现不仅仅是语言,还与普遍的沉默相关。而且沉默还可以习得。通常情况下,为了能够获得普遍的沉默,就需要对言论进行压制。沉默经常是没有能力发声的表现。沉默与说话的区别在于沉默是被动和软弱的标志。这种对沉默的认识以文化为条件,其局限性是显而易见的。沉默的文化还包括地点因素,在这些地方需要沉默(安静):庙宇、教堂、音乐厅、剧院、影院和图书馆。仪式也包含在其中,沉默在仪式中得到推进和展示:礼拜、婚礼、葬礼以及相似的活动。而且禁忌、沉默的地区和范围在不同社会之间、在亚文化与亚文化之间也存在着差别,它们各有所属。[45]

要说些什么呢?是什么脱离了语言?沉默对于语言又有什么作用呢?语言只是为可发表言论而不可实施的内容创造了可能。我们说话是为了获得所谈论的事物,但是,我们将会失望。我们通过说话,来对抗那种伴随着言语的失望体验。我们不能忍受我们对周围世界的不可实施性,并且试图借助于语言这种非常方式,对整个世界发出呼喊,通过说话带来沉默。鉴于世界中力量巨大的沉默，语言总是变得力量尽失，人们试图通过沉默的普遍性来唤起上帝的惊慌，这种尝试终将是徒劳的。

沉默是言语的起点和终点——它的起源和终结目的地。[46]它作为一种断裂、一种界限，很少被人们所关注和讨论。人们对某种要求保持沉默，对此不能言说，这不是言语的终结。形势挑起了更多的争端，即我们放弃总是谈论新的事物。存在着这样一个简单的矛盾关系，即人们谈论沉默，但同时又不能谈论，像是关于其他的事物，这就是所谓沉默的双重特征。语言以沉默为基础，并且最终又坠入沉默。每一个疏忽都源于盲目地建立联系，最终导致闲话的产生。回答的语言与沉默的双重特点有一定的联系。

沉默与言语密切相关，它既是言语的一个要素，又是言语的边界。没有间歇就没有言语。言语的构成时间表现在它的开始和它的结束———段时间在此之前，一段时间在此之后。沉默处在人类和语言的界限之后。同时，沉默也源于言语、行为和创造性。音乐、艺术和诗歌将日常言语的意义化作无声，语言和行为保证了意义的持续性。在与这些活动的碰撞中，沉默成为一种必要的行为、能动的行为，它创造了模仿关系的可能性。其中，观赏者对音乐、艺术和诗歌的作品进行对比，而不破坏它们的丰富意义。借助于模仿过程，一种与审美体验相关的诉求呈现出来，与之相关的其他风格也有可能出现：言语抵消健忘，记忆抵制遗忘的沉默，回忆试图避免强迫性的重复。对于沉默的重视表现为人的特征，透过沉默的面具，语言表露出来。

沉默似乎总是缺少回忆，以及忘记和不幸丧失语言表达能力。无声的负担虽然可以承受，但不是从记忆当中删除。后者更能够坚持，幻想的创伤总是带给语言。沉默是一种基础，由此带来一定的重复。首先是大众的沉默；在回忆和述说中个体得到塑造。妇女历史性地也属于这个沉默的大众群体，她们的无语是沉默和压迫的表达；她们的沉默是行为能力的被剥夺。今天，妇女提高了她们的声音，战胜了她们的无声，开始能够做出决定。为了打破她们的沉默，需要考虑到原来的痛苦，这些痛苦曾造成了她们的沉默。这是人们一致的呼声，按照这种宣言，"女性"作为男人的对立面、作为人的一部分，第一次被宣讲出来。

沉默和遗忘之间有联系，而遗忘又与秘密有关。语言的述说发生在沉默的张力之中。沉默是遗忘的结果，它是意味深长的，需要解释学来解释它。这种存在方式是能够体验的，不同的事物联系在一起，其中保持着事物内部与它的意义多面性之间的紧张关系。世界、语言和讨论在沉默中得到重新组织；从中意义发生改变，出现了一种神秘复杂性，对于这种复杂性而言，语言是徒劳的；语言与世界之间的缝隙是无法逾越的。沉默只有通过语言和对重复和比较的模仿活动，才能得以表现。

最后，沉默表现为生与死的关系。当生命不在时，语言、声音、运动也就不在了，剩下的只有空虚。在意识和语言不在之处，沉默四处蔓延，孤独症儿童和其他不幸的受害者陷入沉默。语言、想象、人类和它的世界之间的界限变得可以体验。但是，这种体验并不能带来什么帮助。死亡意味着沉默——它是所有解释学的终结。有不可逆转的、永久的限制和干扰，没有语言能填补沉默的空虚。

二、认识论的确定

这类研究与认识论的思考有着紧密的关系，它促成了"历史文化人类学"这一概念的确定。"历史文化人类学"被用来表征跨学科、多学科的相关研究，它是继抽象人类学的约束之后展开的对于人类现象和结构的研究。在关于人（欧洲的、男性的、抽象的）的人类学之后，人类学的标准化力量已经丧失了，开始了历史文化人类学的研究，历史文化人类学研究以各自的历史性为研究的出发点。所以，目前所发展的历史文化人类学不是哲学人类学、历史科学中的历史文化人类学、文化人类学或者自然科学的人类学的一个选择。它不是历史哲学批判在人类学上的延续，而是对于一种另外的知识和认知模式的探求，它的实现不需要单一的学科。历史文化人类学的研究发生在身体与精神、自然与文化的关系之中，形成了具有开放问题的，具有不可探知性、复杂性、"非中心性"的特征。

历史文化人类学的研究存在于历史和人类科学的张力之间。但是，它既不局限于将人类学的历史作为一门学科进行研究，也不局限于关注历史作为一门学科对于人类学的贡献。它更多地强调研究观点和方法的历史性、研究对象的历史性以及它们之间的关系。历史文化人类学具有双重历史性，不但涉及他的研究对象，还包括它的研究方法。人类与人类学相互关联的历史性创造了新的复杂性，在这个范围内我们可以在动态中发现研究的参考点。只有在动态中才可能完成对于人类历史知识的建构、重构和解构。鉴于这种情形，可以得出这样的观点，即关于人类没有确定的概念。

历史文化人类学的研究因此可以将人类科学的结果和历史哲学为基础的人类学批判结合在一起，并且这有助于提出新的典型问题。研究的核心之中出现了思维的涌动，这种涌动无法抑制。历史文化人类学的研究并不是为了寻求一种统一的人类学领域的理论，它必须建立一种差异思维的严谨结构，并对理论与实践、反思与批判之间的关系提出质疑。

历史文化人类学研究既不限定于一定的文化空间，也不局限于单一的时代。在对其自身历史性和文化性的反思中，历史文化人类学可以克服人文科学的欧洲中心主义以及对于历史的恋古情怀，为现今和未来的开放性问题开拓道路。倘若历史文化人类学的研究局限于欧洲文化圈，它就表现为脱离原则性的基础。复杂的全球化过程要求我们关注其他文化范围的扩张。

第二节 论 人[47]

在"逻辑与激情"这个研究项目中，涉及欧洲文化一些重要主题的历史文化人类学研究，这一研究项目的目的是重构关于目前人类与世界、与他人、与自我的关系的上百个概念，并且以跨学科的人类学视角进行展现。

当人类认识到他的所作所为时，每一个对于人类世界的认识都具有自我反思性。通过研究也获得了对生活和文化世界的认识，这些认识对于人类、人类与世界以及与自身的关系具有一定启发。人类的世界和人类的自我关系是有关真实、象征和想象的关系，它们在不同的社会行为领域和文化实践中被制度化。人们想要对于这种文化领域进行研究，就需要不同的行为方式。一方面,这些研究包括在社会和文化世界当中,人类借助于语言和图像对自然和现实进行符号化的加工,这首先是哲学和人文科学的任务。另一方面,需要对物质社会的机制和文化秩序进行实证性研究,这是社会科学的研究需要。在人类学的研究中,这两方面任务领域将联系在一起。其中,我们需要对真实、象征和想象的现象进行联合考察,包括"媒介的行为和冲突形式,以及它们的价值和规范标准"[48]。特殊的挑战在于文化有可能在广泛的意义上作为客观事物和参照范围进行考虑。

因此,需要对于目前丰富的多中心的文化中人类生活的核心条件进行人类学研究。该研究通过对地点和时间的探究分析,获得了人们对于双重历史性和文化性以及与之相关内容的认识。研究的碎片性特征并没有改变紧密的跨学科的合作研究。人类学的研究为进一步的社会多样性研究打下了基础,因此对提升文化的自我理解和自我表现起到了促进作用。在一定世界和人类自我理解的历史和文化中进行的人类学研究,如今促成了这样的认识,并影响了许多日常功能关系的陌生化。这些经验导致了这样的疑问:怀疑历史是作为进步和继承的历史、作为确定概念的逻辑、作为解释学的影响范围,以及怀疑自身和世界建构的单一中心主体。这种怀疑激发了关于人类学认识的历史和文化相关性的意识。然而,以前人类学知识的暂时性被认为是一种缺陷,如今,它被视为一种优势。这种知识的质量是人类本质上不确定性的结果,然而,我们对"他者"和其他知识的开放也由此产生。正是这种不确定性促使我们寻找新的方法来增加人类学知识的复杂性和深度。

基于这种情况,人们试图获得有关人类学知识对于世界和人类自我关系的总结分析,大致包含《论人》(Vom Menschen)这部著作中的七个主题领域:宇宙、世界与事物、血统与性别、身体、媒体和图像、偶然和命运、文化。[49]

一、宇宙

随着基督教标准的人类学的瓦解,基督教的宇宙观也随之失去了意义。

该宇宙观没能注意到的问题是人类是什么、人类与自然的关系是怎样的，直到今天，人们也没能搞清楚"火""水""土""空气"之间的关系。在生物学的论战中，在涉及世界的可持续发展的可能性时，这些元素以及它们与资源耗尽的关系扮演了重要角色。同样的情况也涉及人与世界的关系，人类与自然的关系也受到这四种元素的密切影响。这四种元素的活动引发了生命的问题，它们伴随着植物、动物和人类漫长的历史过程，没有它们，人类和自然的关系简直无法想象。

二、世界与事物

我们似乎逐渐发展出一种行星意识，其中关于人类与世界的关系发生了根本改变。经济和文化的全球化构造了一个世界的"统一形式"，针对这种形势，强烈抵抗的形成和如何面对他者成为今后人们共同生活的主要任务。[50]这种形势需要一个全球性的伦理学，这种伦理学可以影响社会和机制的可控制性。[51]伴随着一种多样的破碎的全球意识，人类与空间和时间、运动和变化、城市与家园之间的关系发生了深刻变化，同时也持续性地改变了人们的日常生活。

三、血统与性别

在一段时期内，人类的个体性和主体性曾一度成为人们关注的焦点，历史文化人类学的研究可以进一步丰富这种观点，其中血统与性别的关联性清楚地展现出来。以这种观点来看，繁殖与遗传、性与代际关系扮演了重要角色。人类的生活在代际关系中得到了发展[52]，并且表现为不同的家庭关系。这些导致了历史和文化的相关而异名的形式，其中人类形成了例如男人和女人、父亲和母亲、父母和孩子等关系。

四、身体

人类的身体也成为研究的重点，人类的身体具有不同的感官和部分，遗传学和脑科学的研究为理解人类身体做出了贡献。在与人类身体的关系中,运动、坐卧和动作语以及感受、狂喜和放荡的人类学意义将得到研究。身体像是一个谜团,它的生物学构造和历史文化的研究呈现出很多问题。同时,身体在所有的人类世界和自我关系中也处于中心位置,这对人类学的研究提出了持久的挑战。

五、媒体和图像

媒体对于人类关于世界的认识具有重要作用,这一点是毫无争议的。显然,这种情况早在古希腊时期就表现在从口头文化到书写文化的过渡过程中,在后来的中世纪时期以及在第三世界的很多国家中所推行的"全民教育"的活动中,媒体一直发挥了重要作用。[53]除了文字以外,通信媒体和新媒体具有特别的作用。在更广泛的意义上,图像、语言、数字和标志都属于世界和自我构建的媒体范畴。在与不同类型的媒体作用中,教育过程被激发出来,在这一过程中,人类的个体性得到发展,他的身份得以构建。我们在行动、工作和记忆过程中,也通过在学校、课堂和工作场所的经历来学习。

六、偶然和命运

与建构主义不同,历史文化人类学研究的出发点认为,人类在其世界观和自我观念的构建中具有很多可能性,然而,他们经历的许多事情与他们的行动或可能的行动无关,对这些事情几乎没有或根本没有影响。这些方面包括美丽与幸运、疾病与健康、恐惧与暴力、战争与和平、罪恶与死亡。如何认识这些现象和事件,将它们作为偶然还是命运,取决于人们的世界观和人生观。

七、文化

更宽泛的文化定义涉及人类所面对的所有事物,而且也形成了一些悬而未决的问题,比如愿望与幻想,宗教与他者,神话、乌托邦与秘密,游戏、仪式与庆典,以及音乐与戏剧。与其他方面相比,在这些主题中,想象和幻想对于人类的产生具有更加重要的作用。

在以上所介绍的历史文化人类学的研究领域中,人们对主题的交叉复合进行了研究,就这种复杂性而言,跨学科的研究方法具有重要意义。在每一个研究领域的认识中出现了很多问题,与此同时,人们没有意识到研究范围也在不断扩大。这使得我们认识到,人类自身谜团众多,对人类的认识也是部分的和暂时的,人类是无法自我解释的,因此,就没有关于人类的确定定义,而且从根本上讲,我们也无法对人类给出确定的概念。

历史文化人类学不是针对封闭的研究对象范围,它以共同的问题和思考方式为特征。从目前科学发展的情形来看,历史文化人类学具有一定的优势,它可以发现新的问题和主题,并可以在新的视角下进行研究。在这种情况中,研究目标与主题选择、研究材料与研究方法的确定具有重要意义。

第三节　模仿的世界

历史、文学和哲学研究的多样化进程使我意识到,模仿过程对于文化和历史的形成、传承与发展具有非常重要的意义。我和冈特·格鲍尔(Gunter Gebauer)一起进行的研究充分证实了这一点。模仿性思维的主要发展时期从柏拉图和亚里士多德开始,到本雅明(Walter Benjamin)、阿多诺(Theodor Adorno)、德里达[54],他们又对模仿进行了重新构建。随着维特根斯坦的家族相似性这一概念的使用,出现了关于模仿过程的很多不同形式。人文科学认为,模仿首先在美学中扮演了重要角色,其中,艺术家要仿效自然的创造力,要像自然那样具有创造性。我的研究表明,模仿地获得创造力的能力是人类的能力。亚里士多德对于这种模仿的能力是这样认为的:它是人类幼年时期区别于其他生物的特殊表现,在模仿过程中,人们获得了特殊的愉悦。在模仿过程中,出现了与他人、与世界的相似性,它可能是真实的,也可能是虚构的。没有人像柏拉图那样强调模仿过程的可能性,即模仿可以塑造人、发展人。他认为,儿童无法抗拒模仿过程,所以我们必须使得儿童远离那些有害的对象。

　　模仿过程在根本上是矛盾的。一方面,它作为一种适应已存在、僵化和无生命的事物的模拟过程[55];另一方面,模仿蕴含了很多希望。它可以形成外界、他人和自我的"生动的体验"(阿多诺)。模仿过程可以引发包含破碎意图的运动,为无法确定的事物提供空间,形成与世界的一种非机械性关系,其中,特殊在面对普遍时受到了保护,人类与事物得到了呵护。就目前的社会文化发展情况来看,模仿过程的模糊性依然无法消除。

　　儿童、青少年和成年人的模仿能力与他们的身体成长过程紧密相关,并且可以抵制社会抽象化的趋势。模仿在个人与世界、与他人之间架起了桥梁;它具有这样的趋势,即消除主体与客体之间的距离、化解存在与需要之间的巨大差异。这是关于"之间"的理解[56],在与主体的"相似"(阿多诺)中对一个外部世界或者他人进行感受。模仿过程含有理性的元素,但是它又不受这些元素的制约。在模仿过程中,人类可以从自身脱离出来,争取与世界相似,他具有了将外部世界内化到内部世界以及表达内心世界的可能性。模仿过程可以促进个人向客观物体和他人接近,因此模仿过程是理解的必要条件。

　　当人们对独立的主体进行理性思考时,模仿总是具有一种交错的人际关系的特点。符号世界的模仿性创造与其他世界及其创造者之间建立了联系,并且把其他人包含到自己的世界当中来。模仿承认世界与人类之间的交换,其中包含了权力的方面。模仿的历史就是有关创造符号世界的力量的相互关系的历史,用来展示权力、自我和他人,用来按照自己的理解来解释世界。这样看来,模仿属于权力关系的历史,在教育和社会化的领域当中尤其如此。模仿过程不是简单的效仿、再生或者创造的过程;相反,它要求借助儿童、青少年或者成年人完成一种个体的塑造。因此,根据条件的不同,模仿的个体差异的范围呈现出多样性。很多模仿过程与欲望、愿望、感觉和体验的过程是不可分割的。[57]

　　在传统和文化变迁的背景下,关于模仿过程的人类学意义的历史系统性研究清楚地表明,模仿行为在社会中具有重要作用。为了进一步说明这一点,我们特别关注了游戏、仪式和动作语,总的来说,它们都产生于身体的运动。身体、物质性、能力和表演在社会中的关系是基础性的,基于此,关于社会行为的模仿基础的研究得以创建。社会行为首先是可见的、具体的;在社会行为中身体的物质性扮演了一定的角色,比如它的外观、仪态、举止和社会行为方式。这些具体行为通常是可以被解释的,它唤起了感觉和内化,它们能够对交互施加影响。

动作语、仪式和游戏在我们的社会中具有特别的意义;它是如此重要,因为它不受胁迫;个体可以以另外的方式行动。它将我们的社会和它的历史过程进行区别。仪式的参加也是自由的,动作语的进行同样如此。我们行为的所有自主性和自治性是我们无法察觉的,我们通过其他的世界和人来定位自己。主体不是处在明确决定之前,而是以一种日常行为的特殊的实践形象的人类能力为基础来行动处事。这些行为的效果是双重的;它们强化了"我",作为进一步的自治来体验,它强化了与其他的世界和人的关系;在社会中,它们加强了与个体的联系。与主流社会不同,手势的、仪式的和游戏的行为对于我们来说是自由的,它们的确定不需要特别的考虑。人们知道什么是"对的",什么是"合适的"。人们因此也已经知道,因为人们从直觉上否定了其他的可能性。我们不承担任何推行一定仪式和动作语的责任;我们不是被迫做这些事情的。

社会事件,例如游戏(比赛)、仪式和动作语等,从来不是那么绝对相同;我们无法为它们找到一个确证的严格定义。它的相同之处存在于变量之中,它们是典型的模仿行为。没有统一的理论原则对这些相同类型的行为进行确定。它们总是在另外的情形中发生,它们从来不会带来相同的结果。

我们可以从采取行动的不同情况中找到这些不可避免的变化的原因,如身体的参与,每种变化的演变方式,以及缺乏或不可能为它们的表现提供确切的规则。实际上,每一个观察者都要确定两种行为的相同。就像具有副标题一样——每一个人都具有自己的特点、真实性和重新认识的标记,但是从来没有人用具体的方式两次书写自己的名字。人类的运动不是再生产的确定的运动,即使人有能力再一次认识并采用很多不同的签名作为相同的签名。身体的姿态也是如此——人们通过一些举止认识他人,比如行走、站立、席坐，虽然别人都可以具有这些举止，但是他们的运动都不是完全相同的。人类行为的相同性对于他们共同具有的东西没有什么影响。它产生于一般因素借助"家族相似性"（维特根斯坦的提法）的形成过程中。

在模仿的行为中，以前的行为将被再做一次。因此，有三个方面非常重要。第一，这种关系不是理论上的，而是借助于感官，审美地发生联系。第二，与第一个事件或者与第一个世界相比，第二个事件是具有目的的社会实践，它们之间并不密切相关，它不发生变化，而是作为对第一个世界的再一次制造。第三，模仿行为具有表现的和指明的特征，它的展演创造了自我的审美价值。

模仿过程是以身体为基础的。身体将我们与世界联为一体，它具有内敛社会的能力。身体性就是我们存在于世界之中，而世界也存在于我们之中。我们将社会结构内化，并且构筑一种通过社会来体现的实践性知识。事物和他人都是"我"的一部分；"我"也是他们的一部分。身体的可适应性使得它成为行为主体和世界之间的中介。模仿行为有助于个体对社会的适应。模仿行为对于他人而言具有一个建构的时刻：每一个社会主体在社会协调一致时都会创造一个世界。正像社会科学提出的那样，行为主体将会以不同形式受到社会的影响、控制和社会化，但它的主要特点是，它可以把世界作为思考的方式吸收和规划到它自己的内部。身体的具体行为实践将很少得到关注。而且，他人也很少被理解为是一个身体存在的人；他的行为更多的是在抽象的层面被考虑，也就是标准、规则、交换、期待、角色和理性的决定。在社会科学中社会行为首先在个体的身体中施展着自我。

总之，当个人与一个已经存在的世界发生关系时，就会自我产生一个世界，这两个世界之间存在着模仿的关系；例如，当人们跟随他人做同样的运动时、当人们按照榜样行事时、当人们表现什么时、当人们描绘某物或对一个想法进行身体表达时，我们就会发现，他们不是简单地模仿照做。表现不是简单地再造，即逐一按照模板来刻画，而是一种自我创造。行为也是如此，它看起来源于行为主体，却与另外的世界发生联系。主体与他人的联系是人类与世界关系的基本特征。"我"和他人的区别不是在二分法或者两种根本不同且彼此分离的实体的意义上发挥作用。"我"和他人一样，是一个开放的类，我们可以这样认为，这两者"能够"互换。没有他人，"我"就不能产生；从一开始，它们就彼此包含。倘若没有感知、估价、解释、意图、策略、单个的"我"的内心参与，那么社会将无法存在。[58]

第四节　柏林的仪式研究

我和我的团队采用民族志的研究方法完成了一项持续 12 年的关于模仿行为在社会中的表现的研究，在这项研究中，我们对于仪式和仪式化在家庭、学校、同辈及媒体中的作用进行了实证研究。同时，我们结合了其他研究和观点，借助于证据，纠正了以前由于错误使用而形成的"仪式"和"集体"概念在德国纳粹主义中的负面意义。"仪式"和"仪式化"具有积极的一面，没有仪式，就没有社会。文化人类学中对仪式的相关研究，也凸显了这一观点（参见本书第九章）。通过对仪式的动态性和表演性的关注，这种研究为集体和仪式创造了新的概念。在关于仪式在社会化、文化和教育领域的研究中，人们发现了仪式的一些重要特征。

这项研究在一所拥有三百多个儿童的市属小学进行，其中差不多一半学生的母语是德语，另一半来自将近二十个不同国家的移民后裔。这所学校以具有教育改革传统和作为联合国教科文组织示范校为特征。我们对其中的孩子进行挑选，来研究他们的家庭仪式和仪式化。同时，我们还对同龄组群和媒体环境进行了研究。有时候，学校周边的青少年也会被吸收进来进行研究，从而扩展了实证研究的范围。[59]

这项民族志研究的结果是丰富的，在这一节中，我们不可能一一尽述。因此，我们仅从其中的五个方面进行介绍，主题如下。

一、仪式和仪式化在儿童的教育、教养和社会化中具有重要的意义

仪式和仪式化可以组织和指导孩子们的生活，帮助他们融入社会秩序

之中并与之合理地相处。仪式存在于社会领域和制度之间,使得社会化学习成为可能。

民族志的单个研究可以说明仪式和仪式化在不同的社会领域中具有的相关形式和功能。在"家庭"中,例如对于早餐仪式的研究,可以清楚地表明,这种共同的进餐对于家庭成员一天的准备有多么重要。在早餐过程中存在着一种家庭的自我确定,并会产生归属感和共同感。通过对孩子学校事情的谈论,家庭就为孩子、为学校和学校的要求做好了准备。在这种日常发生在家长和孩子之间以及孩子们之间的仪式交互中,孩子们将体验到性别的认定,并获得性别的角色。在餐桌仪式中可以对差异和冲突作出应对,它们的潜在解构性将通过仪式活动的社会魔力得到疏导。[60]除了这些日常的仪式,家庭聚会和庆祝活动也可以产生家庭的凝聚力。这些仪式包括圣诞节、孩子的生日庆祝会、成人仪式以及家庭出游。两项个体研究表明了宗教的成人仪式是如何转变为一种家庭事件的,其中,有关宗教的神圣性过渡到家庭中,并且建立了信仰、知识和能力之间的关系。还有每年的家庭出游,也可以认为是一种仪式,借助这种集体的经历,集体的力量将会产生。就这个仪式而言,回避日常能力期待以及在出游中产生的对于家庭成员新体验的开放性是整个仪式的主要特征。不同的家庭学习文化可以形成不同的家庭风格和家庭文化,它同样可以左右对共同出游经历的不同处理方式。

在参加仪式中,孩子通过模仿过程获得了实践性知识,它构成了仪式或者社会行为能力的基础。[61]在模仿过程中,他们获得了仪式行为的"表达",并把它们吸收进来。仪式和仪式化的重复特点发挥着一定的作用,即孩子总是被这种精神上的"表达"唤醒,使得他们可以适应新的环境,由此来确定他们在学校、课堂、家庭和同辈中的集体性。仪式可以构建这些集体的社会记忆。它们将过去的事件再一次带回到现在,并使之成为将来行为的基础。仪式促发了孩子们的连续性,并通过安全和可靠来传递这种连续性。其中,孩子在仪式和仪式的安排中与其他孩子共同以某种目的来行事,孩子之间的差别也会受到关注,他们要学会保留和去除,因此,他们能够共同行动。而存在于群体中的潜在暴力可以通过仪式来疏导。仪式可以对孩子进行特别的塑造,如果他们相信仪式的话。如果在孩子之间存在一种情感的"流动",仪式就可以施展它的"魔幻"作用。如果仪式清楚地区分了"外在"和"内在",那么这一点就特别有效,因为它们划定了界限,并为它们的游戏性方面提供了足够的范围。我们还必须看到仪式的包容性和排除性,而且这些过程具有潜在的暴力性,它可能会带来限制和反对。

二、教育实践的表演性

与仪式和仪式化一样,教育实践以它的表演性为基础,在所有的社会化领域中都发挥着作用。有关行为的研究表明了儿童和青少年如何单独地或者集体地向成年人展演他们的行为和举止。借助于教育和社会的实践,青少年的身体性才得以展现。在有关儿童和青少年的仪式研究中,研究者把对教育实践的关注和关于表演教育的思考联系在一起。[62]精神科学教育学认为,教育情形可以像文章一样来阅读[63],所以教育实践的表演性成为教育现实的一个新的阐释维度。

关于这一维度,在格尔茨的文化人类学以及其他关于"深描"必要性和关于文化的思考中,作为"文本的统整"进行了补充。[64]目前,不再像经典的阐释学认为的那样,即历史形成的教育现实存在于意义结构之中,它可以单独地发挥作用。行为的内部视角或者研究者的外部视角都不能得出一个有关教育领域的客观的意义结构,大量的关于"表现危机"[65]的讨论以及所有关于文化行为领域的双重历史性和文化性观点都证明了这一点。随着关注点从教育现实的阐释学研究到教育实践表演性的转变,出现了一些问题,即它们是否是"真实的"表现和解释,而更多的问题是如何对待这些意义和表现。

当人们谈到教育和学习过程的表演性时,往往强调教育和学习的呈现样态和构成特点的现实性。人们将对身体和象征行为的关系进行研究。研究的重点是教育和学习作为戏剧性交互的过程,在这个过程中身体的和语言的行为相互融合。其中,社会情景和模仿的循环过程是很重要的,可以使用民族学的方法进行研究。对表演的关注表明了一种关于将教育科学作为行为科学的理解,从而产生了对于实践性知识作为教育行为条件的研究兴趣。

在"柏林仪式研究"中,有关学习与儿童在四大社会化领域中交互过程的表现性研究是一个重要方面,其中,主要研究了儿童如何学习、如何展现学习以及如何在与其他儿童的交互中进行学习。我们在小学中开展的研究表明了儿童如何在各自的学习计划中探索课程之间的差别,这些学习通常是在规定的学习计划之外或者有悖于这些学习计划。在主题为"他们的"学习项目中,与其他儿童的关系处于重要位置,将再一次得到研究、展现和实施。这里,男孩和女孩如何划分彼此的界限、性别认同的发展将成为重要的研究问题。很多儿童自我行为展现的愿望并不仅仅存在于"他们的"这一主题学习项目中,还出现在学校的课程之中——这也是教师所要求的一部分——此种场景不断呈现,充分展示了儿童是如何发展自我和进行学习的。这些条件的形成首先需要课程的组织有助于儿童自主性的发展。只有当创造性学习出现和得到发展时,儿童的积极性才可以产生。[66]

我们关于教育实践的表演性以及儿童学习方式的研究与文化的表演维度的研究有着紧密的联系,关于文化表演维度的研究由柏林自由大学"表演文化"研究中心来承担。该研究解释并发展了一些与教育密切相关的课题:(1)被以行为定义的约翰·奥斯丁(John Austins)的表演言语理论;(2)诺姆·乔姆斯基(Noam Chomsky)关于表现与能力之间差异的转换语法;(3)关于表演艺术的文化科学讨论;(4)朱迪斯·巴特勒(Judith Butler)有关性别的讨论,表明了女孩或男孩不同的仪式性话语对其性别确认的重要作用。这种认识论方面的讨论具有一定的建设意义,对此,"柏林仪式研究"做了大量工作,尤其是借助民族志的研究方法对教育实践和儿童学习过程等方面进行了卓有成效的研究。关于学习过程表演性的质性研究,无论是从内容上还是从方法上,对表演性的基础讨论都做出了一定贡献,尽管如此,我们还需要进一步研究。

三、作为文化学习的模仿性学习

文化学习的重要部分是在模仿过程中完成的。在模仿过程中,关于他人、社会环境、事件和行为的图像、模式、想象得以产生,并存储于心理图像库之中,从而获得实践性知识,这种知识使得儿童和青少年有能力共同学习、行动、生活和生存。

亚里士多德发现,人类区别于其他生物的重要一点就是人类突出的模仿能力。这种认识在人类学关于模仿(mimesis)的概念和历史以及关于模仿过程在其他文化中的作用的研究中得到了促进和发展。而且,关于灵长类动物的最新研究也发现,一个八个月大的婴儿具有一种进一步发展的模仿能力,而其他灵长类生物在某个阶段也具有这种能力。同样,新的关于"镜像神经元"的研究显示,大脑中出现的行为情境认知与所观察的行为本身是相同的过程。最后,"柏林仪式研究"也发现,在四种社会化领域中,模仿过程对于教育、培养和学习具有重要作用。

因此,我们得出如下结论:文化学习主要通过模仿来完成,例如仪式的组织、实践性知识的获得[67],社会能力的养成,性别的确认和审美的体验[68]。同样,在人们与生活世界和环境的关系中以及对新媒体的接触中,模仿都具有重要的意义。

我们还可以通过下述案例进一步了解模仿的过程:一群八岁到十二岁的女孩在暑期联欢会中参加了由 Luo Bega 组织的名为"Mambo Nr.5"的节目,同时她们的表演也被拍成视频影像,准备放映。在这首"歌曲"中,一位非洲裔的德国歌手被这些女孩包围在中间,随后,这名歌手会向不同的女孩表达爱慕之情,女孩们纷纷表示同意或拒绝。这期间,一些非常活跃的女孩会随着 Mambo 的旋律舞动身体、表达善意,摄像机会跟拍这些女孩。在这样的暑期联欢会中,少女们在同学、老师和家长面前,在为本次活动特意搭建的舞台上跳起了 Mambo 的舞蹈。少女们跟随着领舞者舞动起来。她们很清楚,她们已不再是小女孩,而是渐渐地走上了成熟的道路。她们以游戏的形式在学校集体成员面前展现着这种过渡。

在模仿过程中儿童的欲望指向他人,他想与他人变得"相似"。同时,这是他的一种"表达",这种表达也发生在模仿过程中,这也是他的心理图像和想象世界的一种"呈现"。儿童由父母、亲戚和其他的成人例如教师抚养起来,他们也愿意像这些成人那样,他们的欲望指向这些成人。在这个具有榜样和模范的模仿过程中,儿童得以成长并发展自己的独立性和特殊性。倘若没有与其他成人的这种关系,儿童既不能成为独立的个体,也不能成为一种社会生物。模仿过程的出发点通常基于这样的一种愿望——像他者那样。模仿过程的关键不是指向这种愿望——确实像他者那样,而是儿童与成人之间一种行为模仿的关系,而他们之间仍然要保持一定的距离与界限。模仿过程存在于男学生与女学生之间,也存在于兄弟姐妹之间,其中年幼的孩子向年长的孩子学习,年长的孩子通过年幼的孩子促进自己的成长。

实践性知识对于行为和共同生活来说非常重要,它们同样会通过模仿进一步习得。只有通过参加社会实践,能力才会获得,行为才可以实现。同样,操作能力也可以通过社会实践来获得。[69]

模仿过程促进了少男少女们的多中心性,它体现在身体性、感觉性和欲望等层面,其他的动态性也被确定在意识之中。还包括侵略、暴力和解构,也可以通过模仿过程形成和学习。所以,在群体中,个体的控制和管理核心将由群体的机制所代替,解构的力量很容易发挥作用,例如借助陶醉的感染力来产生一些个体无法完成的行为。功能性仪式和仪式化可以疏导这种力量,从而避免破坏性行为的发生。

正如我们在研究中指出的,模仿过程不仅仅以面对面的方式指向他人,还会指向地点、空间、物体、想象的行为、情景和事物的关系。而且,隐含在一些机构如家庭、学校和媒体中的行为、价值、设想和标准,也可以通过模仿的过程被孩子习得和养成。

四、教育和培养是跨文化的任务

首先,在当今欧洲,教育和培养被认为是一项跨文化的任务[70],于此,我们展开了包括四个社会化领域的研究工作。尤其是在新媒体和同辈群体中,具有德国文化背景的儿童和青少年与其他文化背景的儿童和青少年如何相处,有关差异的认识和理解的可能方式,人们至今涉及的还不是很多。与之不同,在我们研究中心所关注的市内小学中,关于必要性、跨文化知识与行为、共同生活以及学会生存等方面，教师们具有一种特殊的意识。在研究中，我们观察了很多情景并进行了一定的分析，同时也发现，从表演的角度审视关于学习条件和方式方面，还有很多研究空间。

在关于同辈群体的研究中，我们发现，孩子群体的划分具有三个标准：年龄、性别归属、移民背景。我们主要考查他们的学习成绩。教师很看重学生的文化背景，并在课程中加以设计。同辈关系影响着学生的学习成绩和理想，由此，学生的成绩和理想呈现出一定的差异。年龄大一些的孩子喜欢和更大一些的孩子在一起，女孩与女孩在一起，具有相同移民背景的孩子喜欢在一起。相对于这些愿望，学习成绩受到群体中关于年龄、性别和文化差异的表现的影响。

在课程中，学生们不断地体验差异的存在。在有关历史时代的学习课程中，例如对埃及的认识，学习成绩与它们的移民背景就没有什么关系，可以在德语、数学、实物（Sachunterricht）和艺术等课程中涉及埃及这一陌生的文化，最后以参观埃及博物馆来结束这一主题的学习。在其中很多小组讨论中，学生进一步感受埃及的迷人之处，聆听它的历史和文化，随之对此进行复述，从而产生各自关于埃及的故事，这种基于空间的体验是无法替代的。学生表示他们从中获得了很多乐趣。在艺术课中，学生们对聚苯乙烯这种材料进行切割和上色，制作成古埃及国王和贵族的浮雕模型，而后又在实物课上对埃及金字塔如何建造等问题进行讨论。在不区分学生们文化背景的情况下，在历史课中学生们对陌生的文化进行了体验，这促进了他们创造力的发展。

在一次学校联欢活动中，来自不同文化背景的孩子们共同完成了一个土耳其舞蹈"面纱舞"，从而获得了对陌生文化的身体活动和舞台表演的真实体验。在每年定期举行的暑假联欢活动中，来自不同文化背景的孩子家长奉献了一道道可口的菜肴，届时，孩子们和家长们可以借此享受到不同文化的美食。通过贩卖这些食物，家长们可以把获得的资金捐助给学校的理事会，以资助学校的发展。菜肴非常丰富，包括土耳其肉夹馍（Döner）、披萨、库斯库斯（Couscous）[71]和罗宋汤等，以及来自黎巴嫩、突尼斯和摩洛哥的一些甜食,充分显示了这所学校的多文化特点,学生可以突破文化的界限,共同生活、做事、存在和学习成为该校的重要任务。只有这些机制得以保证,跨文化学习小组的建立和实施才可以完成,而后更高层次的社会和文化促进才可能实现。

我们的研究表明,仪式和仪式化是处理差异的一种重要方式,借助于仪式,文化差异可以得到建构性处理。在此过程中,经历显得格外重要,即便存在着文化的差异,孩子也可以与来自其他文化的孩子一起学习,它的优势便凸显出来,不但会产生新的令人惊讶的观点,还包含着一些社会的或者身体交往方面的能力。

五、仪式研究方法的多样性

对于仪式和仪式化的研究、教育实践的表演性的研究以及模仿过程和跨文化教育的研究来说,民族志和质性研究都非常适合。参与式观察、借助录像手段的观察、视频展示、图片分析以及访谈和小组讨论等方法对仪式研究都是十分重要的,这些研究方法相互补充、彼此促进。借助多种研究方法,那些相对复杂的和受限于研究方法的调查结果就可以得到很好的处理。

"柏林仪式研究"具有研究方法多样化的特点,包括重构式社会研究的一系列方法尤其是文献法的使用。[72]在本项研究中,关于"关联性体验空间"和"关注隐喻"等概念也发挥了重要作用。由于仪式行为具有一定的规定性,所以我们也采用了程序分析的方法[73],这对于我们理解仪式行为的程序性还是发挥了重要作用的。而且,叙事分析[74]、民族学会话分析[75]、生物学研究[76]、民族志[77]等研究方法也在本研究中得到了重要应用。

因此,我们关于教育、培养和学习过程研究的重点在于使用了过程性研究方法。仪式与仪式化的表演特征以及教育与社会实践成为研究的核心内容,视觉人类学和视觉民族志的研究方法是重要的研究方法。[78]对于身体互动、教育和社会行为以及空间组织等方面的研究来说,这些方法显得非常重要。我们在研究中使用了访谈和小组讨论,从而获得了关于儿童的想象和符号化等方面具有重要价值的信息。而且,在我们的研究项目中,除了参与式观察之外,借助录像的观察、[79]照片分析[80]、视频展现[81]等方法也发挥了特别的作用。

以上三种方法中,借助录像的观察方法具有更大的发展空间。照片分析作为补充,尤其是在家庭研究当中。视频展现作为一种研究方法,在我们进行的关于教育领域的研究中首次得到了系统发展,借助这些研究方法,我们才有可能就儿童的想象和表演力获得一定的认识。

在研究中,有关身体与运动、展现、表演、图像、媒体之间的关系引起了我们的兴趣。我们对不同的图像类型进行了区分:(1)作为教育、培养和学习的媒体的图像;(2)由仪式的、教育的和社会的实践以及通过学习机构产生的想象的心理图像;(3)身体图像;(4)作为待研究的教育、培养和学习过程的实际操作性知识的图像。

我们在开展关于手势和仪式的表演性研究时,提出了这样的问题:在图像的特点不被语言交互所掩盖的情况下,图像的和语言的材料之间具有怎样的关系呢?通过"街舞""霹雳舞""照片在线交流"的研究,身体与运动、图像媒体和语言之间的关系问题逐渐显现出来,这一问题自从"图像转变"(iconic turn)以来就成为图像科学和文化科学的讨论焦点。很多问题都显现出来,它们对视觉人类学的方法都产生了一定影响。潘诺夫斯基(Panofsky)试图提出图像学(Ikonologie),他放弃了他的解释系统中图像的特点,而不再解决那些悬而未决的问题。伊姆达尔(Imdahl)努力借助于"图像"来对抗字词,似乎这种方式是正确的。还有贝尔廷(Hans Belting)关于图像人类学的思考以及我和齐法斯(Zirfas,2005)提出来的表演的图像学,在语言描述上,它们都不局限于图像的图形特点这层含义。视觉人类学的一个最新发展维度是由胡鲍夫(Hüppauf)和我提出的关于图像与想象的研究,其中涉及想象的表现力、由想象产生的图像的表演力、想象与身体和语言的关系等问题,它们对于视觉人类学研究的意义有待进一步考察。

通过关于一所柏林市内小学中仪式应用这项细致的民族志个案研究,我想表明仪式在儿童教育中扮演着各种角色,从而希望引发大家对于文化适应、社会化和教育的关注,因为这些方面有时很少受到家长和教师的关注。而且,通过本项关于仪式的表现与展演的民族志的研究,希望对以上领域内仪式的国际交流提出一些新的视角。这项研究也是一项历史文化人类学的研究,从中我们特别注意到了现代工业社会中仪式和仪式化的历史变迁,随着社会的不断分化,仪式和仪式行为发生的范围也在不断扩大,仪式和仪式行为的可见性不断加强,而它们不可见的特点在逐渐缩小。我们应该以一种历史的文化的视角来看待仪式现象,对仪式的动态变化加以特殊关注。从这一观点出发,通过对于仪式的研究,我们可以对地方性文化以及对当代的文化和社会的发展加以理解。[82]

以上我所介绍的关于历史文化人类学的研究范畴包括人文科学与社会科学的研究,无论从内容上、概念上还是方法上,它们彼此都是紧密相关的。在题目为"逻辑与激情"的研究中涉及了身体、感觉、灵魂、神圣、美、时间、沉默等主题,它们是利用当今视角通过跨学科合作、国际合作等方式对欧洲文化进行研究的核心领域。沿着相同的思路,我们开展了关于《论人》一书的研究与创作,这一研究涵盖了人类学维度的数百个重要概念,涉及了人类与世界、与他人、与自身的关系的探讨。这项研究显示了文化财富的产生、转变以及向下一代传承的过程中模仿的重要意义。例如,游戏、仪式和手势中就体现了模仿行为在社会中扮演的重要角色,以及模仿对于文化学习和实践性知识获得的重要意义。根据这些有关模仿、游戏、仪式和手势的历史的和理论的前期研究,我展开了"柏林仪式研究"的项目,主要进行了关于仪式在家庭、学校、同辈和媒体几个领域中作用的实证研究。本研究清楚地展现了仪式和仪式化的重要性,它们不仅可以被看作文本,还可以被看作表现和展演、看作表演行为,对于社会的理解也具有重要贡献。这是一种大的综合,包括历史的和文化的解释、哲学的建构与反思以及质的民族志研究,这种结合为人类学的研究开创了新的可能。

在本研究的第二部分,我将研究的重点集中在一些历史文化人类学的主题范围上面,从人类学研究的突出特点来看,这些主题不一定很重要,但很具有代表性,其中我提出了一些对于历史文化研究而言重要的观点和批判性意见。这些主题都包括在"人类的身体"这一概念之中，因为身体是历史文化人类学的中心，而在这个物质基础之上，模仿学习才有可能发生。人类学研究以身体为核心，使得身体表现即身体行为的表演性成为研究的内容。我们在"柏林仪式研究"中对这一复杂问题进行了实证研究，而且随之证明了，仪式和仪式化即便在"现代"社会中也是非常重要的。为了在历史文化人类学的视角下对人类社会的个体性和集体性加以探讨，我将语言和想象放到它们各自的文化中，对它们的产生、流传和转变进行了研究，从而得出人类身体是人类学研究的中心这个结论。最终，我准备对出生和死亡是人类个体和集体的自我安排之核心这一问题进行研究，最重要的是，我重新将出生列为文化和社会研究的重要主题。

注　释：

[1] Christoph Wulf & Dietmar Kamper(eds.) , *Logik und Leidenschaft. Erträge historischer Anthropologie* , Berlin：Reimer , 2002.

[2] Christoph Wulf(ed.) , *Vom Menschen. Handbuch Historische Anthropologie (On Human Beings. Handbook of Historical Anthropology)* , Weinheim , Basel：Beltz , 1997；法语版：*Traité d' anthropologie historique. Philosophies , histoires , cultures* , Paris：L' Harmattan , 2002；意大利语版：*Cosmo , Corpo , cultura. Enciclopedia antropologica* , Milano：Bruno Mondadori , 2002.

[3] *Paragrana. Internationale Zeitschrift für Historische Anthropologie.* 这部期刊的议题包括关于以下主题的文章，在这些主题中历史人类学的认识论基础得到进一步发展：1(2009)：*The Body in India*；2(2008)：*Das menschliche Leben*；1(2008)：*Medien-Körper-Imagination*；2 (2007) *Klanganthropologie*；1 (2007)：*Muße*；2 (2006)：*Sprachen ästhetischer Erfahrung*；1 (2006)：*Performanz des Rechts*；2 (2005)：*Körpermaschinen-Maschinenkörper*；1 (2005)：*Historische Anthropologie der Sprache*；2(2004)：*Rausch , Sucht , Ekstase*；1(2004)：*Praktiken des Performativen*；1/2 (2003)：*Rituelle Welten*；2 (2002)：*Kants Anthropologie*；1 (2002)：*[(v) er] SPIEL[en]*；2(2001)：*Horizontverschiebung-Umzug ins Offene?*；1(2001)：*Theorien des Performativen*；2(2000)：*Inszenierungen des Erinnerns*；1(2000)：*Metaphern des Unmöglichen*；2 (1999)：*Idiosynkrasien*；1 (1999)：*Askese*；2 (1998)：*Jenseits*；1 (1998)：*Kulturen des Performativen*；2(1997)：*Der Mann*；1(1997)：*Selbstfremdheit*；2(1996)：*Leben als Arbeit?*；1(1996)：*Die Elemente in der Kunst*；2(1995)：*Mimesis-Poiesis-Autopoiesis*；1(1995)：*Aisthesis*；2(1994)：*Europa. Raumschiff oder Zeitenfloß*；1(1994)：*Does culture matter?*；1/2

(1993) : *Das Ohr als Erkenntnisorgan* ; 1 (1992) : *Miniatur*。

［4］参见本书第六章。

［5］参见 Gert Mattenklott, *Der übersinnliche Leib*, Reinbek : Rowohlt, 1982。

［6］参见 Rudolf zur Lippe, *Am eigenen Leibe. Zur Ökonomie des Lebens*, Frankfurt/M. : Syndikat, 1978。

［7］参见 Dieter Lenzen, *Krankheit als Erfindung. Medizinische Eingriffe in die Kultur*, Frankfurt/M. : Suhrkamp, 1991。

［8］参见 Kamper & Wulf, *Transfigurationen des Körpers*, op.cit。

［9］参见 Lüth & Wulf, op.cit., and *Leben als Arbeit?*, *Paragrana* 5/2 (1996)。

［10］参见 Bilstein, Miller-Kipp & Wulf, *Transformationen der Zeit*, op.cit。

［11］参见 Peter Köpping, Bettina Papenburg & Christoph Wulf (eds.) , *Körpermaschinen-Maschinenkörper*, *Mediale Transformationen*, (= *Paragrana* 14/2, 2005)。

［12］参见 Christoph Wulf (ed.) , *Lust und Liebe. Wandlungen der Sexualität*, Munich : Piper, 1985。

［13］参见 *Paragrana* 4/1 (1995) , *Aisthesis*, *Paragrana* 4/2 (1995) , *Mimesis*, *Poiesis*, *Autopoiesis* ; Mollenhauer & Wulf, op.cit. ; Schäfer & Wulf, op.cit。

［14］参见 Wulf, *Lust und Liebe*, op.cit。

［15］参见 Michael Serres, *Les cinq sens*, Paris : Grasset, 1985 ; Robert Jütte, *A History of the Senses*, *From Antiquity to Cyberspace*, Cambridge : Polity Press, 2005。

［16］Erwin Straus, *Vom Sinn der Sinne. Ein Beitrag zur Grundlegung der Psychologie*, Berlin : Springer, 1935, p.272 ; 参见 Erwin Straus, *The Primary World of Senses : A Vindication of Sensory Experience*, New York : Free Press of Glencoe, 1963。

［17］Johann Gottfried Herder, "Über den Ursprung der Sprache", in *Herder und die Anthropologie der Aufklärung*, Munich : Hanser, 1987, pp.251-399 ; 参见 Johann Gottfried Herder, *On the Origin of Language*, Chicago : University of Chicago Press, 1986。

［18］Maurice Merleau-Ponty, *The Essential Writings of Merleau-Ponty*, New York : Harcourt, Brace & World, 1969 ; Maurice Merleau-Ponty, *Phenomenology of Perception*, London, New York : Routledge, 1994.

［19］David C. Lindberg, *Studies in the History of Medieval Optics*, London : Variorum Reprints, 1983 ; 参见 Jean Starobinski, *The Living Eye*, Cambridge : Harvard University Press, 1989。

［20］参见 Michel Foucault, *Discipline and Punish. The Birth of the Prison*, New York : Vintage Books, 1995 ; Michel Foucault, *The Birth of the Clinic. An Archaeology of Medical Perception*, New York : Vintage Books, 1994。

［21］参见 Sigmund Freud, *The Uncanny*, New York : Penguin Books, 2003。

［22］参见 Georges Bataille, *Story of the Eye*, New York : Urizen Books, 1977 ; Georges Bataille, *Erotism*, *Death and Sensuality*, San Francisco : City Lights Books, 1986。

[23]"当某个事物获得一个形式时,它立即变成一个新的事物。如果我们想对自然有一种活生生的看法,我们自己就必须像大自然一样敏捷灵活,并遵循大自然所给出的榜样。"Johann Wolfgang von Goethe, "Morphologie", in *Scientific Studies* Douglas Miller (ed.), (trans.), New York: Suhrkamp Publishers, 1988.

[24]参见 Gert Mattenklott, "Das gefräßige Auge", in *Die Wiederkehr des Körpers*, Dietmar Kampe & Christoph Wulf(eds.), Frankfurt/M.: Suhrkamp, 1982, pp.224-240。

[25]参见 *Das Ohr als Erkenntnisorgan*, *Paragrana* 2/1-2(1993)。

[26]参见 Eric A.Havelock, *Origins of Western Literacy*, Toronto: Ontario Institute for Studies in Education, 1976; Eric A.Havelock, *The Literate Revolution in Greece and its Cultural Consequences*, Princeton: Princeton University Press, 1982; Jack Goody, *The Logic of Writing and the Organisation of Society*, Cambridge, New York: Cambridge University Press, 1986; Jack Goody, *The Interface between the Written and the Oral*, Cambridge, New York: Cambridge University Press, 1987; Walter J.Ong, *Rhetoric, Romance, and Technology. Studies in the Interaction of Expression and Culture*, Ithaca, London: Cornell University Press, 1971; Walter J.Ong, *Orality and Literacy. The Technologizing of the Word*, London, New York: Routledge, 2002。

[27]参见 Gunter Gebauer, "Hand", in *Vom Menschen*, Christoph Wulf(ed.), op.cit., pp.479-488。

[28]参见 Gert Mattenklott, "Mund", in *Vom Menschen*, Christoph Wulf(ed.), op.cit., pp.471-478。

[29]参见 Alain Corbin, *Historien du sensible. Entretiens avec Gilles Heuré*, Paris: Découverte, 2000; Gert Mattenklott, "Nase", in *Vom Menschen*, Christoph Wulf(ed.), op.cit., pp.464-470; Jürgen Raab, *Soziologie des Geruchs. Über die soziale Konstruktion olfaktorischer Wahrnehmung*, Konstanz: Konstanzer Universitätsverlag, 2001。

[30]参见 Madalina Diaconu, *Tasten, Riechen, Schmecken. Eine Ästhetik der anästhesierten Sinne* Würzburg: Könighausen und Neumann, 2005; Constance Classen, David Howes & Anthony Synnott(eds.), *Aroma. The Cultural History of Smell*, London, New York: Routledge, 1994; Constance Classen, *The Color of Angels: Cosmology, Gender and the Ästhetic Imagination*, London, New York: Routledge, 1998; Michael Bull & Les Back(eds.), *The Auditory Culture Reader*, Oxford, New York: Berg, 2003; Constance Classen(ed.), *The Book of Touch*, Oxford, New York: Berg, 2005; Jim Drobnick(ed.), *The Smell Culture Reader*, Oxford, New York: Berg, 2006。

[31]参见 Kamper & Wulf, *Die erloschene Seele*, op.cit.; 参见 Wulf & Kamper, *Logik und Leidenschaft*, op.cit., in particular Ch.II。

[32]参见 Gerd Jüttemann, Michael Sonntag & Christoph Wulf(eds.), *Die Seele. Ihre Geschichte im Abendland*, Göttingen: Vandenhoeck & Ruprecht, 2005。

[33]参见 Sonntag, *Die Seele als Politikum*, op.cit.; Michael Sonntag, "Die Seele und das Wissen vom Lebenden. Zur Entstehung der Biologie im 19. Jahrhundert", in *Die Seele*,

Jüttemann，Sonntag & Wulf，op.cit.，pp.293−318。

［34］参见 Michel Serres，*Hermes-Literature*，*Science*，*Philosophy*，Baltimore：Johns Hopkins University Press，1982；Michel Serres，*Hominescence* ，Paris：Pommier，2001。

［35］参见 Michael Sonntag，*Das Verborgene des Herzens.Zur Geschichte der Individualität*，Reinbek：Rowohlt，1999。

［36］参 见 Anne Hohner，Ronald Kurt & Jo Reichertz（eds.），*Diesseitsreligion. Zur Deutung der Bedeutung moderner Kultur*，Konstanz：Konstanzer Universitätsverlag，1999；Thomas Luckmann，*The Invisible Religion. The Problem of Religion in Modern Society*，New York：Macmillan，1967；Michael Mitterauer，*The European Family. Patriarchy to Partnership from the Middle Ages to the Present*，Chicago：University of Chicago Press，1982；Niklas Luhmann，*Religious Dogmatics and the Evolution of Societies*，New York：E.Mellen Press，1984；Hans-Georg Söffner，*The Order of Rituals.The Interpretation of Everyday Life*，New Brunswick：Transaction Publishers，1997；Alois Hahn，*Konstruktionen des Selbst，der Welt und der Geschichte.Aufsätze zur Kultursoziologie*，Frankfurt/M.：Suhrkamp，2000；Jacques Derrida & Gianni Vattimo（eds.），*Die Religion*，Frankfurt/M：Suhrkamp，2001；Wulf，Macha & Liebau，*Formen des Religiösen*，op.cit。

［37］Carsten Colpe，"Die wissenschaftliche Beschäftigung mit‘Dem Heiligen’und‘Das Heilige’heute"，in *Logik und Leidenschaft*，Wulf & Kampered（eds.），op.cit.，p.429.

［38］参见 Dietmar Kamper & Christoph Wulf（eds.），*Das Heilige.Seine Spur in der Moderne*，Frankfurt/M.：Athenäum，2.ed.1997；Wulf & Kamper，*Logik und Leidenschaft*，op.cit.，especially Ch.III。

［39］Hans Belting，*Likeness and Presence*：*History of the Image Before the Era of Art*，Chicago：Chicago University Press，1997.

［40］参见 Dietmar Kamper & Christoph Wulf（eds.），*Der Schein des Schönen*，Göttingen：Steidl，1988；Wulf & Kamper，*Logik und Leidenschaft*，op.cit.，in particular Ch.IV；"Aisthesis"，in *Paragrana.Internationale Zeitschrift für Historische Anthropologie*，4/1（1995）；Mollenhauer & Wulf，*Aisthesis/Ästhetik*，op.cit。

［41］参 见 Niklas Luhmann，*Love as Passion. The Codification of Intimacy*.Stanford：Stanford University Press，1998。

［42］Dietmar Kamper & Christoph Wulf（eds.），*Das Schicksal der Liebe*，Weinheim：Quadriga，1988；Wulf & Kamper，*Logik und Leidenschaft*，op.cit.，especially Ch.IV。

［43］*The Confessions of St.Augustine*，Book 11，p.397.

［44］参见 Dietmar Kamper & Christoph Wulf（eds.），*Die sterbende Zeit.20 Diagnosen*，Darmstadt：Luchterhand，1987；Wulf & Kamper，*Logik und Leidenschaft*，op.cit.，in particular Ch.V；Koselleck，*Futures Past*，op.cit.；Martin Heidegger，*Basic Writings.From Being and Time*（1927）*to The Task of Thinking*（1964），San Francisco：Harper，1993；Ilya Prigogine，*The Molecular Theory of Solutions*，New York：Interscience Publishers，1957；Paul Virilio，*Speed and*

Politics. An Essay on Dromology, New York：Columbia University Press, 1986；Rudolf Wendorff, *Zeit und Kultur. Geschichte des Zeitbewusstseins in Europa*, Opladen：Leske und Budrich, 1980；Norbert Elias, *Über die Zeit. Arbeiten zur Wissenssoziologie. 2 vols*, Frankfurt/M.：Suhrkamp, 1984；Bastian van Fraassen, *An Introduction to the Philosophy of Time and Space*, New York：Columbia University Press, 1985；Hans Blumenberg, *The Legitimacy of the Modern Age*, Cambridge：MIT Press, 1983；Philippe Ariès, *Le temps de l' histoire*, Paris：Éditions du Seuil, 1986；Gilles Deleuze, *Cinema*, Minneapolis：University of Minnesota Press, 1989；Gilles Deleuze, *L' image-temps*, Paris：Éditions de Minuit, 1985；Friedrich Kramer, *Der Zeitbaum. Grundlagen einer allgemeinen Zeittheorie*, Frankfurt/M.：Insel, 1993；Wolfgang Kämpfer, *Die Zeit des Menschen. Das Doppelspiel der Zeit im Spektrum der menschlichen Erfahrung*, Frankfurt/M.：Insel, 1994；Bilstein, Miller-Kipp & Wulf, *Transformationen der Zeit*, op. cit.

［45］Kamper, Dietmar/Wulf, Christoph（eds.）, *Schweigen. Unterbrechung und Grenze der menschlichen Wirklichkeit*, Berlin：Reimer, 1992；参见 Wulf & Kamper, *Logik und Leidenschaft*, op. cit., in particular, Ch. V。

［46］参见 Christian L. Hart Nibbrig, *Rhetorik des Schweigens. Versuch über den Schatten literarischer Rede*, Frankfurt/M.：Suhrkamp, 1981。

［47］Wulf, *Vom Menschen*, op. cit.

［48］参见 Hartmut Böhme, Peter Matussek & Lothar Müller, *Orientierung Kulturwissenschaft. Was sie kann, was sie will*, Reinbek：Rowohlt, 2. ed. 2002, p. 104；参见 Friedrich Kittler, *Eine Kulturgeschichte der Kulturwissenschaft*, Munich：Wilhelm Fink, 2000。

［49］参见 Wulf, *Vom Menschen*, op. cit。

［50］参见 Christoph Wulf & Christine Merkel（eds.）, *Globalisierung als Herausforderung der Erziehung. Theorien, Grundlagen, Fallstudien*, Münster, New York：Waxmann, 2002；Christoph Wulf, *Anthropologie kultureller Vielfalt*, Bielefeld：transcript, 2006。

［51］参见 Emmanuel Lévinas, *Entre nous, essais sur le penser à l' autre*, Paris：Bernard Grasset, 1991；Emmanuel Lévinas, *Outside the Subject*, Stanford：Stanford University Press, 1994；Emmanuel Lévinas, *Time and the Other and Additional Essays*, Pittsburgh：Duquesne University Press, 1987；Zirfas, *Die Lehre der Ethik*, op. cit。

［52］参见 Liebau & Wulf, *Generation*, op. cit。

［53］参见 UNESCO, *Education for All. Is the World on Track?* Paris：UNESCO, 2002；UNESCO, *Gender and Education for All. The Leap to Equality*, Paris：UNESCO, 2003。

［54］参见 Gunter Gebauer & Christoph Wulf, *Mimesis. Culture-Art-Society*, Berkeley, Los Angeles：California University Press, 1995。

［55］参见 Horkheimer & Adorno, *Dialectic of Enlightenment*, op. cit。

［56］参见 Jacques Derrida, *La Dissémination*, Paris：Editions du Seuil, 1972；Jacques Derrida, " Economimésis ", in *Mimésis des articulations*, Sylviane Agacinski（ed.）, Paris：Aubier-Flammarion, 1975, pp. 55-93。

［57］René Girard, *Violence and the Sacred*, Baltimore: Johns Hopkins University Press, 1977; René Girard, *The Scapegoat*, Baltimore: Johns Hopkins University Press, 1986.

［58］René Girard, *Violence and the Sacred*, Baltimore: Johns Hopkins University Press, 1977; René Girard, *The Scapegoat*, Baltimore: Johns Hopkins University Press, 1986.

［59］参见 Christoph Wulf et al., *Das Soziale als Ritual*, Opladen: Leske + Budrich, 2001; Christoph Wulf et al., *Bildung im Ritual*, Wiesbaden: VS Verlag für Sozialwissenschaften, 2004; Christoph Wulf et al., *Lernkulturen im Umbruch*, Wiesbaden: VS Verlag für Sozialwissenschaften, 2007。

［60］参见 Kathrin Audehm, *Erziehung bei Tisch*, Bielefeld: transcript, 2007.

［61］Christoph Wulf, "Praxis", in *Theorizing Rituals: Issues, Topics, Approaches, Concept*, Jens Keinath, Jan Snoek & Michael Strausberg(eds.), Leiden: Brill, 2006, pp.395−411。

［62］参见 Christoph Wulf, Michael Göhlich & Jörg Zirfas(eds.), *Grundlagen des Performativen. Eine Einführung in die Zusammenhänge von Sprache, Macht und Handeln*, Weinheim, Basel: Juventa, 2001; Christoph Wulf & Jörg Zirfas(eds.), *Pädagogik des Performativen*, Weinheim, Basel: Beltz, 2007。

［63］Wulf, *Educational Science*, op.cit.

［64］Clifford Geertz, *The Interpretation of Cultures. Selected Essays*, New York: Basic Books, 1973.

［65］参见 Eberhard Berg & Martin Fuchs, *Kultur, soziale Praxis, Text. Die Krise der ethnographischen Repräsentation*, Frankfurt/M.: Suhrkamp, 1993。

［66］参见 Shoko Suzuki & Christoph Wulf(eds.), *Mimesis, Poiesis, Performativity in Education*, Münster et al.: Waxmann, 2007。

［67］参见 Wulf, *Praxis*, op.cit。

［68］参见 Bernd Huppauf & Christoph Wulf(eds.), *Dynamics and Performativity of Imagination: The Image between the Visible and the Invisible*, New York: Routledge, 2009; 参见 Yaso Imai & Christoph Wulf (eds.), *Concepts of Aesthetic Education*, Münster et al.: Waxmann, 2007。

［69］Suzuki & Wulf, *Mimesis, Poiesis, Performativity in Education*, op.cit.

［70］参见 Christoph Wulf, *Anthropologie kultureller Vielfalt. Interkulturelle Bildung in Zeiten der Globalisierung*, Bielefeld: transcript, 2006。

［71］译者注：北非的一种蒸粗麦粉食物。

［72］参见 Ralf Bohnsack, *Rekonstruktive Sozialforschung. Einführung in qualitative Methoden*, Opladen: Leske und Budrich, 2003。

［73］参见 Ulrich Oevermann, "Die Methode der Fallrekonstruktion in der Grundlagenforschung sowie der klinischen und pädagogischen Praxis", in *Die Fallrekonstruktion*, Klaus Kraimer(ed.), Frankfurt/M.: Suhrkamp, 2000, pp.58−156。

［74］参见 Fritz Schütze, "Biographieforschung und narratives Interview", in *Neue Praxis*

3(1983),pp.283-293。

[75]参见 Thomas S.Eberle,"Ethnomethodologische Konversationsanalyse",in *Sozialwissenschaftliche Hermeneutik*,Ronald Hitzler & Anne Honer(eds.),Opladen:Leske und Budrich,1997,pp.245-280。

[76]参见 Heinz-Hermann Krüger & Winfried Marotzki(eds.),*Handbuch erziehungswissenschaftliche Biographieforschung*,Opladen:Leske und Budrich,1998。

[77]参见 Berg & Fuchs,*Kultur*,*Soziale Praxis*,*Text*,op. cit.;Jürgen Zinnecker,"Pädagogische Ethnographie",in *Zeitschrift für Erziehungswissenschaft* 3/3(2000),pp.381-400。

[78]参见 Christoph Wulf & Jörg Zirfas(eds.),*Ikonologie des Performativen*,Munich:Beck,2005;Huppauf & Wulf,*Dynamic and Performativity of Imagination*,op.cit。

[79]参见 Monika Wagner-Willi,"Videointerpretation als mehrdimensionale Mikroanalyse am Beispiel schulischer Alltagsszenen",in *Zeitschrift für quantitative Bildungs-*,*Beratungs-und Sozialforschung*,5/1(2004b),pp.49-66。

[80]Iris Nentwig-Gesemann,"Der Familienurlaub. Rituelle Praxis,Differenzbearbeitung und Lernprozesse",in *Lernkulturen im Umbruch.Rituelle Praktiken in Schule*,*Medien*,*Familie und Jugend*,Christoph Wulf(ed.),Wiesbaden:VS Verlag für Sozialwissenschaften,2007,pp.220-252;Ulrike Pilarczyk & Ulrike Mietzner,*Das reflektierte Bild. Die seriell-ikonografische Fotoanalyse in den Erziehungs-und Sozialwissenschaften*,Bad Heilbrunn:Klinkhardt,2005.

[81]Constanze Bausch & Stefan Sting,"Rituelle Medieninszenierungen in Peergroups",in *Das Soziale als Ritual.Zur performativen Bedeutung von Gemeinschaft*,Christoph Wulf(ed.),et al.,Opladen:Leske und Budrich,2001,pp.249-323;Constanze Bausch,*Verkörperte Medien. Die soziale Macht televisueller Inszenierungen*,Bielefeld:transcript,2006.

[82]在这项研究的基础上,我目前正与三个德、日国际小组合作,对德国圣诞节和日本新年庆祝活动中家庭幸福感的阶段和表现进行民族志研究,并对日本和德国小学生的幸福观进行了研究。在这项工作过程中,我们遇到了比较人类学研究中一些非常有趣的方法论问题,由于这三个小组都由德国和日本的研究人员组成,这些问题变得更加复杂。这意味着,在每个团队中,相同的社会和文化现象的感知和解释是不同的。由此产生的研究方法的问题非常有趣和复杂。这项工作的初步结果将由京都大学的铃木昭子(Shoko Suzuki)和我本人在 2010 年发表。

下　编

历史文化人类学研究的主题领域

第六章　身体作为一种挑战

在规范人类学渐渐退出历史舞台之后,身体成为人类学研究的中心问题。主要问题集中在:人的身体作为一种中介存在,以不同的形式完成传输的功能。由此,便会形成各种方式的表达、展现和呈现。通过对历史和其他文化的关注,我们发现人的身体被进行了不同的认识、体验和解释。这种观点发展所涉及的范围是非常广泛的,而且清楚地说明了身体是如何将社会和文化与权力、经济和生命政治(Biopolitik)紧密联系在一起的。[1]

人类学目前所表现的研究模式包含了关于身体的不同观点。身体的概念在进化论的基础上及哲学人类学中得到了发展,而基于历史科学的人类学、文化人类学和历史文化人类学对于身体的看法是不一样的。因此,身体的历史和文化的个别性和差异性在其他三种模式中将会得到充分的重视。

第一节　人类学与身体的范式

进化过程以及人化进程[2]清晰地说明了人类身体的时间性和起源问题,同时也展现了身体与地球上生命历史的关系。人类身体是进化过程的必然产物,它完全可以追溯到地球生命的产生阶段,它是物质自我组织过程的结果。人类身体与其他已知的生命形式和种属有着共同的起源,并与其在不同的等级形式上具有同源性;人的身体不但是这些同源关系的结果,也是生命在进化过程中相互作用的结果。在身体的完善和发展中,生成了保持和变革的力量,其中,适应和具体化具有非常重要的意义。在身体进化中,基因重组和自然选择以及内外因素微妙的变化效应都发挥了重要作用。

两百万年前的脊椎动物和八十万年前的灵长类动物是人类身体基因形成的重要前提。在埃塞俄比亚的阿拉米斯发现的拉密达猿人遗迹被称作人科种群，距今约有四百五十万年。这种古人生活在热带雨林的边缘地区。人类身体的结构为人猿向前人的发展开启了进步之门，他们开始用两条腿向前运动，在这种影响下，其大脑的容量与现代人已经很相似。其肢体与人类相比只是在灵活程度上有所不同罢了。此时，这种前人还没有什么工具，只能用臼齿来撕咬食物。

随着前人自我的不断发展，渐渐进入到可以使用石制工具的工具文明时代，这时候，他们被称为原始人。原始人可以更加灵活地适应环境，并具有了比以前更大的独立性。他们摄取的食物也趋向杂食。在属于原始人的能人阶段，由于脑的发展，从而出现了语言的萌芽，而且也延长了雌性受孕的时间。这一发展促成了伴侣关系的形成，增进了社会交际，逐渐产生了基于性别的分工，而且后代的质量也得到了提高。在原始人阶段，文化在人类身体的发展与磨炼下也受到了很大影响。

在早期人类阶段(例如直立人)，经过大约两百万年的进化，人类大脑的容量有了很大增加。同时，人类用手抓取物品的精确性也有所发展，并开始产生了工具文化。这一进程使得人类获得食物的能力大大增加，而且降低了对环境的依赖性。狩猎和火的使用促进了性别的分工、交流的可能性以及部落集体的产生。手的解放以及脑的发展使得语言和文化有了进步的可能。这种发展的另一个结果就是带来了各种形式的迁徙活动。

正当欧洲出现源于晚期智人的尼安德特人时，非洲出现了现代智人"homo sapiens sapiens"，由此也促进了现代人身体的发展。虽然尼安德特人已经具有想象的能力，但是现代智人已经可以进行全方面的思考。现代智人拥有与身体重量相称的脑容量、一副只需少量能量就可以维系的骨骼和肌肉组织、较低的幼儿死亡率以及突出的文化能力。还有不断发展的工具技术，通过它人们可以更好地利用周围的环境。现代智人的身体是一个生态、基因、脑科学、社会和文化等众多因素相互作用的多维的形态发生的结果。

　　按照进化论观点，身体是逐渐发展而来的，在过去的几十年中，关于身体的研究出现了两个重点，即基因的"染色体身体"以及脑科学的"脑身体"，它们都是对身体某个部分的关注，而且两者都具有很开放的研究志趣。下面有必要对它们的人类学意义作简单的描述。

　　人类基因由四种基本的碱基组成：腺嘌呤、鸟嘌呤、胞嘧啶、胸腺嘧啶。人类基因的排列和组合构成了该研究的主体，DNA 碱基的排列顺序决定了人类身体和精神的特征和功能。如果真是这样的话，人类的"原配文"就可以破译了，这里面包含了人类所有生理和心理过程的基因信息。这种破译同样适合人类的可能性，越过这条界限而达到一种"自我的主体性"[3]，这一界限决定了人类以前的命运及不可支配的自然属性。人们希望将这一认识应用到医学诊断和疾病治疗当中。由于对基因的研究，很多可能都逐渐呈现出来，比如优生选择和培养的可能、减少人类仅仅作为遗传信息载体的可能以及有关基因的经济前景问题等，很多问题将成为人种学和政治学讨论的主题。欧盟已经开始就技术评估和生命伦理学的问题[4]做了一定工作，比如在欧洲范围内有关应用生物学协议、禁止克隆和制定基因研究权限等。

　　关于这些问题的讨论应该从自然和文化两方面考虑，即应该将基因工程的自然科学方面与社会内涵方面分离。这种分离的结果划定了基因分析在政治合法性和社会秩序间的机会与危险。[5]基因分析领域作为自然知识的基础研究，不应该涉及政治和人种方面的讨论。基因和改造技术领域则单独受控于政治关系。这种分离虽然可以平静公开地认识，实际上却不能够坚持到底，关于重新组合的生命知识的产生可以证明这一点，比如基因猴"安迪"（Andi）[6]，它含有附加的基因组，出于这个原因，其骨骼在黑暗中可以有荧光现象。与此同时，在韩国已经通过克隆技术培养了胎儿的基本细胞。这种倡议为探寻长远治疗的可能性开辟了道路，而对于反对者来说却是一条无法逾越的界限。[7]这种出于治疗目的对克隆人类胚胎干细胞的尝试，引来了很广泛的讨论，然而，在政治和科学领域要停止这种研究却显得尤为困难，因为这种研究将使得人类技术化。这种相互关系也提供了一种可能,即在人类生物学基础上进行操控,而且宗教、人种和政治思想与人的形成长期相伴,其有关想象是不可预见的。

与目前基因决定论所强调的问题不同,脑科学研究是这样认为的:"基因总是包含在一定环境当中,它源于环境,这样形成了基因信息的选择,并使得蛋白质的发展趋于组织化和协调化……这是一个自我组织的过程,其担负着基因组合并与周围环境的持续对话,从而形成更复杂的结构。"[8]大脑形成的过程表现为特别分散的组织化系统……在这一系统中,无数的信号组成部分单独地或者并行地发挥着作用。然而,所有的中枢产生密集的相互影响,这就是并行组织的系统,这种图像生成了一个相互联系的认知世界,以共同实现相应的目标。[9]

脑的发展以出生后已经成形的意义为基础,这是一个质的飞跃,被描述为一种自组织过程。这种自组织过程——在环境和基因间交换信号——将瞬时取决于相关的行为模型,并由环境共同塑造。神经细胞从出生时就已基本长成,但是脑的各部分并没有完全联系在一起,这首先适用于大脑皮层。许多联结被建立起来,但短时间后很大一部分联结又重新断开。这是一种神经联结的改造活动,差不多只有三分之一的细胞得以联结。这就意味着,大脑皮层功能结构的建立在意义信号范围内受到经验的影响。[10]这也说明了,视觉经验必须在婴儿的开始阶段就得到锻炼,而对于视力障碍的孩子来说,如果在这一阶段没有获得这方面的经验,那么以后也不可能再获得了。同样,第一种语言的学习也必须通过大脑一定的控制区来完成。

更高级认知能力的发展也是大脑皮层进化的结果,这是一个只有两毫米厚的褶皱的堆叠结构,在每一立方毫米内具有大约四万个神经细胞,其中每一个细胞又具有差不多两万个联结,并可以收到很多信息。令人惊奇的是,这种结构在脑内部组织发展过程中并不发生什么改变,鼠的大脑皮层结构和人的大脑皮层结构没有什么区别。这种影响作用于对这一过程的评测,在这一进程中,将会产生新的功能。与技术系统不同,在脑中硬件与软件之间没有分离。在脑中,程序功能的执行是通过神经细胞的联结模型来确定的。网状结构就是程序。大脑工作的算法在脑的进化过程中没有什么改变,只是区域在不断扩大。这说明:首先,大脑皮层的工作机能具有普遍的自然特性;其次,正是这种重复,原则上在相同的过程中才可能产生新的、性质不同的功能。[11]

有关大脑的研究是一项跨学科的研究活动,其特点是对未知的承认和坦白、是对认识的内在价值的解读,最终归结为勇气和方法,于此,脑研究并没有给出明确的研究目标。[12]脑研究可以从这种情形出发证明,并与脑所发展的一定的主体性相联系。首先有可能形成自我意识和通向外界的媒介,并造就需要的能力,建立其他脑状态的精神模型,也就是建立一个"心智的理论"。[13]这样设计的一套基础理论增加了人类学研究内容的复杂性,如果进行清楚的表述,就是在人的身体中存在这样一种机能:这是一次演变,是一次基因存储外界知识的演变,是对脑新获得的知识的实验,是早期经验的获得,是结构变化的表现,最终都是通过基因的联系来区别,通过学习获得知识,这可以从已经建立联结的效率的功能变化中看出。[14]

脑是一个积极主动的系统,它构建假设并探求问题的解决。[15]当没有外界刺激时,便会产生一个稳定的高复杂性的震动刺激模型。我们可以把大脑看作一个分布有序、高度动态的系统,它自己组织起来,而不是把它的功能交给一个评价和决策的中心单位。作为各个部分相互合作的组织,可以完成联结上的拓扑关系以及行为模型上的时间结构,这种联系不仅是关于一致性的自动联结,也表现为时间一致上的释放模型,其内容不仅是清晰的高度专一化的神经元,而且表现为动态的联合性的总体,最终在原有知识的基础上形成关于周围环境的假设,是一种主动性,而不是单独对外界刺激的反应。应该如何理解这种新观点呢?在这一观点的支持下,我们的大脑才可以得到评定,这种观点同时呈现了一种建构性的姿态。[16]

关于脑的构想在不同方面有很大差异[17],人类身体会导致脑的复杂性降低,脑研究还不能成功避免这一点。这种降低表现在比如心理和精神质量的问题,或者社会主体与社会之间联系的问题。如同研究的每一个领域一样,知识的任何增长都会引发新的问题,并揭示出一些不确定的领域,而这些领域有时会被淹没在研究的欣喜和追求研究的公共性之中。

在进化与人化以及关于基因和脑的研究中,研究者都关注人类身体的普遍知识,哲学人类学便提出了这样的问题,身体的一定特性与动物之间的区别,即对其他灵长类动物身体的研究以及掌握人类自我理解的意义。[18]普莱斯纳和舍勒描画了一个生命的层级结构。与植物不同,人和动物的身体有一个中心,从而在一定的空间中活动。这种中心位置为人类和动物提供了一种可能,使之与外物所组成的环境相对比并本能地产生行为。与动物不同,人类相信身体,并可以与之产生距离,以获得存在的位置感。关于这一点存在三个条件:人的身体首先以一种身体拥有的方式获得确定,通过身体,人获得与外界事物的经验;然后,通过一种身体存在的方式来表现其特征,借助这种存在对精神和内心世界进行体验;最后,身体可以为人类提供一个想象的视角来审视外界和他自身,使他可以感知内外世界的两种模式,并赋予它们之间的联系以意义。恰恰由于人类身体的这种结构,世界可以被感知为外部世界、内部世界和中间世界。

与上述观点不同,盖伦指出了人类身体的缺陷,他坚持认为人类是作为"更高力量的残缺",从而主张人类需要通过行为的帮助来获得不断完善。在他看来,首先是幼态延续(Neotenie)或者说是宫外年(extrauterine Frühjahr),本能的减少、内驱力过剩、摆脱和对世界的开放性都构成了人类身体的特点。与幼态延续有关的课题研究或者说关于宫外年的研究,都是关于人类胚胎的研究。早产以及身体发展延缓都可认为是孩提阶段的延长或少年时期的保留。剩余本能和过度驱动作为身体的标记还是占有一定位置的。刺激与反应之间的空隙为学习的发生以及身体对生活氛围的适应提供了可能。幼态延续及本能减少为人类行为的多样性提供了可能。由此也促进了纪律性和教化过程的进行,在这一过程中,仪式和教育发挥了重要作用。摆脱的辅助作用将认知和运动有效地结合起来。行为经过不断地锻炼,变成了自动的没有反射的命令式结果,从而产生了习惯,生成了连贯性,并为活动的自由发生创造了能量。动物的身体是适应特定环境的,有专门的器官来处理这些环境,而人类的身体"有自己的世界",也就是说,它有非专门的器官,可以适应非常不同的条件。

在讨论上述问题时,人类学身体的概念与人类身体的一般条件和基因学的观点是有所区别的。在人类学的理解中,人的身体的历史性和文化性处于中心位置,它将人的身体看作历史文化过程的产物。与之相关的不同还表现在行为方式和由此产生的结果上。

历史人类学作为历史科学的分支学科将人的身体与时代变迁的关系作为研究主题。[19]该领域的研究包括探究在一定历史时期中集体所持的态度是如何引发一定的身体感受和体验的。这种感受、思考以及所有记忆的历史性特点是显而易见的。与中世纪相比,今天关于时间的理解是不同的,表现在今天世界时间和个体时间之间的矛盾分歧以及时间的加速问题尤为突出。关于时间的解释同样也可以迁移到对空间的经验上。大部分不同的或是相互矛盾的时间、空间的解释同时决定着现代人的生活。基本情况和根本经验的历史性,以及关于死亡、爱和工作态度的历史特点将会更加清晰。主体性作为历史文化过程的结果得以呈现,表现为调整、疏远和纪律化。性别、出生、童年、少年、成年、营养、服饰揭开了它们的历史性特点并清楚地表明,人类身体只是以历史具体化的形式出现的,人们可以由此展开有关其历史特点的研究,以获得其各自的特殊性。

对身体进行历史的研究采用历时性的观点,更加关注其历史特殊性;而文化人类学关于身体的研究提出了一种共时的观点。[20]人类身体的历史性所适合的方面同样适合文化性。文化发展的异质性造成了身体以不同的文化表征出现,这就不可避免地形成了身体文化特征的多样性和丰富性。只有通过独特和已知之间选择的减少,表现才可以发生,此时文化差异性才可以在不减少复杂性的情况下得到克服。详细的分析表明,随着这种减少,文化人类学关于身体的观点失去了其特殊性,这直接体现在身体的差异和选择中。身体作为文化差异的观点与研究的前提条件和对基本的文化参照系统间变换关系的关注息息相关,并由此引出了关于选择性的认识。对文化差异性的研究增加了有关人类身体的知识的复杂性。在南、北欧间相似的文化之间,这种有关身体和身体性的差异性也有明显增加的趋势,并影响着人类共同生活的各个方面。

历史文化人类学的研究目的在于认识、调查和评价身体在环境中所发生的历史性变化。所以身体的图像和定义以及身体实践和意义的过程备受关注。诺博特·伊里亚思、米歇尔·福柯、马克斯·霍克海默（Max Horkheimer）、西奥多·阿多诺已经为此研究开拓了方法和步骤。这些基础的研究工作促进了目前我们对身体及其意义的认识。它还适用于评估时间加速、新媒体的普遍存在、计算机使用力度的加大在与身体的认识和交互中所产生的影响，以及社会抽象化和图像化增长在其中所扮演的角色。关于欧洲文明进程的改造问题，诺博特·伊里亚思指出，人类身体的理解将进一步规范化。这种控制将表现在饮食习惯、交往形式、感情生活上。在此过程中，羞愧和尴尬的感觉将不断加强，并将发挥重要作用。这将造成一种同身体分离的状态。现代人与他人、世界、自我之间的距离在不断加大，带来的结果是自我控制和自我约束，这将成为人们不断完善自我的法宝。内部世界的交往范围将不断扩大，这种范围包括支配、感觉、道德基础和评价标准。这种发展表现在实际行动和社会现实之中，并在此过程中生成模型和范本。身体的这种改造活动伴随着不断增长的控制和理性，是通过模仿的吸收过程完成的，这些模仿过程包括"练习、仿效等有规律的运动，以及对规章、命令、控制的遵守等"，从而慢慢地生成了现代人自行封闭的身体。

福柯的分析也沿着同样的方向，与伊里亚思不同的是，他更重视机构组织的控制、纪律的权力，在这一范围内，个体和社会存在一种交叉，其中身体的活动和主体的结构性扮演了重要角色。福柯证明，权力是皮肤下的身体政治，人们对它绝不仅仅是压制，而且要创造，作为个体的"生产"。正像人类进程所表现的那样：处罚的减轻、在惩罚过程中应用心理学、对案件及作案人的理解，这些都是比较细微的控制，开创了文明的新篇章。身体的控制、纪律化和标准化的目的存在于形体语言和行为当中。这种过程表现在监狱、军队、学校的日常秩序中，其中，身体的学习能力为"权力的微观实体"对身体的支配和身体政治化创造了条件。

霍克海默在《启蒙辩证法》中就已经指出这一点，而且阿多诺和弗洛伊德同样认为，理性的发展、启蒙和解放的过程必然会带来一定的牺牲。文明的历史是牺牲的历史。人类身体从自然中解放出来之后，便屈服于社会理性的威胁之下。正像我们认为的那样，身体由外部控制转为内部控制是一个得失并存的不可逆转的过程。受到第二次世界大战的影响，霍克海默和阿多诺更注重其中损失的一面，即神话中理性的面纱、死亡的跃动。还剩下什么呢？是各种表征，是物化的、死去的、被亵渎的身体的编码字符，正像作者所述，这是躯体不可逆转的改变。剩下的是一具尸体，正像身体将要变成的那样。最终的转变——死亡——是文明进程中最重要的因素和动力。想象的介入阻止了死亡成为文明的终极目标。

这种分析已经清楚地表明：身体承担着人类的历史和文化；在历史文化人类学中，身体将作为关于个体和集体文化考虑的基础所在。身体成为"我"的一个界限，在这种界限之间感受它那虚构的特点。身体化作表达、表现的中介；它的能量以文字和图像的形式对世界进行加工、展现与演示。某些观点与这一观点相似，即认为身体与表征、表演相关。或者认为身体是一种机器，或者作为有灵的、有生命的、动态的转化和超验过程。在人的身体中，外部世界转为内部世界，物质存于意识，内部融于外部，物质具有了表象化的力量。即便呈现的是集体的历史文化经验，每个人的身体仍然是唯一的。从思想史的角度来强调观点和经验的集体特征时，每个人的社会化和文化养成的过程也都是有所差别的。

随着人们对身体的历史和文化特性的关注，研究的兴趣集中在它们之间的意义和相互关系上。在文明的进程中，意义的生成和体会不断发生变化。随着控制、分歧、纪律化、抽象化以及含义的不断增加，经过媒体传输的图像已经改变了意义之间的关系。在意义背后，意义的气味、味道、感觉在个体范围的反压中变得越来越强，视觉变为时间的主导意义。直观性、透视性及透明性伴随着其对他人和集体的经验与听觉发生叠加。文学作品和新媒体带来了身体的感觉和体验。

在对身体的其他经验的体验中，灵魂和神圣性具有重要作用，尤其是其复杂性常常引出相应的科学。在精神、社会和文化科学中，这些概念建立在相关的条件之上，在欧洲文化中长时期地在结构上相适应并掩盖了它的想象,由此人的生命的纯粹的内在性便有所减少。就像美和爱一样,灵魂和神圣性不但与身体不可分割、与其相融,而且超验于身体。它们参照以前人类的经验,是对主体和个体性的违背,并向他者走去。

身体在文化人类学的角色重构过程包括三个不同的方面。一是研究著作方面,玛丽·道格拉斯(Mary Douglas)的两本书非常重要——《洁净与危险》(*Purity and Danger*)和《自然符号》(*Natural Symbol*)。[21]作者在第一本书中表明,基本规则在《圣经》的"利未记"(Book of Leviticus)中可以理解为以色列文化中重要概念的总和,而这种规则会在自然经验和社会经验之间生成一种关联,即身体可以被理解为社会系统的一种类似物。身体是自然符号系统的基础,这意味着:关于社会适应的研究受到身体功能的控制。然而,社会距离表现为生理性缘由的差异化。这种符号与社会经验之间的相关性仅仅适合一种社会环境的内部,它们具有相同的游戏空间。这里,身体可以被理解为一种生命力的敏感的载体和交流的机体。道格拉斯在她的第二本书中将身体定义为"表达的媒介"或者"表达的技艺"。对于她来说,生物的身体是社会的一个微观世界,"它处在核心力量的对立面,它的需求与社会压力的增加和变化直接相关"。另外,道格拉斯还对生物身体与社会身体、个体与社会进行了区分,并在更宽泛的领域对它们的差异进行了定义。[22]这种区分是一种分析上的区分,实际上在出生之前,身体的社会和文化结构就已经形成了。所以由此来看,自由的身体原则上是不存在的。那么,该如何定义人类的身体呢? 这一问题也引发了关于人类与动物、机器、神灵之间的相同与不同的激烈讨论。[23]

在第二方面研究中,分析的主题是身体和它的社会形式。其中尤为重要的是福柯的研究,他指出,医院和监狱、兵营和学校都可以形成身体的自律,性行为是自我照顾的一种策略。[24]这种分析挖掘了身体的历史特点,并且表明身体是如何成为社会制度和力量关系的一种产物的。布迪厄的社会研究也清楚地表明了这一点。他的一些定义,比如"惯习""实践意义""领域""社会空间"也证明了身体学说的意义。[25]布迪厄认为,惯习是养成的,受到身体的基本样本的限制,形成相应的同源模式和实践方式,同样,也允许相悖的或者创造性的行为的发生。在《细微差异》(*Die feinen Unter-schiede*)一书中,布迪厄说明了包含身体性和感觉性的品位与格调是如何通过外部特征确定并作为社会差异的特征来发挥作用的,据此社会活动家才形成了一定的风格,他们也因此具有了阶级或阶层性。[26]对于社会规则的归并、实践感觉的前意识策略的发展以及品味、风格、外形特征的发展,表演性和仪式性的过程发挥了重要作用。朱迪斯·巴特勒发现了这一点,并且就仪式性和表演性过程对于性别确认形成的意义进行了深入研究。[27]

第三方面研究将重点放在了身体的核心意义的探究上,首先是开展了文化人类学的研究。其中的一些研究包括对文化与身体自身以及身体表现之间关系的新思考。[28]一些文章探讨了在身体表现的过程中主体和主体间经验是如何产生的,在这个过程中,个体得到了构建。[29]这些研究的核心问题是身体是人类生命存在的条件,在此基础上,不同形式的身体表现才得以产生。[30]文化是实践的产物,它催生了民族志的文本,而民族志文本构成了对文化理解的解释。"身体作为文本""身体的文化印记""阅读身体"都是关于这种认识的重要比喻。文化的身体表现可以理解为符号的一个汇总,简单来看,它可以像文本一样阅读。梅洛-庞蒂(Merleau-Ponty)对此进行了研究,其所有的分析都始于感觉。因此,身体不再被作为客体,而是被作为主体来看待。[31]按照这种观点,文化不再局限于客体和表现,因为在身体的感觉中不仅仅产生表现。这种感觉更多的是以人类身体为基础的存在的经验。[32]对人类身体的理解可以归结为:"简言之,符号学为我们奉献了文本,用以理解表现或者展演,现象学为我们奉献了理解的方式或者形象,用以理解'存在于世'。"[33]我所进行的一些研究,包括关于文化学习作为模仿学习的研究、关于身体表现性的意义的研究以及关于仪式作为社会构建的实践活动的研究,都源于上述思想,并对此进一步发展。(参见本书第七、八、九章)

第二节　身体在人类学研究领域中的重要位置

人类身体的出现揭开了众多谜团。身体不但可以被感觉,而且正是这种认知的感觉构成了一种通道。身体只有被置于历史和文化的表现中才可以领会其意义。[34]这一问题就属于历史文化人类学的研究任务，其中应该着重关注研究关系中有关身体的方面，而且这个工作将会为我们带来新的观点。比如，模仿的学习可以认为是文化的学习、关于表演研究的理论和实践、仪式作为实践的共同形式、整体与部分之间的语言、图像和想象的关系以及将死亡视为生命的其他形式的想象等，这些问题都将浮出水面。

在古代，竭力仿效的过程被看作模仿的（mimetisch）过程。在柏拉图的《理想国》第三卷中，模仿被认为是教育（教养）的同义词。人所学的东西都是通过与范例发生的模仿关系习得的。反对约束与压制，这是一种模仿的行为，是要和范例相似，在柏拉图看来没有什么阻力可以影响这一过程；因此就要努力剔除社会中那些不良的范例。亚里士多德更强调特殊的典范，人们应该通过自身的模仿特点依照这些典范来塑造自己的身体。虽然柏拉图在《理想国》第十卷中将模仿的范围缩小到美学的领域中，但实际问题却不能只限定在这个单一的领域之内，同时模仿的价值也遭到了减损。通过对模仿关系的综合考虑，亚里士多德对柏拉图的这种看法提出了异议。在对模仿过程的人类学意义进行研究之后，模仿的定义才变得越发明晰。[35]

由此我们可以清晰地认识到：人类的身体构成了模仿世界的关系基础。在模仿过程的帮助下，个人与他人、与周围的世界之间建立了相应的关系。在模仿过程中，在身体和灵魂的基础上，社会主体在创设一个客观世界的同时也构建了自己的世界。因此，身体形成了自身的世界，并投入社会之中。身体加入社会之中，并对社会进行形体化的塑型。正如社会主体包含在世界中一样，社会主体也同样将世界包含在自己的身体之中。人类身体的这种可塑性使得人类不是赤裸裸地征服这个世界，而是通过创造性的构型活动来进行的，其中身体运动具有重要作用。在模仿行为中将会产生实践的知识，这些知识将贮存在身体记忆之中，并可以在不同的情况下反映出来。在身体的工具性应用过程中，身体的技能将得到发挥，形成身体的目的性、控制性和功能性特点。

在这一过程中，人们将会使用一定的形体语言，它属于重要的身体表现和表达形式。在精神能力的模仿获得中,制度性的名称、价值和力量关系也将一并获得。在这一过程的辅助下,运动和身体的位置将得以实现。相应地,这一情况也适用于解释仪式知识的获得,实际游戏能力的养成以及其他文化和社会领域,这其中必然需要一定的实践性知识。[36]

　　关于身体表演特点的文化分析,为我们带来了新的认识。[37]感知、知识、媒体、仪式、性别被认为是表演的方式,其中加载了语言的、身体的、审美的因素。身体的表现性方面的特征将以上述这些形式得以展现。感知被定义为一种牵涉其他行为的活动,在这一范围中,将会创生历史、文化和媒介的空间,在这种结构中,时间、秩序、运动、回忆、期待等因素的和谐运作是非常重要的。知识和科学同样是一种表演,它们是与现实相关联的,能够呈现在舞台上,体现了科学的历史差异性和不可还原性。媒体使遥远的东西能够被表现出来,使它能够被感知。媒体的表演特点表现在它的需要之中,也表现在物质与事件的交叠中以及媒体间的相互关系中。在不同的媒体中,外化或内化的过程都比较强烈地、有差别地表现出来。他人的身体以及表演的氛围和媒体一起在仪式的分工中发挥了重要作用。在此情境中,仪式行为发展着自身的吸收与释放过程,这种过程中身体的表现、力量的展现以及他异性都扮演了重要角色。尤其对于性别感的形成来说,外在的表现具有重要意义。性别感被认为是性别的表现,关系和历史在这种理解中发挥了一定作用。在这一过程中,权力的行使、惯习的形成以及对规范的性别角色的颠覆等都显示出其影响。

　　仪式和仪式化的表演特征对于后代文化的形成、保持、改变、转化等过程具有重要意义。[38]身体因素方面为这种作用的发挥贡献了重要力量。系统符号化的外化以及人类身体的表现促成了仪式的诞生。当仪式对于参加者来说体现出不同的意义时,仪式的组织可以形成仪式参加者的团体性。没有这种身体的表现和仪式的举行,既不能形成集体,也不可能形成社会。仪式构成了过去、现在和将来之间的延续性。表现和表演的重复实际上对于未来也是一种崭新的开放的转变。借助于仪式的作用,仪式参加者的身体中被铭刻了规则与价值。很多仪式标记了具有特殊意义的时间和地点;

这种仪式在时间的变迁中，以及从一种社会位置或机构向另一种转变的过程中，不断地发展自己。在这一过程中，也存在分化、过渡和新的整合阶段。在仪式中，差异也在发挥作用，秩序得以建立和调整。如果不能感知这种秩序功能，将可能有暴力出现的威胁。从礼拜仪式到节日庆祝，仪式包含各种身体表现与表演的形式。在这些仪式中，神圣的仪式化的产物具有重要作用，神圣的动作和言语的魔力具有核心意义。仪式表面上的自然性质使它看起来好像事情一直是这样的，从而掩盖了正在实施的权力结构。为改变而努力的仪式其所固有的动力常常被忽视。

文化表现和表演的仪式性的一面也可以从语言的属性意义上得以论证。身体和语言之间存在一定的联系，身体方面的条件是语言基本意义的前提条件。[39]这构成了形成语言的一般能力。这种开端可以一直追溯到十万到二十万年之前，而且在四万年前就已经获得了长足的进步。由此引发了一系列变化，如语言能力的发展、双手从爬行中的解放、视觉从理解的任务中脱离、脑容量的扩大、脑的偏侧优势加强、语言能力的强化、喉头的下沉、发声和听觉器官的进化等。一般的言语能力不仅形成了语言本身，而且促进了有关语言的众多发展。这种能力使得文字、句法结构和造句成为可能，这些能力被融合进人的身体中并可以传承下去；而且这种能力并不是为了表明一种语言的词语丰富和语法规则的多样。一种语言能够存在，就必须正确地传承下去，否则其结构和本质将会不断地萎缩。而且脑科学的研究也证明，早期的学习过程需要语言能力的养成。当掌握了一门语言之后，再学习其他语言应该是不会有问题的。倘若不是这样的话，那么在年龄大了以后就很难掌握语言了。语言是通过人的身体发出的声音，这是一个主动的行为，同时也是一个被动的接收过程。人在说话的同时，声音也会传到自己的耳朵里，也就是人同时可以听到自己说话的声音。同样，在触摸物体的过程中，也会拥有类似这种形式的经验，从中，人可以获得双重体验。可以使用工具的双手和充满符号信息的头脑，它们之间相似的结构关系，为双手和语言的发展以及它们之间相互制约关系的调整，都发挥了重要作用。语言植根于人类身体直接的运动，人的身体是声音产生、话音频率以及思维话语的基础。听觉与这两种表达方式直接相关:既与创造言语的声音有关,也与表达的思想有关。

不仅语言,想象也与人的物质本性密切相关。它可能植根于人体的"植物区",可以理解为人类精力过剩的投射。[40]人可以被定义为语言的主人,同时也是想象的主体。所以卡斯托里亚迪斯(Cornelius Castoriadis)将人这样定义:人的想象是图像的产物,在想象中,身体的能量被历史社会的形式和内容所灌注,借此集体和个体的意义才得以产生,而且将在历史和文化发展的长河中不断演化。想象在人类理解的世界中确立意义化的形象和形象化的意义,进而影响人的行为。想象创造了一个普遍的历史和文化的世界,在这种关系中形成了社会。这种想象的意义构造了语言、价值和人的行为,并影响着社会的内部结构和社会主体的生活。想象是不断发生的个人和社会的自我认定与自我改变的动力源泉。在想象的作用下,内部世界和外部世界之间才可以发生相互转化。想象使得模仿过程、仪式安排、表演强化成为可能,而且使得集体的图像、意义和仪式形式成为可能。想象促成了感知、身体记忆、欲望、希望、梦想和反应,它可以生成图像、声音、气味、味道以及触觉。想象和语言、思维和图像之间都存在不可分割的联系。

死亡是想象的一个很大的主题,死亡威胁着人们,人们对死亡充满了忧虑和恐惧,对此宗教、哲学、文学和科学一直都在努力探索。[41]按照进化论和人化的一些理论,如果没有猿人、原始人、早期人一代代出生和死亡,现代人的身体是不会成型的。生与死互为条件,而且只有在两者相互交错的关系中,才能真正进行定义。时间性和死亡不仅构筑了人身体的界限,而且为不断的发展创造了可能。倘若没有出生和死亡,就不会拥有人的身体,也不会有人类身体的形成和个体生命的出现。人文科学除了关注死亡,同样将出生列为研究的主题。令我们惊讶的是,从重要性和复杂性方面来讲,出生丝毫不逊于死亡。首先,在汉娜·阿伦特(Hannah Arendt)的出生哲学中,出生作为生命的另一面,逐渐成为人文和社会科学的研究主题。[42]死亡不单单是对个体生命的威胁,也是对集体生存的威胁,对于集体中的成员来说,与死有关的比如失去亲人、痛苦的经历都是无法避免的。所以,对于死亡便产生了不同文化理解和对策。其中最重要的莫过于丧葬的有关仪式，比如哀悼和下葬的仪式。不同的文化和历史时期出现了很多不同的相关仪式。神话和绘画也得到了不断的发展，人们不仅要承受由生走向死，而且对于这种过渡要有所为。与生相比，死是一种空，人们对死充满忧虑，正是这种忧虑使得人类的想象和思维不能平静，正像保罗·瓦雷里（Paul Valéry）所认为的那样，"死亡用低沉的声音向我们诉说着，而我们却无言以对"。

注　释:

[1] 参见 Michel Bernard, *Der menschliche Körper und seine gesellschaftliche Bedeutung. Phänomen, Phantasma, Mythos*, Wiesbaden: Limpert, 1980; Claudia Gehrke (ed.), *Ich habe einen Körper*, Munich: Matthes und Seitz, 1981; Dietmar Kamper & Christoph Wulf(eds.), *Die Wiederkehr des Körpers*, Frankfurt/M.: Suhrkamp, 1982; Dietmar Kamper & Christoph Wulf (eds.), *Der andere Körper*, Berlin: Mensch und Leben, 1984; Dietmar Kamper & Christoph Wulf(eds.), *Das Schwinden der Sinne*, Frankfurt/M.: Suhrkamp, 1984; Elaine Scarry, *The Body in Pain. The Making and Unmaking of the World*, New York: Oxford University Press, 1985; Dietmar Kamper & Christoph Wulf(eds.), *Transfigurationen des Körpers. Spuren der Gewalt in der Geschichte*, Berlin: Reimer, 1989; Barbara Duden, *The Woman Beneath the Skin. A Doctor's Patients in Eighteenth-Century Germany*, Cambridge: Harvard University Press, 1991; Michel Feher et al. (eds.), *Fragments for the History of the Human Body*, 3 vols, Cambridge: MIT Press, 1989; Barbara M. Stafford, *Body Criticism. Imaging the Unseen in Enlightenment Art and Medicine*, Cambridge: MIT Press, 1991; Bruno Huisman & François Ribes, *Les Philosophes et le corps*, Paris: Dunos, 1992; Chris Shilling, *The Body and Social Theory*, London: Sage, 1993; Thomas Alkemeyer, *Körper, Kult und Politik. Von der "Muskelreligion" Pierre de Coubertins zur Inszenierung von Macht in den Olympischen Spielen* 1936, Frankfurt/M.: Campus, 1996; Mike Featherstone, Mike Hepworth & Bryan S. Turne(eds.), *The Body. Social Process and Cultural Theory*, London: Newbury Park, 1991; Pasi Falk, *The Consuming Body*, London, Thousand Oaks: Sage, 1994; Paul Virilio, *The Virilio Reader*, New York: Columbia University Press, 2004; Judith Butler, *Bodies that Matter. On the Discursive Limits of Sex*, New York: Routledge, 1993; Sue Scott & David Morgan, *Body Matters. Essays on the Sociology of the Body*, London: Falmer Press, 1993; Frithj of Hager(ed.), *Körper Denken*, Berlin: Reimer, 1996; Florian Rötzer(ed.), *Die Zukunft des Körpers*, Kunstforum 132/133, 1996; Andrew J. Strathern, *Body Thoughts*, Ann Arbor: University of Ann Arbor Press, 1996; Elisabeth List & Erwin Fial(eds.), *Leib. Maschine. Bild. Körperdiskurse der Moderne und Postmoderne*, Vienna: Passagen, 1997; Umberto

Galimberti, *Les raisons du corps*, Paris：Grasset，1998；Claudia Benthien, *Skin. On the Cultural Border between Self and the World*, New York：Columbia University Press，2002；David Le Breton, *Anthropologie du corps et modernité*, Paris：Presses Universitaire de France，2000；Gilles Boëtsch & Dominique Chevé（eds.），*Le corps dans tous ses états. Regards anthropologiques*, Paris：CNRS éditions，2000；Claudia Benthien & Christoph Wulf（eds.），*Körperteile. Eine kulturelle Anatomie*, Reinbek：Rowohlt，2001；Hans Belting, Dietmar Kamper & Martin Schulz（eds.），*Quel Corps. Eine Frage der Repräsentation*, Munich：Wilhelm Fink，2002；Ludger Schwarte & Christoph Wulf（eds.），*Körper und Recht. Anthropologische Dimensionen der Rechtsphilosophie*, Munich：Wilhelm Fink，2003；Alain Corbin, Jean-Jacques Courtine & Georges Vigarello（eds.），*Histoire du corps*, vols. 1－3, Paris：Èditions du Seuil，2005；Bernard Andrieu（ed.），*Le dictionnaire du corps en sciences humaines et sociales*, Paris：CNRS Èditions，2005；Michela Marzano（ed.），*Dictionnaire du corps*, Paris：Presses universitaires de France，2007。

［2］参见本书第一章，以及 Franz M. Wuketits, *The Evolution of Living Systems*, Weinheim：Wiley-VCH，2005；Friedemann Schrenk, *African Biogeography*, *Climate Change and Human Evolution*, New York：Oxford University Press，1999；André Leroi-Gourhan, *Gesture and Speech*, Cambridge：MIT，1993；Edgar Morin, *Le paradigme perdu, la nature humaine*, Paris：Seuil，1973。

［3］参见 Andreas Lösch, *Genomprojekt und Moderne. Soziologische Analysen des bioethischen Diskurses*, Frankfurt/M.：Campus，2001，p.12。

［4］参见 Kurt Bayertz, *The Concept of Moral Consensus. The Case of Technological Interventions in Human Reproduction*, Dordrecht, Boston：Kluwer Academic Publishers，1994。

［5］参见 Lösch, *Genomprojekt*, op.cit.，p.17。

［6］插入 DNA，反向。

［7］参见相关事实和评论。Hartmut Wewetzer, "Des Menschen Kern", in *Der Tagesspiegel*, February 14，2004，p.2。

［8］参见 Wolf Singer, *Der Beobachter im Gehirn. Essays zur Hirnforschung*, Frankfurt/M.：Suhrkamp，2002，p.44。

［9］参见 Singer, *Der Beobachter*, op.cit.，p.31。

［10］参见 Singer, *Der Beobachter*, op.cit.，p.46。

［11］参见 Singer, *Der Beobachter*, op.cit.，p.64。

［12］参见 Singer, *Der Beobachter*, op.cit.，p.19。

［13］参见 Singer, *Der Beobachter*, op.cit.，p.73。

［14］参见 Singer, *Der Beobachter*, op.cit.，p.95。

［15］参见 Gerhard Roth, *Brain Evolution and Cognition*, New York：Wiley，2001；Gerhard Roth, *Voluntary Action. Brains*, *Minds*, *and Sociality*, New York：Oxford University Press，2003。

［16］参见 Singer, op.cit.，p.111。

［17］参见 Peter Gold & Andreas K. Engel（eds.），*Der Mensch in der Perspektive der Kog-*

nitionswissenschaften,Frankfurt/M.：Suhrkamp,1998;Bernhard Andrieu,*La chair du cerveau. Phénoménologie et biologie de la cognition*,Paris：Mons,2002。

[18]参见本书第二章,以及 Max Scheler,*The Human Place in the Cosmos*, Evanston/Ⅲ.：Northwestern University Press,2009;Helmuth Plessner,"Die Stufen des Orga-nischen und der Mensch",in *Gesammelte Schriften* vol.Ⅳ,H. Plessner,Frankfurt/M.：Suhrkamp,1981;Arnold Gehlen,*Man.His Nature and Place in the World*,New York：Columbia University Press,1988。

[19]参见本书第三章,以及 Peter Burke,*Economy and Society in Early Modern Europe. Essays from Annales*,London：Routledge,1972;Gert Dressel,*Historische Anthropologie. Eine Einführung*,Vienna：Böhlau,1996;Richard van Dülmen,*Historische Anthropologie. Entwicklung*,*Problem*,*Aufgaben*,Cologne：Böhlau,2000。

[20]参见本书第四章。

[21]参见 Mary Douglas,*Purity and Danger*,London：Routlege and Kegan Paul,1966;Mary Douglas,*Natural Symbols*,New York：Vintage Books,1973。

[22]参见 John Blacking(ed.),*The Anthropology of the Body*,London：Academic Press,1977;Nancy Scheper-Hughes & Margaret Lock,"The Mindful Body.A Prolegomenon to Future Work in Medical Anthropology",in *Medical Anthropology Quarterly* 1(1987),pp.6-41。在这里,作者区分了可以交流个人经验的身体,象征自然、社会和文化的身体,以及代表控制和管制的政治身体。

[23]参见 Michael Feher et al.(eds.),*Fragments for a History of the Human Body*,3 vols.,New York：Zone Books,1989;Donna Haraway,*Simians*,*Cyborgs*,*and Women.The Rein-vention of Nature*,New York：Routledge,1991。

[24]参见 Michel Foucault,*The Birth of the Clinic.An Archaeology of Medical Perception*,New York：Vintage,1973;Michel Foucault,*Discipline and Punish：The Birth of the Prison*,New York：Vintage,1977;Michel Foucault,*The Care of the Self*,New York：Vintage,1978。

[25]Pierre Bourdieu,*Outline of a Theory of Practice*,Cambridge：Cambridge University Press,1977;Pierre Bourdieu,*The Logic of Practice*,Stanford：Stanford University Press,1990;Gunter Gebauer & Christoph Wulf(eds.),*Praxis und Ästhetik.Neue Perspektiven im Denken Pi-erre Bourdieus*,Frankfurt/M：Suhrkamp,1993. 这本书的灵感来自与皮埃尔·布迪厄联合举行的一次关于身体、感官和理论之间关系的国际研讨会。书中也包含了他在这个问题上的一些贡献。

[26]参见 Pierre Bourdieu,*Distinction*,Cambridge/MA：Harvard University Press,1984。

[27]Judith Butler,*Bodies that Matter. On the Discursive Limits of "Sex"*,London,New York：Routledge,1993.

[28]参见 George Lakoff & Mark Johnson,*Philosophy in the Flesh.The Embodied Mind and its Challenges to the Western Thought*,New York：Basic Books,1999。

[29]参见 Terence Turner,"Social Body and Embodied Subject.Bodiliness,Subjectivity,

and Sociality among the Kayapo", in *Cultural Anthropology*, 10(1995), pp.143–170。

[30]参见 Thomas J.Csordas, "Embodiment as a Paradigm for Anthropology", in *Ethos* 18 (1990), pp.5–47; Thomas J.Csordas, "The Body's Career in Anthropology", in *Anthropology Theory Today*, Henrietta L. Moore (ed.), Cambridge, Malden/MA: Polity Press, 1999, pp. 172–205。

[31]参见 Maurice Merleau-Ponty, *Phenomenology of Perception*, Evanston/Ⅱ: Northern University Press, 1962; Maurice Merleau-Ponty, *The Visible and the Invisible*, Evanston/Ⅱ.: Northern University Press, 1968, pp.130–135。

[32]在网上搜索"人类学与身体及塑型"的论文摘要可以看出这一特定研究领域的流行。20世纪90年代,这一课题的论文有75篇,80年代有40篇,70年代几乎没有(Online Computer Library Center, 2001, Inc. Dissertation Abstracts International. Electronic data base, http://www.oclc.org)。因此,如果有人提出这样一个问题,即这种关于身体中心位置的人类学研究方法在多大程度上对非西方文化也有效,那就不足为奇了。参见 Murphy Halliburton, "Rethinking Anthropological Studies of the Body: Manas and Bodham in Kerala", in *American Anthropologist* 104, 4(2002), pp.1123–1134。

[33]Csordas, "The Body's Career in Anthropology", op.cit., p.184;参见 Kim Knibbe & Peter Versteeg, "Assessing Phenomenology in Anthropology", in *Critique of Anthropology* 28, 1 (2008), pp.47–62.

[34]参见 Susanne K.Langer, *Philosophy in a New Key. A Study in the Symbolism of Reason*, *Rite and Art*, New York: Penguin Books, 1948。

[35]参见本书第七章,以及 Gunter Gebauer & Christoph Wulf, *Mimesis. Culture*, *Art*, *Society*, Berkeley: University of California Press, 1995; Gebauer & Wulf, *Spiel*, *Ritual*, *Geste*, op. cit.; Gunter Gebauer & Christoph Wulf, *Mimetische Weltzugänge. Soziales Handeln-Rituale und Spiele-ästhetische Produktionen*, Stuttgart: Kohlhammer, 2003; Christoph Wulf, *Zur Genese des Sozialen. Mimesis*, *Performativität*, *Ritual*, Bielefeld: transcript, 2006。

[36]参见 Christoph Wulf, "Praxis", in *Theorizing Rituals. Classic Topics*, *Theoretical Approaches*, *Analytical Concepts*, *Annotated Bibliography*, Jens Kreinath, Jan Snoek & Michael Stausberged(eds.), Leiden: Brill, 2006, pp.395–411。

[37]参见本书第八章,以及 Christoph Wulf, Michael Göhlich & Jörg Zirfas(eds.), *Grundlagen des Performativen. Eine Einführung in die Zusammenhänge von Sprache*, *Macht und Handeln*, Weinheim, Munich: Juventa, 2001; Erika Fischer-Lichte & Christoph Wulf(eds.), "Theorien des Performativen", in *Paragrana. Internationale Zeitschrift für Historische Anthropologie* 10, 1(2001); Uwe Wirth(ed.), *Performanz. Zwischen Sprachphilosophie und Kulturwissenschaften*, Frankfurt/M.: Suhrkamp, 2002; Erika Fischer-Lichte & Christoph Wulf(eds.), "Praktiken des Performativen", in *Paragrana. Internationale Zeitschrift für Historische Anthropologie* 13, 1(2004); Christoph Wulf & Jörg Zirfas(eds.), *Pädagogik des Performativen*, Weinheim, Basel: Beltz, 2007; Gabriele Brandstetter & Christoph Wulf (eds.), *Tanz als*

Anthropologie, Munich: Wilhelm Fink, 2007。

[38]参见本书第九章,以及 Christoph Wulf et al., *Das Soziale als Ritual. Zur performativen Bildung von Gemeinschaften*, Opladen: Leske und Budrich, 2001; Christoph Wulf & Jörg Zirfas(eds.), "Rituelle Welten", in *Paragrana. Internationale Zeitschrift für Historische Anthropologie* 12, 1/2(2003); Christoph Wulf & Jörg Zirfas(eds.), "Innovation und Ritual. Jugend, Geschlecht, Schule", in *Zeitschrift für Erziehungswissenschaft*. Supplement 2(2003); Christoph Wulf et al., *Bildung im Ritual. Schule*, *Familie*, *Jugend*, *Medien*, Wiesbaden: Verlag Sozialwissenschaften, 2004。

[39]参见本书第十章,以及 Jürgen Trabant, *Artikulationen. Historische Anthropologie der Sprache*, Frankfurt/M.: Suhrkamp, 1998; Jürgen Trabant, *Mithridates im Paradies. Kleine Geschichte des Sprachdenkens*, Munich: Beck, 2003; Jürgen Trabant & Achim Eschbach, *History of Semiotics*, Philadelphia: J. Benjamins, 1983; Jürgen Trabant, *New Essays on the Origin of Language*, New York: Mouton de Gruyter, 2001; Wilhelm von Humboldt, *Essays on Language*, New York: Lang, 1997; Wilhelm von Humboldt, *Gesammelte Schriften* vol. IV, Berlin: B. Behr, 1905; Noam Chomsky, *Knowledge of Language. Its Nature*, *Origin*, *and Use*, New York: Praeger, 1986。

[40]参见本书第十一章,以及 Bernd Huppauf & Christoph Wulf(eds.), *Dynamic and Performativity of Imagination*: *Images between the Visible and the Invisible*, New York: Routledge, 2009; Hans Belting, *Bild-Anthropologie. Entwürfe für eine Bildwissenschaft*, Munich: Wilhelm Fink, 2001; Gerd Schäfer & Christoph Wulf(eds.), *Bild-Bilder-Bildung*, Weinheim: Beltz, Deutscher Studienverlag, 1999; Wolfgang Iser, *The Fictive and the Imaginary. Charting Literary Anthropology*, Baltimore: Johns Hopkins University Press, 1993; Cornelius Castoriadis, *The Imaginary Institution of Society*, Cambridge: Polity Press, 1987。

[41]参见本书第十二章,以及 Hans-Dieter Bahr, *Den Tod denke*, Munich: Wilhelm Fink, 2002; Constantin von Barloewen(ed.), *Der Tod in den Weltkulturen und Weltreligionen*, Munich: Wilhelm Fink, 1996; Thomas Macho, *Todesmetaphern. Zur Logik der Grenzerfahrung*, Frankfurt/M.: Suhrkamp, 1987; Jean Baudrillard, *Symbolic Exchange and Death*, London, Thousand Oaks: Sage, 1993; Christina von Braun & Christoph Wulf(eds.), *Mythen des Blutes*, Frankfurt/M.: Campus, 2007.

[42]参见本书第十二章,以及 Hannah Arendt, *Vita activa oder vom tätigen Leben*, München, Zürich: Piper, 1981; Peter Sloterdijk, *Zur Welt kommen-Zur Sprache kommen. Frankfurter Vorlesungen*, Frankfurt/M.: Suhrkamp, 1988; Christoph Wulf et al., *Geburt in Familie*, *Klinik und Medien. Eine qualitative Untersuchung*, Opladen & Farmingon, Hills: Budrich Unipress, 2008; Christoph Wulf, Anja Hänsch & Micha Brumlik(eds.), *Das Imaginäre der Geburt*, Munich: Wilhelm Fink, 2008。

第七章 文化学习的模仿基础

关于灵长类新的研究成果显示:虽然其他灵长类动物也具有基本形式的模仿学习过程,但是人类拥有一种特别的模仿学习的方式。这一发现对文化研究学者来说并不奇怪。早在古希腊时期,亚里士多德就已经认识到,有关模仿学习的能力以及在模仿过程的快乐中,人类具有一种特殊的模仿本能。[1]关于灵长类社会行为的研究及其对比情况方面,发展心理学和认知心理学的研究成果最为突出,在早期就已经确定了人类学习的一些特征,并研究了人类哺乳期及孩童时期模仿学习的特点。对于孩童的这种模仿能力,米歇尔·托马斯罗(Micheal Tomasello)这样总结:"这种能力通过他人来确定;将他人视为有目标的活动者,并认为他人像自己一样真实;与他人一起参加能够引起普遍注意的活动;理解在世界的客观对象和事件之间存在的众多因果关系;识别交流中他人通过形体语言、语言符号、语言结构所表达的相应观点;通过角色转换,依据想象来学习对方相同的形体语言、符号和思维结构;形成以语言为基础的对象类别和事件模式。"[2]这种能力将儿童置于一种文化过程中。通过参与他们所生活的社会群体的实践和技能的制定,他们能够适当地运用该群体的文化知识。这些能力中,对榜样的学习对于儿童的发展具有重要意义。[3]这些过程作为模仿过程来理解可能更好一些。认同他人、理解他人为有意识行动的存在、共同关注某件事的技能,都与儿童模仿成年人的模仿欲望有关,都是为了调整自己的行为,使自己变得与他人相似,也就是想成为像他们一样的人,并如其所愿地随着年龄的增长不断地成熟,进而产生如下动机:抓住物体与世界之间的因果关系,并掌握交际的意图,理解他人的形体语言、符号和思维结构,从而建立对象的类别和事件的模式。婴儿在九个月大时就已经有可能具有人类的模仿能力，而其他灵长类动物在其生命的任何阶段都不具备这一能力。[4]

脑科学的有关研究也证实了这种认识。1990 年之后的一些研究证明了人类与其他的灵长类生物之间的差别，尤其体现在人类通过模仿的过程接触世界这一点。这种观点成立的基础是人类所具有的镜像神经元（Spiegelneuronen）。通过对镜像神经系统的分析，研究者发现，人们对他人的认识、行为以及运动的目的都依赖于镜像神经系统。镜像神经系统使得我们的大脑可以把所观察到的行为变为我们自己的行动，并对行动的意义进行认识。倘若没有这种机制，我们既不能感受别人的动作和行为，也不能体会其行为的意义。镜像神经系统是一种生理层面的关联，因为我们不仅作为一个个独立的个体，还应作为社会的人行动和处事。我们受到模仿行为、模仿学习、精神与行动交流、与他人情感交互关系的影响。有关疼痛的感觉或者对他人的厌恶会同时呈现在大脑之中，这些感觉也可以通过间接的方式发生。虽然这种镜像神经系统也存在于其他灵长类动物脑内，但是人类的这一系统更加复杂。与其他灵长类动物不同，人类能够区分传递性和不传递性的运动动作，并选择构成这些动作类型和动作序列，以及在某个行为发生之后进行单独效仿。镜像神经系统使得我们可以理解他人行为的意义，不仅仅是单一的行为，而且是整个行为的顺序过程。大量研究实验表明，对于灵长类动物的研究同样适合对新生儿的研究，镜像神经系统不仅作用于被观察的行为，而且涉及该行为发生的目的。当我们看到一个行为发生的时候，这个行为会对我们产生一定的间接意义。这一过程同样发生于我们的行为及该行为与他人的关系之中。实验表明，镜像神经系统严重影响着运动系统的质量，而且是模仿能力非常重要的条件。在神经系统进一步作用之下，才会产生这样的过程，即借此产生简单的重复，而其中包含着对外界和他人相似的模仿。[5]

这些模仿能力使得孩童能够加入文化生产和社会进程当中。通过模仿，儿童可以和身处的文化和物质世界相融合，而且这种作用可以保持下去并进一步遗传给后代。

模仿过程首先可以传递给其他人。以哺乳期的婴儿和孩童为例,模仿能力可以帮助他们与其他人共同生活,比如父母、哥哥、姐姐及其他亲戚和朋友。[6]婴儿努力与他人相似,比如,他们会跟着别人微笑,而且他们会发挥自己已经具有的能力来对成人的一些举动做出相应的回应。在早期的这些交互过程中,婴儿也获得了一定的感觉体验。他们通过与他人的交互关系进行学习,比如怎样才能引起别人的注意。在与周围环境的交互中,婴儿的大脑得到了发展,也就是说,大脑将发展到其可能的状态,如果没有这种交互,大脑的机能将停滞或萎缩。[7]生命早期的这些文化关系可以印刻在儿童的大脑和身体中。如果早期没有习得观察、聆听、语言的能力,那么在以后就不可能获得这些能力了。[8]人类在哺乳期和孩童期所具有的模仿能力起初没有形成主客观的分离,主客体的分离是后来发展的结果。接下来是对神秘世界的感知,这一过程是通过对人和其他事物的生动体验来完成的。在追寻意义的理性发展过程中,人们失去了可以直接体验世界的能力,但创造了一些重要的可能性,即在模仿过程中,外部世界转变为一幅幅图像,并被吸收到人的内部世界中。

瓦尔特·本雅明在他的自传《1900 年前后的柏林童年》中描述了一个孩子是如何通过模仿的过程与他周围的文化环境进行统一的。[9]在这个过程中,包括对长辈居所的房间、角落、物件和氛围的模仿,这些事物的映像就像印章一样留在了孩子表象世界中,在这个表象世界中将会生成新的映像和记忆,并将帮助儿童面对其他的文化环境。通过这些文化成果的表象化过程,文化被不断地传承下去。模仿能力将外部物质世界表象化,并借此过程将外部信息传递到人的内部世界中,使得人可以听从指挥,并有可能通过个人的力量对文化现实进行积极塑造。

这些过程不仅仅依靠周围环境,利用文化产物来推进,而且得益于社会表现中的社会关系和行为方式。从一定方式上看,它是实践性知识的不同形式,是负载于人身体的通过模仿习得的意义过程,它通过机构和组织合理地发挥作用。仪式在众多社会实践性知识中占有重要的一席,借助它的帮助,机构的概念在人的身体中确定下来,并植根于一定的社会联系之中。在模仿过程中,图像、模式、运动可以被习得,这些技能使个体具备了行为的能力。当模仿过程指向历史文化产物、景象、统筹安排和表演时,它就属于一些重要的过程,在此过程中文化将在后代中繁衍生息。假如没有模仿的能力,就不会有文化的学习,就不会"双遗传",也就是文化财富的发展,人们在生物遗传的同时,文化的传承不是固定不变的。[10]

文字作为非感官的集合体,也能唤起模仿的过程,在它的作用下,被阅读的东西变得生动起来。[11]这同样适用于其他文化财富,它将因为模仿的关系而变得生机勃勃。[12]倘若失去这种关系,文字将仅仅化为一种文化可能,其潜能只能通过教育和自我修养得以实现。尤其重要的是模仿过程将伴随着文化传递,一代代地进行下去,在这种过程中发生着一定的变化,以获得生命、知识、艺术和技术形式的活力。就此而言,模仿过程不是对现有世界的简单拷贝,而是这样的过程:人从世界中获得相同的映像而不是复制,这些模仿的关系从一开始就改变着最初的关系世界从而具有创造性的一面。因此,在代际与文化之间便产生了一种文化的动态性,这种动态性促成了新事物的不断出现。[13]

文化的学习是进一步的模仿学习,它是很多教育和自我修养过程的中心环节,指向他人、社会集体、文化财富,并保证其生动性。模仿学习是一种感知的、基于身体的学习,通过图像、模式、实际行为来学习,推动无意识的进步,并由此形成一种持续的作用,这在文化发展的所有领域中都具有重要作用。[14]

伴随着模仿的过程,这种接触过程可能与主体性的消散体验,及其对混乱和暴力的排除结合在一起。[15]这一过程同时也包括关于力量、控制、暴力、镇压的分析与讨论,这是文化组成的一个部分,并反复出现在模仿过程中。暴力的恶性循环,就是很多暴力现象的模仿结果的一个例证。[16]诚然,模仿过程是与不断提高的生活的希望和经历紧密联系在一起的,在这一过程中可以发现"生动的体验"(阿多诺)。[17]与世界的形似将可能性、自我中心主义、逻各斯中心主义、民族中心主义远远置于其后,并打开了与他者接触的大门。[18]

第一节　历史和文化

对模仿概念形成的历史考证清楚地说明,它都是与模仿和文化过程相关的。柏拉图将模仿视为教育的同义词,模仿的过程促成了艺术与诗歌的形成,诗歌与艺术的作品凝聚成美的体验,这时模仿的概念就是关于传承、教育以及文化成果的媒介。赫尔曼·科勒(Herrmann Koller)从舞蹈出发对模仿的过程进行了定义和描述,由此将希腊文化表演的一面与模仿结合起来。[19] 在此基础上,科勒出版了《模仿》(Nachahmung)、《表演》(Darstellung)和《表达》(Ausdruck)等著作,对模仿过程的基本方面作了论述。随着柏拉图在其著作《理想国》中对模仿概念的使用,模仿便成为一个术语。在该书第三卷中,柏拉图使用了模仿的最普遍的意义;然而在第十卷中,模仿被仅仅限于艺术范围,由此模仿的价值也受到了减损。

"模仿"的概念从模仿的故乡西西里到古希腊,与科勒的上述观点不同,现在,我们需要从这种认识中走出来。因此,研究这个词的词源就产生了两种含义。[20] 模仿与音乐和舞蹈并没有什么特殊的关系,而是与"拟剧"(Mimos)有关系。不是一模一样的模仿,或者达到一种相似,而是一种滑稽剧,其中包括一个滑稽演员,这就是"拟剧"的真实所在。它以普通群众的日常文化为依托,出现在节日的舞台上,而且是按照富人们的意愿来演出的。这样发展出的表演和表现手段是粗俗而卑微的。除此之外,还有形式多样的言语表现,标志着模仿概念在文化表演方式上崭露头角,同时也掀开了基于身体活动能够给人留下感知印象的一页。公元前 5 世纪,在爱奥尼亚[21]和阿提卡[22],"模仿"的概念得到了广泛传播。在柏拉图时代,模仿经常与"效仿"过程有着密切的关系。[23]

从此,在古希腊,诗歌对于后代的教育便具有了重要作用,柏拉图在《理想国》的第三卷中探讨了文学作品在模仿过程中所产生的教育影响。柏拉图认为诗歌可以创生出一定的形象和行为,并通过模仿的过程,反映在年轻人的想象中。这种图像的力量太强大了,人们难以抗拒。因此,需要对叙述和图像进行筛选,将有益的东西呈现在孩子们的表象世界中,其他有害的内容必须远离后代。在城邦中,要按照教育目标需要对诗歌进行挑选。通过这种措施,模仿的过程才可以得到控制,才能建立适合年轻人发展的表象世界。凡是违背教育目标的东西都应该被排除在外,比如在有些文学作品中,对上帝和英雄的认识很不充分,这种内容就应该被滤除掉。唯一应该提供给年轻人的文学作品是那些他们可以通过模仿来学习他们需要什么来履行他们对城邦的职责的作品。

按照柏拉图的观点,绘画和诗歌与手工艺品和日常用品不同,它们只是单独地展现事物的表象。绘画和诗歌不局限于对事物进行艺术化的展现,而是在这种艺术化表现的基础上进行发挥。其目的不在于对现实和真相的表现,而是对事物的外观进行艺术化的展现。因此,绘画和模仿的诗歌原则上可以对所有可见的事物进行表现。[24]这是图像和图解所实现的模仿,在这一过程中图像与原物之间的差别则变得不重要了。复制和相似不是真正的目的,对形象的表现才是。[25]艺术和美学是被建立的特殊领域,其中的活动者包括艺人和诗人。柏拉图认为,画家和诗人并不能生产真实存在的东西,所以他们没有义务去探寻应用在哲学中的真理。因此美学领域被认为与哲学之间的关系具有非依赖性,哲学是对真知的探寻、对善和美的追求。为此所付出的代价是美学被排除在理想国之外,因为在理想国中仅仅是符合其理念的艺术和诗歌才可以被接受。

亚里士多德同样认为艺术是一种模仿。首先,音乐是对风俗的模仿;与绘画和雕塑不同——它们是通过可见的线条来塑造的,而音乐是一种有形的内部运动,对道德的形成能够产生一定影响。在诗歌中,悲剧作为一种模仿手段,最能对人施加影响。在悲剧中,不需要什么表演,该发生的似乎都已经发生了。它的主题和情节都植根于神话之中,这显然不是现实。悲剧中的情节描绘是这样成功,使得观众能够在一种模仿的过程中感受激情与悲怆、体验种种不幸,由此在观看者的性格中不断得到强化。

亚里士多德认为,模仿的行为不是对现实的复制,如果只是复制,前像和后像之间应该没有什么差别。模仿过程同时包含着复制和改变,它推动着一种"美化"、"优化"和"发展的仿效"运动。荷马(Homer)刻画的阿基里斯(Achilles)就是一个明显的例子。剧中的阿基里斯是一个狂躁且轻率的人,却被刻画为一个了不起的英雄。在诗歌中,模仿过程引发了对可能和普遍的塑型,由此在模仿过程中又增添了在单纯表象化过程中不具有的新的元素。

　　诗歌、绘画和音乐等文化作品都是对自然进行模仿的产物。为了领会自然文化是如何通过模仿产生的,首先应该弄清楚什么是自然。自19、20世纪以来,自然被简化为一种客观事物,与之不同,亚里士多德理解的自然具有可以创造生命的内在力量,是活的自然。诗歌、绘画和音乐只能通过模仿过程对自然进行加工才能产生,只有这样,这些艺术才不仅仅是一种粗略的简化或者是对事物"自然化的"重现。在这种"活的自然"中有一种精神原则,使模仿具有另外一种意义。诗歌、艺术和音乐必须模仿自然的创造力。按照这种观点来理解模仿,可以避免将其含义抛入更窄的意义之中;应该有什么东西可以代替简单的模仿被用来完成表现的任务,由此,诗人、画家都可以不受这一问题的困扰,即在多大程度上其作品与世界上的事物和人相关。模仿不是意味着产生一个复制品,而是创生一个图像,它虽然源于原型,却不是简单的复制。

　　模仿可以引导内部表象的塑型过程,这种内部表象源于诗人或者画家所看到的图像。通过艺术化的塑型过程,新的东西产生了。这种塑型的设计理念被越来越多地融入绘画、戏剧和音乐之中,这些艺术形式通过另外的媒介,表现为一种想象的设计形式。由于发生了变化、减损、补充,所以与原型相似的东西只限于很小的范围。很多时候,与作品相比,原型看起来已经很陌生,因为在原型之上承载了画家和诗人的创作意图,所以,可能在这些作品中根本不具有或者已经不再具有原型的痕迹。绘画是艺术化过程的重要表现,如果是这样的话,它应该保持着与原型的关系,或者这种关系单纯地通过艺术化的过程被转嫁在艺术作品之中。无论怎样,绘画必然包括一种原型的传递过程。

　　原像和映像之间是怎样的关系? 是否后者由前者所决定呢? 是否它们之间的关系必须得到确定呢? 菲狄亚斯(Phidias)所雕刻的著名的宙斯形象

便触及了这一问题。是否存在这个形象的原像?如果存在,在哪里呢?所以,宙斯的这一形象应该是没有原像的,这个宙斯的图像就是新的形象。它产生于艺术过程中,是对材料进行加工的结果。当人们看到这座雕像时,尽管他们不知道宙斯的原像,因为其根本就没有在雕像创作之前存在过,但都会认出这座雕像所表现的对象。由于这种情况便产生了这样一种结果,即艺术作品是一个可以探寻原像的映像,它的出现是为了在人的精神中找到一个原像,完成一个使命,呈现一幅景象。[26]这种映像是模糊的;它没有答案,反而是一个问题,它将艺术品置于欣赏者面前,完成不同的使命。通过艺术作品复杂的结构,映像、感觉、意义得以创生,并彰显了艺术作品的复杂性和物质性。

按照这种观点,艺术和文学产生于作品和欣赏者之间的相互作用之中。[27]借此,模仿的关系也发生了转移,艺术作品将不再被作为对原型的复制。模仿过程也发生在艺术作品与欣赏者之间。在这种模仿行为中,美的体验获得了重要意义。艺术作品不但具有一定的形式和内容,还具有一定的感知关系和表白能力;而且在"美的体验"中获得了活力。在现代审美中,模仿的概念具有一定的含义。人的原始创造力的表现与简化了的模仿关系之间发生了矛盾,因此概念的价值被降低了。[28]

除了模仿过程对于教育和教养具有重要意义之外,诗歌、艺术、音乐的产生和中介作用,对人们一步步获得实践性社会知识具有重要意义,而且这些模仿过程从一开始就对社会的建构和解构过程发挥作用。这种模仿过程渗入社会等级和秩序之中,并在其中表现了其矛盾效果。它因此也承担了构建社会秩序的重任;同时这种模仿又会对社会秩序造成威胁并为社会秩序的瓦解添柴助燃。一方面,它被接受和疏导;另一方面,它又面临触发暴力和情况变得失控的威胁。

模仿过程的这种"传染特征"从理论上为社会暴力的产生给出了一个重要起点。[29]表现和行为方式的模仿性养成在模仿了的人和模仿着的人之间构成了竞争和对抗,它们成为暴力行为的开端。这样就产生了一种对立的情形:正在进行模仿的人们从完成模仿的人们那里获得的特征渐渐消失,这种习得已经不能承担这两种功能了,即强调差异和保持唯一。这种矛盾情形导致了一种不断加强的潜在暴力。

　　具有很强情感意图的行为在一定程度上促进了模仿过程的发展,笑、爱、暴力的传染特征是众所周知的。按照吉亚德(Girard)的观点,在早期的文化形态中,是以暴力应对暴力的。由此产生了一个暴力的"魔力圈",暴力的规模和意图在不断地加强。社会关系因此受到很大的威胁而借助于禁令和仪式的作用,以求得对依靠模仿变得剧烈的暴力进行控制。

　　在暴力危机中,暴力行为不断发生,不能再完全指望禁令和仪式的控制作用,仪式反而成为"替罪羊",以实现对暴力危机的一点调节作用。[30]一个潜在的牺牲者将由公众推出,并宣布为替罪羊。最终,集体通过这种"反面模仿"以求得发展,也就是说,这个替罪羊就成了一个向敌人反抗的牺牲者。集体将按照规定找出一个不能反抗的人,而且这个人的死也不能导致进一步暴力的发生。虽然,这种牺牲本身就是一种暴力行为,但是人们希望通过它终结暴力行为的模仿循环。它给了社会一种假象,就是通过这种行为可以释放其内部的暴力。

　　下面的转换机制结束了这种危机。面对这种危机而做出的牺牲承担起了应对这种社会固有暴力的责任。借此,可以在这种机制中添加一种它本身不具有的力量。一方面通过这种转换来释放社会内的暴力威胁;另一方面,这种牺牲可以对这种力量进行调整,以便施加在牺牲者死后的社会之中。这种转换应该可以保证牺牲带来预期的效果。事后的安宁将可以证明这种牺牲确实是暴力危机的原因。当然,这种假设只是一种幻想。事实上,并不是社会受到了牺牲者的侵扰,而是牺牲者受到了社会的残害。由此,转换机制得以发挥作用,发生在牺牲者身上的这两个转换并不像看上去那样。倘若这种情形发生的话,就会出现这样的危险,就是牺牲者放弃其可以调整的、可以带来解放的力量。

第二节　社会行为和通过模仿获得的实践性知识

　　社会行为能力将通过模仿的学习过程获得。近年来,很多研究都得出了相似的答案。[31]在不同的文化中,人们以模仿的方式,借助游戏、交换礼物、仪式等不同的表现形式,发展了这种社会行为能力。[32]为了能够"正确地"行为,人们需要一种实践性知识,这种感知的、身体参与的关于模仿过程的知识可以通过相关的行为领域获得。而且,任何社会行为的文化特征只有通过模仿接近的方式才能具备。实践性知识和社会行为在很大程度上受到历史和文化的影响。[33]

在最初的接近过程中,社会行为都表现为一种模仿:

● 当这种接近是运动与运动之间的关系时;

● 当这种接近作为身体表现和表演时;

● 当这种接近是单独的行为时,它们将从相应的情境中获得理解,并与其他行为或世界建立联系。[34]

不仅是思想上的考虑、决定、自我反射或者可延续的举止是模仿而来的,一些特殊的行为和违规活动也具有模仿性。

我们日常文化生活中的一个例子可以清楚地说明社会行为、实践性知识和模仿性知识获得之间的关系。

一位女士过生日,她的爱人想送她一份礼物。他想,送她什么好呢?首先,他觉得日用品是不合适的,因为她可以自己买。他想到了她曾经提到的一套餐具,不过,很快他又放弃了这个想法,因为买这些东西给她作为生日礼物,有些太生硬了,一点也不浪漫。礼物的问题成了他的一个难题:她到底喜欢什么呢?送什么才能令她满意呢?他在一家书店里试图挑选一本附有精美插图的艺术图书或新近出版的小说;可是他又改变了主意,因为去年他曾送她一本精美的图片集,所以,觉得再送一本书作为礼物就没有什么意义了。在一家古物店里,他想买一个烛台或者老式台灯,虽然找到了他中意的,但不能保证他的爱人也满意;后来,他看中了一个石榴石戒指,而且他想起来,以前他的爱人提到她的祖母就有一个这样的戒指,在她还是一个小姑娘时,能够被允许戴一下那枚戒指,对于她来说别提有多高兴了。现在,他觉得找到合适的礼物了。

在他爱人生日的清晨,他将一个盛满水的玻璃盘放在了一层常青藤叶片上面,将一个小蜡烛放在一个核桃壳里并放进盘中,漂在水上。旁边放了一个生日蛋糕、一大束玫瑰、一瓶香槟,一个大盒子里面放着那枚戒指,之所以这样,是为了给爱人一个惊喜。在布置好的桌子上,放着可口的早餐。他的爱人在房间里等待着,他把所有的蜡烛点燃,把香槟酒打开。然后,他把爱人拥在怀中,两个人含情脉脉,轻述爱语;他们沉浸在此情此景的幸福之中,因为用爱选择的礼物是伟大的。他们坐下来,慢慢地享受这份别致的早餐,幸福的一天开始了。

在这个故事中,我们感受了一个男士如何挑选生日礼物,在花费很大心力之后终于找到了合适的礼物,他又是如何送出,如何准备早晨短小的生日庆祝以及如何表现整个过程。这种情景达到了效果,并给他们创造了很大的快乐。从礼物的选取到赠送,这位男士都非常用心,没有降低礼物对于其爱人的价值。他既没有选择一个能用的,也没有选择一个"普通的"礼物;而且他也没有选择其爱人最近比较熟悉的东西;在很长时间的选择之后,他选中了一个对于其爱人具有特殊价值的礼物,这件礼物其他人可能并不会喜欢。他选择礼物的敏感性与其后来精心准备的充满浓浓爱意的"晨曲"完美地融合在一起,这个动人的"晨曲"包括了很多细节,比如漂在水上的蜡烛、玫瑰、香槟、生日蛋糕、遮盖的礼物、精心布置的早餐桌、绵绵爱意的话语和醉人的拥抱。

这位男士是怎么知道他爱人的生日的? 为了表达爱意,他做了些什么? 这种情景为确定和巩固他们之间的感情起到了怎样的作用? 没有人事先告诉这位男士如何去选择礼物和举行庆祝,而且,也没有人向这位男士传授过选择礼物和赠送礼物的知识。接受礼物的人怎么会知道精心挑选的礼物和如此安排的早上的庆祝的意义所在? 她又会作何反应? 早餐和庆祝仪式又是如何融在一起的呢? 而且从来没有人为这种活动制定过什么规则,也没有人知道这两个过程如何"上演",他们应该如何去做、如何处理他们之间的关系,总之,这个早晨变成了他们共同生活的一个庆祝时刻。

任何情景之所以能够达到应有的效果,是因为所有的参与者都应该具有与之相关的实践性知识,指导着他们如何做、怎样对待彼此的关系以及该如何进行。行为产生于实践性知识,包括怎样做和什么时间、什么情境下去做,以及其表现是令对方满意还是令对方讨厌。他们习得了很多日常生活中的细节,他们对此都有所感触,比如他们父母、兄弟姐妹或其他人的生日庆祝。当然,这种感受中并没有常青藤的叶子、漂在水上的蜡烛,也没有购买一个石榴石戒指的考虑。但是,其中却包含购置礼物过程中追寻快乐的行为表现、充满爱的庆祝方式的筹划和对生活幸福的渴望。生日庆祝也可能是另外的样子,比如在兄弟姐妹的生日上,表达感情可能以嬉闹的方式、唱生日歌或者祝福的话语代替礼物。尽管如此,不同的庆祝生日的形式在表现上也有一定的相似性。在模仿过程中,参与者会生成内部表象、感受、以物质形式表现的顺序、表情达意、赠送及接受礼物的方式、庆祝方式等,以适应相似的情境。

无论怎样,只要人与一个已经存在的社会实践发生关系,其自身便会产生一个社会实践,从而在两者之间生成一种模仿关系。例如,我们会像送礼物这个例子那样进行一种社会实践,我们会参照某个社会模范来行事,我们会利用身体来表现一个社会认识。正像我们所看到的那样,这些情况和过程并不是围绕着简单的模仿行为来进行的。模仿行为也不是粗略的再生产,不是准确地跟随原型去做。在模仿完成的社会实践中,会生成某些特殊的新的事物。

效仿(mimicry)过程是对已经存在的条件的一种迎合,而模仿过程与它不同,正像上述有关礼物的例子那样,在面对其他情况或人的时候,模仿过程会同时表现出相似和差异两个方面。通过对先前经历过的情境和文化表征的世界的"模仿",主体可以获得在某个社会领域进行组织的能力。通过参加其他人的生活实践,主体可以扩展自己的生活世界,并可以形成新的行为和经验,由此加强其接受性和主动性。在此过程中,已存在的世界和那些模仿参与该过程的个体性之间可以完成一种交叉。人们再一次步入以前经历过的情境或者外部世界,并在这种双重感受中形成自己的特点。只有在与先前情境或外在世界的关系中,他才能获得自己的个体性。在这一过程中,人不确定的过剩的内驱力形成了个人的愿望和需要。自我塑造和外界之间的关系也生成于同样的系统之中。外部世界和内部世界之间不断进行对比和影响,而是只有在这种交换关系中才可得以体验。同时,在外部世界和内部世界之间生成了相似性和对话机制。人们在这一过程中使得自己和外部世界或自己与他人变得相似;在这个转换的过程中,人们改变着对外部世界的认知和自我认知。

模仿过程可以促进相似性的感知和交流的形成。人们生活在这样的过程中,可以经历各种感受。产生相似性属于早期的人类能力。人们暴露于现象之中,在感知方面进行相互交流。两张面孔同时出现,人们可以在这个过程中模仿对方的行为。而且可以在生命体与非生命体之间发现相似的某些形式。人的身体为相似性的形成和表现创造了条件。舞蹈和语言是不同的表达和表现形式,它们构成了两个方面,这两个方面不是相互抵消,而是交叠为一种行为。

通过模仿过程获得的实践性知识不一定必须以相似性为基础。如果模仿知识是在一个已经存在的有关社会行为或者表现的世界中获得的话,那么首先可以进行两个世界的比较,这是一种模仿参照的观点。对于模仿冲动来说,相似性是一个最大的动因,而且可以产生一种神秘的接触,进而演变成模仿行为的出发点。[35] 现存社会实践的行为界限需要一个模仿的参照条件。它为已经发生的社会行为的接受、差异或拒绝创造了可能。

在模仿的学习过程中,已经发生的社会行为将再一次进行。其参考依据不是理论上的思考,而是借助感知以美学的形式产生。经过与第一个社会行为的比较,第二个行为与之疏远,它们不是直接地依靠对方,这一行为不是改变,而是重复。因此,模仿行为具有一种可显示的和可表现的特征;其表现同时也产生了一种美学特点。模仿过程与人类已经确立的社会世界发生关系,这种世界可能是现实存在的,也可能是想象中的。

社会行为的动态特征与实践性知识发生着相互的关系,对于社会行为的表现来说,这是一种卓有成效的知识。这种知识在一定程度上受到理智分析的制约。实践的、仪式的知识不具有自反性,是一种自我意识的知识。首先它是与冲突和危机相联系的,在这些危机和冲突中所产生的行为需要一个成立的理由。如果社会实践不被质疑的话,那么实践性知识就具有同样的半意识性特点。[36]就像惯习知识一样,社会行为知识也包括图像、模式、行为方式,这些都可以转变为社会行为的身体表现,以其合适的方式反馈回来。它们可以很容易地被感知,并为社会实践的表现而发展起来。[37]

残留的本能、刺激与反应之间的裂缝以及"反常"[38]是人类特殊的适应性及相关联的可能性的前提条件,在模仿过程中获得实践性知识,借助社会行为的帮助得以拟定、表现和实施。身体运动也属于这种实践性知识,在身体运动的辅助下,社会行为才具有表现的舞台。约束与控制的实践性知识产生于身体运动的规范和控制的手段,这些知识保存在身体的记忆之中,它们使得符号—舞台的表现形式成为可能。这种实践性知识是建立在特定文化中的社会行动和表现形式的基础上的,是一种明显但具体的知识,但是却受到历史和文化界域的限制。

模仿变化和适应以前的世界发生在模仿过程之中。这是模仿动作的创新因素。[39]如果社会实践与其他行为相关,则它们是模仿的关系,并且这些行为本身可以被视为构成独立社会实践并与其他实践相关的社会安排。模仿过程中实践性知识的产生使得社会行为的发生成为可能。对于社会行为的相关实践性知识来说,它是身体的、游戏的,同时也是历史和文化的;它形成于面对面的情况下,在语义学方面并不清晰;它具有想象的成分,而且其目的性并没有减少,它包含很多意义,表现在宗教、政治和日常生活等社会表征和外显上。

注 释:

[1]参见 Aristotle,*Poetics*,London:Dent,1963。

[2]Michael Tomasello,*The Cultural Origins of Human Cognition*,Cambridge:Harvard University Press,1999,p.161.

[3]参见 Albert Bandura,*Self Efficacy*,New York:W.H.Freeman,1997。

〔4〕参见 Frans de Waal, *The Ape and the Sushimaster. Cultural Reflections by a Primatologist*, New York: Basic Books, *Perseus Books Group*, 2001; Dominique Lestel, *Les origines animales de la culture*, Paris: Flammarion, 2001。

〔5〕参见 Giacomo Rizzolatti & Corrado Sinigaglia, *Les Neurones Miroirs*, Paris: Odile Jacob, 2008; Marco Jacoboni, *Mirroring People*, New York: Ferar, Straus, Giroux, 2008。

〔6〕Martin Dornes, *Der kompetente Säugling. Die präverbale Entwicklung des Menschen*, Frankfurt/M.: Fischer, 1996.

〔7〕参见 Wolf Singer, *Der Beobachter im Gehirn*, Frankfurt/M.: Suhrkamp, 2001。

〔8〕参见 Jean-Pierre Changeux, *The Physiology of Truth. Neuroscience and Human Knowledge*, Cambridge: Belknap Press of Harvard University Press, 2004。

〔9〕参见 Walter Benjamin, *Berlin Childhood around* 1900, Cambridge: Belknap Press of Harvard University Press, 2006; Sigrid Weigel, *Entstellte Ähnlichkeit. Walter Benjamins theoretische Schreibweise*, Frankfurt/M.: Fischer, 1997。

〔10〕参见 Hartmut Böhme, Peter Matussek & Lothar Müller, *Orientierung Kulturwissenschaft. Was sie kann, was sie will*, Reinbek: Rowohlt, 2000; Alfred Schäfer & Michael Wimmer (eds.), *Identifikation und Repräsentation*, Opladen: Leske und Budrich, 1999。

〔11〕参见 Walter Benjamin, "Über das mimetische Vermögen", in *Gesammelte Schriften*, W. Benjamin, vol. II. 1, Frankfurt/M.: Suhrkamp, 1980, p. 210; Walter Benjamin, "Lehre vom Ähnlichen", in W. Benjamin, *Gesammelte Schriften* vol. II.1, Frankfurt/M.: Suhrkamp, 1980, pp. 204−210; Walter Benjamin, *Selected Writings*, Cambridge: Belknap Press, 1996−2003。

〔12〕参见 Ae-Ryung Kim, *Metapher und Mimesis. Über das hermeneutische Lesen des geschriebenen Textes*, Berlin: Reimer, 2002; Hans Blumenberg, *Die Lesbarkeit der Welt*, Frankfurt/M.: Suhrkamp, 1988; Josiane Boulad-Ayoub, *Mimes et Parades. L'activité symbolique dans la vie sociale*, Paris: L'Harmattan, 1995; Kendall L. Walton, *Mimesis as Make-Believe. On the Foundations of the Representational Arts*, Cambridge: Harvard University Press, 1990。

〔13〕参见 Nelson Goodman, *Ways of Worldmaking*, Indianapolis: Hackett Pub. Co., 1978。

〔14〕参见 Gunter Gebauer & Christoph Wulf, *Mimesis. Culture*, *Art*, *Society*, Berkeley: University of California Press, 1995; Gunter Gebauer & Christoph Wulf, *Spiel*, *Ritual*, *Geste. Mimetisches Handeln in der sozialen Welt*, Reinbek: Rowohlt, 1998; Gunter Gebauer & Christoph Wulf, *Mimetische Weltzugänge*, Stuttgart: Kohlhammer, 2003; Christoph Wulf, *Anthropology of Education*, Münster, New York: Lit, 2002; Christoph Wulf, *Zur Genese des Sozialen. Mimesis. Ritual. Performativität*, Bielefeld: transcript, 2005。

〔15〕参见 Elias Canetti, *Crowds and Power*, London: Gollancz, 1962。

〔16〕参见 René Girard, *Violence and the Sacred*, Baltimore: Johns Hopkins University Press, 1977; René Girard, *Things Hidden since the Foundation of the World*, Stanford: Stanford University Press, 1987; René Girard, *The Girard Reader*, New York: Crossroad, 1996。

〔17〕参见 Theodor W. Adorno, *Aesthetic Theory*, London: Continuum, 2004。

[18]参见 Bernhard Waldenfels, *The Question of the Other*, Albany: State University of New York Press, 2007。

[19] 参见 Hermann Koller, *Die Mimesis in der Antike. Nachahmung, Darstellung, Ausdruck*, Berne: Francke, 1954。

[20] 参见 Gerald F. Else, "Imitation in the 5th Century", in *Classical Philology* 53, 2 (1958), pp.73-90; Göran Soerbom, *Mimesis and Art. Studies in the Origin and Early Development of an Aesthetic Vocabulary*, Uppsala: Appelbohm, 1966。

[21]译者注:Ionien,古地名。

[22]译者注:Attika,古地名。

[23]论戏剧家在当代和近代史上的作用,参见 Martina Leeker, *Mime, Mimesis und Technologie*, Munich: Wilhelm Fink, 1995。

[24]参见 Plato, *The Republic*, New York: Basic Books, 1968, p.598a。

[25]参见 Ulrike Zimbrich, *Mimesis bei Platon. Untersuchungen zu Wortgebrauch, Theorie der dichterischen Darstellung und zur dialogischen Gestaltung bis zur Politeia*, Berlin, New York: Peter Lang, 1984。

[26]参见 Viktor Zuckerkandl, "Mimesis", *Merkur*, 12(1958), p.233。

[27]参见 Wolfgang Iser, *The Act of Reading: A Theory of Aesthetic Response*, Baltimore: Johns Hopkins University Press, 1978。

[28] 参见 Sylviane Agacinski, Jacques Derrida, Sarah Kofman, Philippe Lacoue-Labarthe, Jean-Luc Nancy & Bernard Pautrat, *Mimesis des articulations*, Paris: Aubier-Flammarion, 1975。

[29]参见 Girard, *Violence and the Sacred*, op.cit。

[30]参见 Girard, *The Girard Reader*, op.cit。

[31]参见 Gebauer & Wulf, *Spiel, Ritual, Geste*, op.cit.; Gebauer & Wulf, *Mimetische Weltzugänge*, op.cit.; Christoph Wulf et al., *Das Soziale als Ritual. Zur performativen Bildung von Gemeinschaften*, Opladen: Leske und Budrich, 2001; Christoph Wulf et al., *Bildung im Ritual. Schule, Familie, Jugend, Medien*, Opladen: Leske und Budrich, 2004; Christoph Wulf et al., *Lernkulturen im Umbruch*, Wiesbaden: Verlag Sozialwissenschaften, 2007; Wulf, *Zur Genese des Sozialen*, op.cit。

[32]参见 Michael T. Taussig, *Mimesis and Alterity. A Particular History of the Senses*, New York, London: Routledge, 1993。

[33]皮埃尔·布迪厄也深信,实践性知识是文化知识,是通过模仿获得的。参见 Pierre Bourdieu, *The Logic of Practice*, Cambridge: Polity Press, Oxford, 1990。

[34]参见 Gebauer & Wulf, *Spiel, Ritual, Geste*, op.cit., p.11。

[35] 参见 James G. Frazer, *The Golden Bough*, New York: The Macmillan Company, 1940。

[36]参见 Christoph Wulf, "Praxis", in *Theorizing Rituals. Classic Topics, Theoretical Ap-

proaches,*Analytical Concepts*,Jens Kreinath,Jan Snoek & Michael Stausberg(eds.),Leiden：Brill,2006,pp.395-411。

［37］参见 Beate Krais & Gunter Gebauer,*Habitus*,Bielefeld：transcript,2002。

［38］参见 Helmuth Plessner,"Ausdruck der menschlichen Natur",in H.Plessner,*Gesammelte Schriften* vol.Ⅶ,Frankfurt/M.：Suhrkamp,1982,pp.391-398。

［39］参见 Christoph Wulf & Jörg Zirfas(eds.),"Ritual und Innovation",in *Zeitschrift für Erziehungswissenschaft*,2nd supplement,2004。

第八章 表演的理论与实践

行为、语言的表演特性与人的身体紧密相关,并可展现为一种表演(performative)活动。人类行为可以通过表演视角进行审视,这不同于从人类符号结构的角度进行解读,即便人类行为都可以像文本一样进行阅读。随着对表演特点的关注,一种关于文化行为世界的补充观点将得到发展。然而,在人类行为的表演和它的解释之间存在本质的不同。首先,存在一种行为,就其实施来说,在进行当中存在一种符合其要求的能力和现实化。其次,在其实施后,便出现了行为的解释;为此,阐释的能力是必需的。行为的执行需要一种实践的、对其表演来说是阐释的知识。然而,在我们对表演性持续关注的过程中,确实存在一定的困难,通过研究社会和美学行为中所拥有的表演和表达特征得以凸显。同时,在实践和分析中,仅仅是可用于表演的出发点的有关知识才可能被挖掘出来。

关于表演概念的发展,有三个方面是十分重要的。第一,这一概念是在文化人类学中被发展的,它以不同的文化表演形式出现(米尔顿·西格尔,Milton Singer)。第二,它是在语言哲学中被发展的,被称为"表演"(约翰·L.奥斯丁)。第三,在美学方面,即表演艺术,其中的重点是身体的表演和表达、它的展现和显现的可能。这些在舞台中的美的表演形式,淡化了文字与行为之间的联系,因而产生了身体表达和表演的全新的可能性。表演被认为是不断扩展的关于身体表现的概念的总和,它是文化表演、作为行为的语言、身体的表演和表达的交叠。

人类行为产生了文化表演,"一定的文化组织活动就属于这种表演,例如婚礼、宗教节日、朗诵、舞蹈表演、音乐会等"[1]。这是表演的第一方面。

按照米尔顿·西格尔的观点,在这些表演中,一种文化可以将个体自我图像以表演的形式展现在同伴和陌生人面前。"对于另外的方面来说,这些'表演'也可以作为可观察的单元,来对该文化结构进行理解,因此,每一种表演形式都具有一定的时间范围、起始、具体的空间和动机。"[2] "文化表演"这一概念非但没有被淡化,而且在日常行为中还在被使用。在这种情形下,人们将其理解为身体性、表演、社会行为的事件—特征。社会和文化活动不仅仅是意图的实现。这个额外的方面与人们通过登台和表演来实现他们的意图的方式有关。这种发展的运作方法产生的原因具有一定的历史和文化条件,而且这些条件又与行为的个体性以及社会行为的事件特点有一定的关系。

　　语言上的表演同时也是一种行为,即表演的第二方面。为了区分表演和其他形式的外化行为,我们首先应注意四点。[3] 第一个特点是表演话语的自指性。它经常以一种"由此"的方式开始。因此行为以语句的形式构成,例如"谨此,我给你行洗礼,露易丝"。第二个特点是这种话语的陈述性。句子的运用就是要说明这种现实。比如,"被告是有罪的",一个美国的法官如是说,按照这种说法,被告也同样是有罪的。第三个特点是表演性话语经常与社会制度联系在一起,比如结婚、缔结和约、情况的确定。第四个特点,表演性话语是由预先形成的具有重复性或刻板性的话语构成的。人们在更广泛的意义上使用了这一概念,于是语言的表演特点以及身体与语言的关系成为人们关注的主题。在这种联系中,文字将成为研究的对象。它是怎样完成表演任务的? 语言与身体表演之间的关系又是如何确定的呢? 感觉[4]、大笑[5]、形体语言[6]是如何表演的? 从表演的方面来看,不同文学体裁之间又有什么区别呢?

　　表演的第三方面是关于艺术表演。关于此有三个不同的组成元素。[7]首先是表演的物质性,也就是空间(影剧院、工厂、公共场合),表演的身体,身体的运动,身体的"装饰",语言、音乐等都被确定;其次是表演的媒体性,即与观众的关系和图像的可能使用、源于视觉现实的影片剪辑或片段;最后是表演的美学方面,尤其是由活动的事件—特征所确定的特殊性。[8] 而且,对于一个剧本(脚本)来说,游戏性元素和自发的行为以及无法确定性都是非常重要的。

当论及表演的文化科学领域时,文化表演、作为行为的语言以及表演的美学这三方面便建立了一定的关系。它发生于社会行为的调查过程中,在仪式的调查过程中以及借助仪式行为的表演特征对社会的关注过程中(参见本书第九章)。留有社会和文化印记的身体处于这一问题的中心位置,并受其制约和确定,即表演的实践性知识;这些"是身体的、游戏的、仪式的,同时也是文化的和历史的;表演知识形成于面对面的情境中,但其语义学的意义并不清晰;它是美学的,并生成于模仿的过程中;表演知识具有想象的组成因素,包含一种意义的冗余,但并不会造成目标的减少;它体现在日常生活、文学作品和艺术之中"[9]。

话语的词源学参照拉丁语的"形式",而且还决定了它的"方式"、"构成"、"表演"和"特点"。其所包含的口述维度,具有"塑造""表演""成型"的意义。按照词源学的观点,表演的概念是人类在其塑造和形成印象中有关身体表演的那一部分。表演同时也存在于身体的表演过程中。每一种表演都是以一种外化的行为为基础的,而不在于其是有意识的还是无意识的。表演也参照于人的可能性,一种"由中心发散的位置"(普莱斯纳),不仅仅存在于身体里面,而是拥有。我们必须对我们自己进行设计,并施以不同的表演。为了认识、领会和理解我们自己,我们需要自我的表演。通过这种表演以及这种表演对他人所产生的影响、这些表演对我们行为的反应,我们体验着自己。从历史和其他文化中我们可以看到,人体的可塑性允许各种不同的表现。在人类生活和工作的不同领域中,表演的变化范围与代际、性别和社会层级间的社会分化问题紧密地联系在一起。谁、何时、什么、怎样来进行表演,是一个权力与力量的问题。

文学、艺术、戏剧和音乐并不是孤立的,首先它们都涉及文化和符号的表演和作用。在这些领域中,表演行为的可能性被凸显出来。当人们作为读者、观察者或者听众参与到这些活动中时,便会出现表演可能性的一种扩展,原则上这种可能性是与兴趣相联系的。在其他情况下,这些过程也被描述为模仿。在模仿过程中,同时被称作筹备的表演和表演的痕迹,会在解释和图像的世界中得到确信,并在以后得以体现。借此,在读者、观察者和听者的理解中,已经存在一种表演的变化了。在艺术和文化中,含有一种新发展的重复因素。这些因素可能非常不同,可能从细微的偏离到进一步新的创造。

在模仿过程中,变化和创新具有重要作用,人们把存在于模仿过程中的这些组成因素称为表演(Performanz)。首先在开放的社会中,重复与变革之间的关系发生着改变,尤其对于后者而言,表演的作用更强烈一些。因此,按照沃尔夫冈·伊瑟尔(Wolfgang Iser)认为这是使用"表演性"一词来指代小说形式创作的这一方面的原因。[10]阿多诺[11]、保罗·利科[12]、冈特·格鲍尔、武尔夫[13]他们却注重先前世界和新生事物之间不可解除的共时性之中存在的特殊模仿过程。因此,保罗·利科建议,应该对成形、构形和变形过程之间,或者模仿 1、模仿 2 和模仿 3 之间进行区分。自亚里士多德以来,诗歌就被看作是对行为的模仿。在模仿 1 中,关于外部艺术世界的诗人、艺术家和音乐家之间的关系处于主要位置;在模仿 2 中,主要指艺术形式;在模仿 3 中,指通过读者、观众和听众对艺术品的加工。在注意到成形、构形和变形过程之间存在区别的同时,保罗·利科确立了模仿过程的统一。他认为,表演更像是一个模仿过程的表达方式。同样,按照阿多诺的美学理论,模仿过程不是对存在的简单仿效,而是对存在的一种抗衡,并引发新事物的诞生。"艺术品所致力于的自在存在(being-in-itself)不是对真实事物的模仿,更像是对不存在事物的自在存在的预想。"[14]这同时也是模仿过程的特点,它们源于存在,它们是新生物,是从未有过的。按照这种观点,表演和表达也是模仿过程的组成部分。

表演可以将那些非客观的东西变得可以被看到。在文学、艺术、戏剧和音乐中都可以体现出这种"表演的不可支配性","因为表演可以使得这种矛盾成为可能,即本来不能具备的变得可以具备"[15]。表演的运用可以将"人的巨大的可塑性展现在人们的眼前,即使这种可塑性缺少视觉性的特点,它可以丰富关于文化印记的难以预见的形式多样性。它创造了对于此时、对于人们来说的不可能性。这种本来的不具备意味着,人们可以借助这种可能性尽情展现,没有约束和限制,因为并不是人们自己表演着这一切。"[16]我们可以从表演的这种结构中看到一种人类学模式,"当人们面对当今可知性和可经历性被封闭的情况下,这同样也是知识和经验的一种要求"[17]。在历史文化人类学的研究范围内,将论证这种人类学的结构在多大程度上同样适用于其他时期和文化要求。

表演和展现不仅仅在艺术中,也在社会生活中扮演着重要角色。比如各种仪式和仪式化的活动都清晰地体现了表演和展现的特点,它们对社会的构建产生了重要的影响(参见本书第九章)[18]。各种仪式都很明显地表明了表演和表征活动与阶级和权力的密切关系。因此,其中很多工作涉及差异和权力归属问题。[19]在各种仪式中,身体文化表演的方面、语言符号方面以及美学方面将会相互交错在一起。历史、文化的比较分析表明了仪式将在哪些方面予以表演和展现。[20]表演可能性的界限存在于身体的构造条件中;而且在这些条件中也会发生一些变化,从而打破可能性的局限,这些情况不仅仅适于仪式的统筹活动,还适于人类行为的表演和展现。[21]

在20世纪70、90年代出现的"语言转变"(linguistic turn)[22]和"图像转变"(iconic turn)[23]的过程中,语言和图像使得文化行为和判断变得清晰明朗。随后于20与21世纪之交,在文化科学领域又出现了"表演转变"(performative turn)[24],受这种观点影响,所有的文化行为都可以视为各种表演和展现。这三种"转变"渐渐指向了人类学的思考范围。第一种情况表明了在人类交互和承认过程中语言的依附性;第二种情况说明了想象在文化中发挥的建构性作用;第三种情况突出了以身体性为重点的人类行为的方式和结构。"表演转变"、"图像转变"和"语言转变"三种演进过程究其本源都出自历史人类学的原则。从这种情况出发,很多研究都将围绕着"表演"展开,它也是从前两种"转变"的研究工作发展而来的。由于表演具有两方面内容,即"表演外化"和"美学展现",所以我们在研究中也应该注意到语言和图像在表演方面发生的相互关系。[25]

随着文化科学对于表演的关注,也引出了一系列方法论方面的讨论。

首先对文本要以表演的观点来研究,可能会有不同的体现;文本来源于表征和展现的维度,强调其行为特征。如果要对图像进行研究,也要注意其具有表演意义的一面。对于社会科学研究而言,表演过程为民族志或者质的研究方法的应用提供了充分的可能:参与性观察、摄像、音频和视频展示、个体和小组的访谈等都是特别适合的,可以对身体的社会、语言和美学的表演维度进行表述和说明。[26]

以下以感觉、媒体和性别结构为例,说明表演作为历史文化人类学领域文化科学研究视角的重要性。[27]

第一节　感　觉

现象学研究基础已经生发出相应的有关感觉的相互交错的特点,但是在此之前,感觉却被定义为一种表演过程,它可以被描述为在感觉个体和被感觉对象之间摇摆震荡。在这种过程中,感觉被这样定义:"世界上除了某种特定的存在方式之外,它从空间的某个方面向我们提出建议,它由我们的肢体考量和行动,因为它具有这样的一种能力:知觉确实是一种交流的形式。"[28]感觉过程中的两极摆动于合并与分离之间,它具有一定的节奏及空间依附性。身体的、媒介的和历史的维度对于这一定义的理解很重要。从身体的维度来说,梅洛-庞蒂所主张的交错结构处于中心位置,在这种结构中,事物和人之间是可以互相看见的,这是一种"身体间性",即我和世界相互交融在一起。人们又推出了媒介的定义,认为感知的媒介获得性和由此产生的差异具有重要意义。而历史文化人类学的观点认为,感觉过程应该从历史和文化方面来理解。

正如梅洛-庞蒂[29]、贝恩哈德·瓦德内尔斯（Bernhard Waldenfels）[30]、哲尔诺特·博默（Gernot Boehme）[31]所阐明的那样,空间不是被动的,而是随着与身体运动的关系变化,这对于感觉来说是一个重要的作用。米歇尔·迪·塞尔特奥（Michel de Certeau）利用行走这一运动的关系清楚地说明这一点,只有在这种关系中空间才成为空间。[32]从这种观点中生成了表演的空间定义。[33]走路被定义为一种有关触觉的感觉行为。正如人类学和知觉心理学研究所表明的那样,空间的视觉感建立在形式、身体的范围和位置的触摸之上。"这种感觉的概念被描述为一种完全感性化的感觉循环。这种感觉循环通过以下方式表明,所有的感觉由此产生,在所有的感觉和运动的相互作用中不断向前推进。这种循环作为一种不可分段的过程首先证明了这样一个问题:在每一个实际的感觉行为中,过去的经历匆匆而过,每一个经历同时又具有可以重现或者可以预知的特点。建立在表演意义上的空间概念显示了一种动觉的、多感觉的、跨时间的感觉,作为行为的全部所在,是匀质的和重要的。"[34]这种表演的空间是一个人类学的空间。它生成了历史的和文化的特定的感觉表演和感觉展现;同时它又可以从每一个历史的主体中挖掘出文化的空间。这种相互交错的结构清晰地体现在中世纪的宗教领域、文学作品的字里行间、电影和计算机生成的影像世界之中。[35]

中世纪时期,基督徒们在宗教空间中通过以下活动来纪念基督,包括洗礼、弥撒、圣餐以及婚礼,而且到今天基督徒的一生都与这种空间相联系。今天,虔诚的基督徒在礼拜仪式中所经历的同样是与宗教空间相联系的,这种空间"促成"了这些仪式行为的产生和发展,并且在这其中仪式得以表演。对于中世纪的基督徒来说,在这种宗教空间中能够更强烈地感觉到主的神圣,时至今日,基督徒还可以感受到这一点。今天通过对主、宗教空间的氛围、圣像及其模仿物的信奉,可以使信徒们向这样的空间、图景靠近,并且认真反思自己罪恶的生活。同理,我们也可以解释文学空间如何营造出一定的氛围,感召读者步入一个虚构的世界,并构成发生各种行为的条件。影视空间也是如此,其中,图像的运动和时间的组织发挥了重要作用。在影视空间的创立过程中,制作者在视觉空间中融入了一定的交互元素,并发挥了一定的作用。

感觉的过程性特点通过运动和节奏来确定,而且仅是"途中固有"的。[36]感觉的表演特点体现在感觉和节奏的结合中。在节奏中,通过重复对比元素,可以得到身体运动的时间伴随性,正如脉搏一样,形成一种双向顺序。节奏不是一种感觉形式。作为一种时间性的顺序元素,它可以具有不同的形式,比如在多媒体中显现的那样。通过这些展现方式,可以产生一种艺术性的协同效果,节奏现象可以从心理和认知的角度感觉。人们可以在对期待的确认和规律的获得过程中,感觉节奏现象。届时,过去的经历和对未来的期待结合在一起,具有重要作用。为了感觉一种节奏,人们需要时间结构和运动的继续。对于节奏的经历伴随的不仅是规律,还有干扰和停顿。"节奏作为对期待的回忆、经验、感受、重新认识和预先推定的综合作用,成为每个表演过程经历的基础原则。"[37]节奏产生在主体和世界之间,并构成感觉。在舞蹈中,节奏刺激了身体的运动,但是也对运动进行调整和控制。在艺术领域,首先在音乐中,以及在文学和戏剧中,节奏都发挥了决定性作用。对照和融合在表演意义上的结合对于氛围的构建产生一定的影响,从而对于美的感觉和体验产生作用。[38]

总的来说,关于感觉的研究主要包括:"对于总是与感觉同时发生关系的经验类别的探讨。而且这种共同作用最终将被控制和得到等级化处理,结果达到对意识的控制。气氛、声音、节奏、注意力等为感觉的统一创造了条件,并将'感觉'描述和推动为一种美学现象……认识属于经验方式的前提条件,借此来理解'感觉'。'完美的'主观和客观位置不再维系。由此便产生了这样的问题,我们所看到的源于对其发出的疑问,进入我们视野的为何以这样或那样的方式呈现,我们的眼光又将与其如何作用。感觉行为也是一种与感觉了的事物具有一定关系的行为。'我们看的、说的、触摸的或者厌烦的东西与我们有何影响;而且为什么会这样。'"[39]

第二节　媒　体

接着上面的内容,下面我们来讨论一下媒体。一方面,我们要摒弃媒体原教旨主义(media fundamentalism)的论调,即媒体是世界发生的源泉,是自我与世界关系的关键,填补现代主体观念侵蚀留下的空白。[40]另一方面,也不要赞成媒体边缘主义,即媒体单独取决于"符号过程的实现条件"。媒体概念更应该源于表演，即"由媒体传递，同时作为'过渡或者传递的颠覆'来理解"。在这一过程中，存在"一种合并和分解的微妙的互换行为，各种表演活动通过这一过程，为我们行为近距离空间中的'不可见'或'不可用'的事物分配一个时空"。"'重现'意味着不是超越感觉之后的感觉，而是意味着源于失去感觉的运动……媒体是我们交际方式的'历史语法'，借此我们可以与远离我们的事物进行沟通。媒体将一定距离以外的事物呈现出来，真实可见：它消除了空间的距离。媒体现象化，它的媒介能力通过可感知化和美化过程来实现。"[41]媒体代表"中间""中介""中等"，这种中介特点在过去的讨论中处于突出位置，而其调整作用受到忽视，其在交流中的作用也有所降低，以后"媒体的中介"应该得到重视和应用。"媒体将事物带到我们眼前，带到我们耳边……媒体的感知功能对我们而言至关重要：它的认知和交流作用依赖于美的潜力。"[42]媒体将陌生的事物展现出来。"媒体的应用总是一种混合的图像"，在多媒体中，媒体的这种混合性表现得更加明显。

在媒体发展的历史中，一般情况下并不是一个媒体被其他媒体所代替，而经常是从属其下：有这样一种观点还是值得推荐的，就是应该进一步研究不同媒体间的干扰、竞争以及相互联系。一种媒体的空缺经常推动另一种媒体的发展。"媒体发展历史的特点既不是线性的，也不是根本变革的。历史记载的关于媒体使用的情况表明，新旧媒体间的干扰作用经常被单一媒体功能间的相互作用所超越和改变。"[43]媒体可以传递信息、构建现实；由于媒体内部存在一定的"顽固性"，它在某种程度上会影响这些中介和建构过程。有关媒体间干扰作用的不断认识，对于媒介性和表演性的相互作用的研究工作是很有启发意义的。

在文学和艺术的创作过程中时时伴随着不同媒体间的交错使用与结合，由此产生了跨媒体和媒体变换、媒体组合和交叉媒体协同工作。"交叉媒体通过一幅幻想的图像来展现自己，借助于这种形式，可以唤起观者其他媒体的经历和感受。所以，一篇表述性文章的作者可以通过可理解的文字为中介，而不需要使用和借助'真实的'镜头，图画的相互映衬，电影系统的技术、规则和协议来表情达意。某个媒体系统的元素和结构可以与相应的、具有一定媒介功能的媒体进行模仿和发生作用。正是通过这种方式，观者便会产生'电影似的''画像似的''音乐似的'或者视觉和听觉的整体场景。"[44]在这种跨媒体形式中还包括不同媒体间的组合，比如汉堡声响学家安德里亚斯·奥德约普（Andreas Oldörp）设计了一个装置，这是一个声响和空间组合的雕塑作品，各种雕塑可以成为发出声响的设备。

多媒体设备创造了审美的新的可能性；它形成了新的展现方式，其中包括技术媒体的使用，比如照相机、电影、视频，并通过观察者的参与改变了空间、感知和表演所组成的整体，同时也改变了一种美的体验（一件作品或物体所具有的美是要实现表现美和基于范式原则的合乎标准的过程美）。[45]这些在加里·希尔（Gary Hill）的作品《高桅帆船》（*Tall Ships*，1992）中表现得尤为明显，在一个又窄又长的昏暗空间中部的天花板上，射入一道投影的光线，只有它是可见的，当参观者穿过这个空间时会触发一个传感器，这个视频投影装置便会启动。这是一个媒体和表演共同作用的活动空间，关于其中的关系有以下三个方面是很重要的：

（1）运动执行和运动感觉的过程（观众处在由多媒体环境和特殊运动联系构成的装置中）占据一定的位置……

（2）观众和大屏幕的声像设备之间的关系。这里有一个问题，就是观众作为这个投影空间的一部分能够获得何等深刻的感受，从二维的平面可以看到三维的效果，对于空间的体验来说是至关重要的……

（3）空间体验中内部与外部结构隔阂的消失对于分离体验来说是很有利的，这种分离体验是感知空间内部和外部维度的相互转换……[46]

我们应该在今后的研究工作中进一步关注在"新""旧"媒体交替中出现的塑型和瓦解过程。声音和手势作为媒体对于交流来说具有特殊意义。按照表演的观点，语言不能够和其具体的媒体化过程相分离。在口头语言中并不会使用理想的语言，而在更多情况下会形成语言、声音和手势的结合形式。这种情形在一个人能够同时讲多种语言时表现得越发明显，而且每一种语言都具有一种"另外"的声音。声音将通过一种语言来塑造，而且这种声音慢慢地被人们所习惯。为了能够习得一种语言,人们需要掌握相应的语法、词汇及语音系统,即相应的语言知识、相应的声音以及音调在不同情境下的抑扬顿挫的使用。罗兰德·巴特斯(Roland Barthes)对声音进行了论述,认为声音不仅具有个体性,而且通过每一种语言,还可以展现不同人之间的色彩。"作为一种媒体,如果不从理论意义上来讲,声音并不能传递什么语义学的内容。声音不仅仅是说出了区别于其他特点的什么东西,而且还表明了一些需要表达的内容,同时借助内容的表达展现声音本身。由此,诱导出一种新的交流模式,这与传统的发送—接收模式有着很大的不同:交流作为普遍的合奏。"[47]声音从时间观点来看总是此时的;它不是中性的;它具有自身动力而且能够传递说话者间的信息,虽然它本身并没有意识到这一点。"声音—像一副面孔—成为人的最清晰的线条。没有两个声音是完全一致的。然而一种声音唯一性的形成并不是独自完成的。声音的形成是与其他声音交织在一起的。每一种声音都存有其他声音的痕迹。对于每一种声音唯一性的思考同时也意味着与'陌生的'声音具有一定关联。"[48]每一种声音中都包含通过模仿过程而发生作用的其他声音。[49]

与声音相比,动作语(手势)属于塑型类媒体的旧形式。它是没有"声音相伴"的语言,它自成一体。动作语具有不同的类型:伴随言语的手势、类似于文字的手势、象征性手势和手语。动作语多数情况下具有加深印象、命令或警告的作用,有较少一部分具备表达的功能,作为通知性质的信息展现,它可以直接表达一定的意义。"动作语具有个体性和普遍性,同时又是一种文化和语言特殊过程。上面所介绍的动作语系统的延续性既包括不断增长的动作语的'语言能力',也包括特异性到传统性动作语的传承,而且另一方面所有的动作语也是一个特异性、文化性和语言系统性的过程。"[50]动作语与人类的交流和身体表现活动在表演特征上有着紧密的联系。与声音一样,动作语也具有媒介的功能——它传递着尚不存在的且事先无法感知的现实。

表演对新媒体的使用,从一开始就具有重要作用。"计算机世界的戏剧性方面提醒着我们,我们感受着超文本发展的可变性和可扩展性,体验着网上交谈过程中关于一致性的表演建构过程。"[51]计算机作为媒体带来了新的知识形式和交互,在此基础上构建了它的媒体性。通过计算机的图像生成和处理能力,不可见的信息变得可见。计算机所具有的表演特征从一开始就引起了人类学关于表演维度研究的兴趣。

第三节　性　别

20世纪六七十年代关于女性的研究认为,对于由男性统治的世界来说,即使女性生活在这样的社会中,她们仍然是牺牲品,从而书写了女性发展的历史。但是这种研究势头慢慢变弱,取而代之的是20世纪80年代兴起的关于"性别"的研究,这种研究注重"女性之间的差异、男性之间的差异、对于性别的整体研究,同时还包括其他阶级范畴的问题,比如种族、人种、宗教、等级、地位、性的定位或条件。性别研究不再只关注'女性'或'男性',而是注重性别差异上的文化表征和相互作用,回归生物现象其自然化的定义。"[52]代替了男性—女性、自然—文化的两极化分析走向,这种研究更加重视性别差异作为文化意义上的重要表现,而且强调性别差异的研究要植根于相应的历史和文化背景之中。

按照历史文化人类学的观点,性别具有历史和文化的可变性。朱迪斯·巴特勒也认为性别不应该只属于自然属性,它由表演行为所创生。[53]在这个过程中,重复、语言使用、过程操控、行为实施都具有重要的影响。有关性别和性别确证的表演性的问题体现在塑型实践、性—性别—欲望三者之间的关系方面,这种实践和关系应该按照不同的历史时期和文化背景来研究。从方法论的角度来看,概念的历史化进程、材料分析和理论假设的结合以及性别统一的潜在行为,都扮演了重要角色。

米歇尔·福柯在他的社会建构主义中提出了话语分析(discourse analysis)学说,在这种理论中,身体的定向被认为是知识和权力结构的结果。与这种理论不同,由此建立的塑型的概念包括三个方面:第一是过程性,其中可以产生性别的塑型;第二是关系性,借此来强调过程的集合的一面;第三是具体塑型实践的历史性和文化性。过程性表明,性别塑型是一个伴有大量重复、中断和补充的过程,在这个过程中性别习惯得以养成。"巴特勒认为身体有三个层次:物质化的身体,即遵循生产过程,这都是适于身体的需要的;主体化的身体,在确证的过程中,身体作为肉体的、多愁善感的身体会对童年时期的同性客体进行模仿,并予以保留;最后是行为的身体,它主要表现在身体确证的社会交互中。"[54]塑型过程的关系性体现在社会化性别定向的集体特征以及性别感养成的集体意义方面。主体不是通过个别化,而是通过普遍化来发展他的性别。塑型过程的历史性包括变化性,即不同性别的养成。

成长阶段对于性别确证的成型和磨炼具有重要意义,尤其在童年时代快要结束时以及与同伴们相处的那段时间。价值和源自家庭的态度将被改变、打乱和重新建立;运动、手势、行为将会在性别确证的过程中得到尝试,并在重复中得到巩固。同伴关系推动个体变为青少年。而且通过游戏和体育文化的实践活动,性别确证也会得到建立与加强。在体育运动中有一种值得注意的按照性别来分派任务、人员划分的"性别地理学"(gender geography),它对于性别确证的表演和巩固具有重要意义。

对于性别确证的发展来说,其第二个重要方面在于性—性别—欲望三者之间的关系,这种关系被看作"异性恋矩阵",朱迪斯·巴特勒这样描述道:"它由解剖学维度的性、社会学维度的性别和欲望所构成,而且这三个方面又可以相互替换。"[55]通过分析异性恋矩阵失败的表演情况,我们能够审视每一种性别顺序。性别行为的表演性对于中断和过渡阶段是很重要的,由此可以发展女性和男性之间新的形象。以对"成长的解释"为例,其中有一种情况就是"介于两性之间",或者表演为经常穿戴异性的服装,或者表演为经常装扮成异性的样子,比如在现代早期的戏剧中男扮女角的情况。断裂的情况也表现在异性恋矩阵中的欲望维度,比如"酷儿理论"(queer theory)所关注的东西。[56]"拉康认为,'欲望'与语言有着一定的区别。拉康与弗洛伊德的立场之间的一个决定性区别是,弗洛伊德认为性欲可以通过不同的对象得到满足,而在拉康看来,欲望永远不能得到满足,而是从一个能指转喻到另一个能指。欲望因此是永远也不可能得到满足的。"[57]异性恋矩阵的断裂还表现为以下几个实例：当代男性同性恋故事的叙述，中世纪普罗萨-兰斯洛特（Prosa-Lancelot）男性友谊中的欲望，现代早期莎士比亚作品《皆大欢喜》(*As You Like It*)[58]中关于性别的舞台表现。

　　关于性的塑型实践以及性—性别—欲望三维坐标的断裂和转喻，充分说明了"表演"在性别形成中的重要作用。集体实践中的性别活动开创了这样的新视角，即将身体作为动因、物质和性别差异表征的载体。

注　释：

　　[1] Milton Singer, *Traditional India. Structure and Change*, Philadelphia：American Folklore Society, 1959, p.xiii.

　　[2] Milton Singer, *Traditional India. Structure and Change*, Philadelphia：American Folklore Society, 1959, p.xiii.

　　[3] Ulrike Bohle & Ekkehard König, "Zum Begriff des Performativen in der Sprachwissenschaft", in *Paragrana. Internationale Zeitschrift für Historische Anthropologie*, Erika Fischer-Lichte and Christoph Wulf（eds.）, 10/1（2001）, pp.13–34；参见 Sybille Krämer & Marco Stahlhut, "Das 'Performative' als Thema der Sprach-und Kulturphilosophie", in *Paragrana. Internationale Zeitschrift für Historische Anthropologie*, 10/1（2001）, pp.35–64.

　　[4] 参见 Jutta Eming, Ingrid Kasten, Elke Koch & Andrea Sieber, "Emotionalität und Performativität in der Literatur des Mittelalters", in *Paragrana. Internationale Zeitschrift für Historische Anthropologie*, 10/1（2001）, pp.215–233。

　　[5] Hans-Jürgen Bachorski, Werner Röcke, Hans Rudolf Velten & Frank Wittchow, "Performativität und Lachkultur in Mittelalter und früher Neuzeit", in *Paragrana. Internationale Zeitschrift für Historische Anthropologie*, 10/1（2001）, pp.157–190.

　　[6] Horst Wenzel & Christina Lechtermann, "Repräsentation und Kinästhetik. Teilhabe am Text oder die Verlebendigung der Worte", in *Paragrana. Internationale Zeitschrift für Historische Anthropologie*, 10/1（2001）, pp.191–213.

　　[7] 参见 Erika Fischer-Lichte & Jens Roselt, "Attraktion des Augenblicks-Aufführung, Performance, performativ und Performativität als theaterwissenschaftliche Begriffe", in *Paragrana. Internationale Zeitschrift für Historische Anthropologie*, 10/1（2001）, pp.237–253。

　　[8] 参见 Lea Vergine, *Body Art and Performance. The Body as Language*, Milan：

Skira,2000。

[9]Christoph Wulf,Michael Göhlich & Jörg Zirfas(eds.),*Grundlagen des Performativen. Eine Einführung in die Zusammenhänge von Sprache,Macht und Handeln*,Weinheim:Juventa, 2001,p.13;参见 Uwe Wirth(ed.),*Performanz.Zwischen Sprachphilosophie und Kulturwissenschaften*,Frankfurt/M.:Suhrkamp,2002。

[10]Wolfgang Iser,*The Fictive and the Imaginary.Charting Literary Anthropology*,Baltimore:Johns Hopkins University Press,1993.

[11]Theodor W.Adorno,*Ästhetische Theorie*,Frankfurt/M.:Suhrkamp,1970.

[12]Paul Ricoeur,*Temps et récit*,3 vols.,Paris:Seuil,1983.

[13]Gunter Gebauer & Christoph Wulf,*Mimesis.Culture-Art-Society*,Berkeley:University of California Press,1995.

[14]Adorno,op.cit.,p.121;Theodor W.Adorno,*Aesthetic Theory*,trans.Robert Huttot-Kentor,Minneapolis:University of Minnesota Press,1997,p.77.

[15]Iser,op.cit.,p.297.

[16]Iser,op.cit.,p.297.

[17]Iser,op.cit.,p.299.

[18]参见 Christoph Wulf et al.,*Das Soziale als Ritual.Zur performativen Bildung von Gemeinschaften*,Opladen:Leske und Budrich,2001;Christoph Wulf et al.,*Bildung im Ritual. Schule,Familie,Jugend,Medien*,Wiesbaden:Verlag Sozialwissenschaften,2004;Christoph Wulf et al.,*Lernkulturen im Umbruch.Rituelle Praktiken in Schule,Medien,Familie und Jugend*,Wiesbaden:Verlag Sozialwissenschaften,2007。

[19]仪式研究项目组(Rituals Working Group),"Differenz und Alterität im Ritual.Eine interdisziplinäre Fallstudie",in *Paragrana.Internationale Zeitschrift für Historische Anthropologie*,13/1(2004),pp.187−249。

[20]参见 Christoph Wulf & Jörg Zirfas(eds.),"Die Kultur der Rituale.Inszenierungen, Praktiken,Symbole",in *Paragrana.Internationale Zeitschrift für Historische Anthropologie*, 12/1+2(2003);Christoph Wulf & Jörg Zirfas,"Innovation und Ritual.Jugend,Gesellschaft, Schule",in *Zeitschrift für Erziehungswissenschaft*,2nd supplement(2004);参见 Adam Kendon,*Gesture.Visible Action as Utterance*,Cambridge:Cambridge University Press,2004。

[21]参见 Dietmar Kamper & Christoph Wulf(eds.),"Metaphern des Unmöglichen",in *Paragrana.Internationale Zeitschrift für Historische Anthropologie*,9/1(2000)。

[22]参见 Jürgen Trabant,*Artikulationen.Historische Anthropologie der Sprache*,Frankfurt/M.:Suhrkamp,1998;Jürgen Trabant,*Mithridates im Paradies.Kleine Geschichte des Sprachdenkens*,Munich:Beck,2003;Jürgen Trabant&Achim Eschbach,*History of Semiotics*, Amsterdam,Philadelphia:J.Benjamins,1983;Jürgen Trabant,*New Essays on the Origin of Language*,New York:Mouton de Gruyter,2001。

[23]参见本书第十一章,以及 Hans Belting,*Bild-Anthropologie.Entwürfe für eine Bild-*

wissenschaft, Munich: Wilhelm Fink, 2001。

［24］参见柏林自由大学"表演文化"特别研究项目组的相关出版物,特别是:Erika Fischer-Lichte & Christoph Wulf(eds.) , "Theorien des Performativen", in *Paragrana. Internationale Zeitschrift für Historische Anthropologie*, 10/1(2001) ; Erika Fischer-Lichte & Christoph Wulf(eds.) , Praktiken des Performativen, *Paragrana. Internationale Zeitschrift für Historische Anthropologie*, 13/1(2004)。

［25］参见 Christoph Wulf & Jörg Zirfas(eds.) , *Ikonologie des Performativen*, Munich: Wilhelm Fink, 2005。

［26］参见 Norman K. Denzin & Yvonna S. Lincoln(eds.) , *Handbook of Qualitative Research*, London, Thousand Oaks: Sage, 1994; Uwe Flick, *An Introduction to Qualitative Research*, London, Thousand Oaks: Sage, 1998; Barbara Friebertshäuser & Annedore Prengel (eds.) , *Handbuch qualitative Forschungsmethoden in der Erziehungswissenschaft*, Munich: Juventa, 1997; Ralf Bohnsack, *Rekonstruktive Sozialforschung. Einführung in qualitative Methoden*, Opladen: Leske und Budrich, 2003。

［27］参见行为文化合作研究中心五个跨学科工作组的相关研究,*Paragrana. Internationale Zeitschrift für Historische Anthropologie*, 13/1(2004) ,以及后续期刊。

［28］Maurice Merleau-Ponty, *Phenomenology of Perception: An Introduction*, trans. Colin Smith, London, New York: Routledge, 2002, p.246.

［29］参见 Maurice Merleau-Ponty, *The Visible and the Invisible. Followed by Working Notes*, Evanston: Northwestern University Press, 1968; 参见 Gunter Gebauer & Christoph Wulf, *Spiel-Ritual-Geste. Mimetisches Handeln in der sozialen Welt*, Reinbek: Rowohlt, 1998, p.58。

［30］Bernhard Waldenfels, *Sinnesschwellen. Studien zur Phänomenologie des Fremden*, Frankfurt/M.: Suhrkamp, 1999; Bernhard Waldenfels, *Das leibliche Selbst. Vorlesungen zur Phänomenologie des Leibes*, Frankfurt/M.: Suhrkamp, 2000; Bernhard Waldenfels, *The Question of the Other*, Albany: State University of New York Press, 2007; Bernhard Waldenfels, *Order in the Twilight*, Athens: Ohio Press, 1996.

［31］Gernot Böhme, *Ästhetik. Vorlesungen über Ästhetik als allgemeine Wahrnehmungslehre*, Munich: Wilhelm Fink, 2001; 参见 Martin Seel, *Ästhetik des Erscheinens*, Munich, Wilhelm Fink, 2000; Erika Fischer-Lichte, *Ästhetik des Performativen*, Frankfurt/M.: Suhrkamp, 2004.

［32］参见 Michael de Certeau, *The Practice of Everyday Life*, trans. Steven Rendell, University of California Press, 2002, p.99。

［33］参见 Horst Wenzel, "wan die vrumen liute sint/und suln sîn spiegel dem kint. Zur kinästhetischen Wahrnehmung von Schrift und Bild im ' Welschen Gast ' des Thomasin von Zerclaere", in *Kunst der Bewegung. Kinästhetische Wahrnehmung und Probehandeln in virtuellen Welten*, Christina Lechtermann & Carsten Morsch(eds.) , Berlin: Lang, 2004, pp.181 – 215。

［34］"Working Group on Perception and Performativity", in *Paragrana. Internationale*

Zeitschrift für Historische Anthropologie 13,1(2004),pp.15−80,p.27.

[35]参见"Working Group on Perception and Performativity", in *Paragrana.* *Internationale Zeitschrift für Historische Anthropologie* 13,1(2004),pp.15−80,p.31。

[36]Waldenfels,*Sinnesschwellen*,op.cit.,p.64.

[37]Working Group on Perception and Performativity,op.cit.,p.51.

[38]参见 Katharina Müller & Gisa Aschersleben(eds.),*Rhythmus.Ein interdisziplinäres Handbuch*,Bern:Huber,2000。

[39]Working Group on Perception and Performativity,op.cit.,p.65.

[40]"Working Group on Media:Über das Zusammenspiel von 'Medialität' und 'Performativität'",*Paragrana*,13/1(2004),pp.129−185.

[41]"Working Group on Media:Über das Zusammenspiel von 'Medialität' und 'Performativität'",*Paragrana*,13/1(2004),p.131.

[42]"Working Group on Media:Über das Zusammenspiel von 'Medialität' und 'Performativität'",*Paragrana*,13/1(2004),p.132.

[43]"Working Group on Media:Über das Zusammenspiel von 'Medialität' und 'Performativität'",*Paragrana*,13/1(2004),p.141.

[44]"Working Group on Media:Über das Zusammenspiel von 'Medialität' und 'Performativität'",*Paragrana*,13/1(2004),p.143.

[45]"Working Group on Media:Über das Zusammenspiel von 'Medialität' und 'Performativität'",*Paragrana*,13/1(2004),p.151.

[46]"Working Group on Media:Über das Zusammenspiel von 'Medialität' und 'Performativität'",*Paragrana*,13/1(2004),p.157.

[47]"Working Group on Media:Über das Zusammenspiel von 'Medialität' und 'Performativität'",*Paragrana*,13/1(2004),p.163.

[48]"Working Group on Media:Über das Zusammenspiel von 'Medialität' und 'Performativität'",*Paragrana*,13/1(2004),p.164.

[49]参见 Reinhard Meyer-Kalkus,*Stimme und Sprechkünste im* 20. *Jahrhundert*,Berlin:Akademie,2001。

[50]Working Group on Media,op.cit.,p.67;参见 Gebauer & Wulf,*Spiel-Ritual-Geste*,op.cit.,p.80.

[51]Working Group on Media,op.cit.,p.169.

[52]"Working Group on Gender:Begehrende Körper und verkörpertes Begehren. Interdisziplinäre Studien zu Performativität und 'gender'", in *Paragrana*.13,1(2004),pp. 251−309,p.251.

[53]Judith Butler,*Gender Trouble.Feminism and the Subversion of Identity*,New York:Routledge,1990;Judith Butler,*Excitable Speech.A Politics of the Performative*,New York:Routledge,1997.

［54］Working Group on Gender,op.cit.,p.259.

［55］Working Group on Gender,op.cit.,p.280;参见 Butler,*Gender Trouble*,op.cit。

［56］Wolfgang Hegener, "Aufstieg und Fall schwuler Identität.Ansätze zur Dekonstruktion der Kategorie Sexualität", *Zeitschrift für Sexualforschung*,6(1993),pp.132–150.

［57］Working Group on Gender,op.cit.,p.284.

［58］译者注:也翻译为《如你所愿》。

第九章　仪式的再发现

　　一段时期以来,在关于人的科学中,仪式问题又被重新发现和重视起来。在"新的非了然性"(Neue Unübersichtlichkeit)的悲叹发出之后,它并没有引发社会瓦解和价值的丧失。抵抗社会瓦解和稳定社会秩序要求一种启蒙运动,其中仪式化运动将会做出重要贡献。纳粹主义和1968年的解放运动中所涉及的仪式范畴,主要是以激进和暴力作为主题的,然而今天我们将更加关注仪式在创造社会的过程中所发挥的作用。[1]长期以来,仪式仅仅被视为限制或压制个人自由的一种手段,而如今,它们再次被视为社会活动的重要形式,对个人生活世界和社会生活的塑造至关重要。仪式可以弥补集体、秩序和安全等方面的损失并进行补充,社会和文化结构的侵蚀、不断扩展的个人化、生活相关事物的抽象化和可视化的增长,这些都与仪式紧密相关。

　　仪式几乎在人类生活的所有方面都扮演着重要角色;在宗教和政治、经济和科学、家庭和学校当中都离不开仪式。仪式主要作用于共同点和差异,它可以创造集体和社会关系,并对人的关系进行规划。仪式将历史、现在和未来联系起来。它为延续和变动以及过渡和转变的经验创造可能。[2]仪式无疑在社会的方方面面都具有重要意义,所以也不存在一个可以被普遍接受的关于仪式的理论,它在不同的科学领域中具有不同的地位。由于这种情形,所以很难就仪式的理解达成一致意见,各种关于仪式理论和研究内容的观点都很丰富,降低这种丰富性是没有意义的。促成这一领域的复杂性和研究主体的多样化正是我们所要面对和努力的方向。[3]

　　仪式理论的多样性说明了仪式范畴的广泛性。大量的社会性仪式都与过渡有关，与此不同，众多的日常和交互仪式经常是不明显的。这些仪式活动经常与其他日常行为相互交错和关联。区别一种场景式的活动是不是仪式，通常并不是很容易。与社会及其封闭的世界和自我图景不同，仪式总是具有明显的目的，但是确定仪式在当今社会中所伴随的开放的自我和世界图景还是比较困难的。然而，不断增加的社会差异化对于仪式概念的扩展还是起到了一定的推动作用；不断丰富的仪式概念能够对当今社会关系中新出现的具有仪式特征的现象进行认识和分析。这种情况要求我们对这种特殊性进行解释，为什么一种社会现象可以被看作一种仪式并被合适地表现出来。仪式的概念具有建构性的一面，社会过程可以从这方面按照特定的观点进行分析。仪式现象的范围从日常仪式、宗教仪式到政治仪式，包括青年人的反抗仪式，这些仪式使他们能够表达个性和独立性。将社会现象作为仪式和仪式活动来分析，可以获得对社会的深层结构的理解和说明。

第一节　仪式的分类

对仪式进行层级划分时应该注意到，仪式是多维符号化和建构过程的结果，当描述已经使用的仪式的概念和理论时，需要考证和研究的现象就会变得更加复杂。人们试图对仪式研究的领域进行分类，主要包括以下几种不同的仪式：

- 通过仪式（出生和童年、成人和青年、结婚和死亡）
- 受任或就职典礼（接受新的任务和职位）
- 节日庆典（圣诞节、生日、纪念日、国家节日）
- 加强关系的仪式（聚餐、联欢、爱、性）
- 反抗的仪式（争取和平的运动、保护生态环境的运动）
- 交际仪礼（欢迎、告别、冲突）[4]

其他的分类方法同样值得考虑，都将对仪式研究复杂的领域定位有所帮助。以下列举几种不同类型的仪式行为：仪式化、习俗、典礼、礼拜、庆典。[5]

仪式化的概念来源于动物行为学,主要描述动物在发生交配和攻击行为时的仪式行为。仪式化的行为都是主动的并可以带来预想的反应;它是信号的、形式的、表达的、重复的;它减少了社会环境的模糊性。它促成一种特殊类型及社会行为,减少个体发生错误的可能。虽然动物行为与人类行为之间有很多相似之处,但是两者之间还具有显著差别。动物行为首先是遗传性获得的,而人类的行为具有广泛的文化多样性。

习俗是日常行为仪式的主要体现,通过习俗每一个社会主体都可以习得符合其生活实践的互动形式。习俗包含实践性知识,但是对此人们却很少去考虑,同时个人的行为应该符合相应的社会环境。通过重复和练习,人们的行为方式可以得到塑造和巩固。[6]

典礼是依照一定规格、有多人参加、具有一个共同目标、经常是庆祝某种特殊情况所举行的活动。它是所有成员的集会,可以显示一定的权力。开幕和就职都需要一个庆祝活动来迎接新的情境。国庆和纪念日都离不开典礼活动,政治和社会机构可以借此机会表现自己。[7]

礼拜与上面提到的仪式不同,它与超验具有一定联系。它们以探究的方式接近神圣,并在"被动活动"中向神敞开心扉。礼拜是一种象征性的深层次接受性的行为,伴随沉默的仪式和忏悔式的修炼来完成。参加者在其中总是有所期待,但对于这种期待他们往往无能为力。礼拜可以彰显神的力量,并给人们以心灵上的安全感;在礼拜中,已经存在的结果可以得到回忆、显现、重复、拥有。[8]

庆典,例如狂欢节、生日会、婚礼等,都具有仪式的成分。它多姿多彩、形式多样,它的空间具有特殊性和社会创造力。它具有仪式的戏剧性和表演性的一面。它包含游戏性的瞬间。总之,庆典规划着其自身的感受和表现,并不考虑持续性、真实性和起源所在。[9]

这种对仪式行为类型的分类,是根据它们的出现和作用,假定所有的仪式现象都具有相同的地位和价值。在这种方法中,"仪式"或"仪式化"这两个术语并不是用来作为一个总括术语,以确定不同类型的仪式现象之间的共性。因此就不大可能对仪式的组织进行结构化的分析,它的目的是强调其普遍性和共同性。对于仪式的比较研究而言,这种分析方法是非常必要的,它适于研究仪式行为的结构和功能关系。

在仪式中,相同点和差异点都将得到关注。仪式可能创生一个内部和一个外部,有包括也有排除。仪式不仅表现为言语交流,还表现为身体物质化。它可以疏导现实的和潜在的暴力,并建立秩序。这些过程越具有自然性,其社会性和历史性就越不足,因此在仪式范围内会伴随着原则的变化性。仪式的作用首先建立在身体的表现和表演上,其中图像、形象、范式和顺序占据了参加者对于仪式的回忆和解释世界,并发挥其作用。[10]因此,仪式行为的这种"印象"被象征性地复制下来,与仪式的意义同时铭刻在身体上。在这些过程中,社会联系和权力关系具有重要作用,因此,仪式可以体现不同的社会阶级,并以想象的方式发挥其作用。

第二节　历史的视角

为了理解仪式对于社会、文化、个人和集体形成的特殊作用,需要通过历史的视角对仪式研究的发展进行分析,同时可以显示出不同方法的多样性,通过对这种复杂性的研究,来揭示仪式和仪式化进程的复杂性。这种研究至少在四个方面是与以往有所不同的。第一,强调宗教、仪式和神话之间的关系。[11]第二,仪式有利于社会结构的构建。[12]第三,认为仪式可以像文章一样进行阅读,进而理解一个群体集团的文化和社会动态特点。[13]仪式的研究还可以理解为文化符号化的意义,这方面开辟了很多崭新的研究。[14]第四,仪式的表现性、表演性、实践性和身体性的相关方面。[15]

一、宗教、仪式和神话

自19世纪末以来,在宗教学和民族学的发展中,突出了宗教、社会形成和仪式的关系。核心问题是,宗教是源于神话还是源于仪式?古典的剑桥学派认为,仪式存在于宗教之初,而米尔恰·伊利亚德(Mircea Eliade)认为,仪式源于神话。詹姆斯·弗雷泽(James G.Frazer)重申,最初的仪式是与宗教文化相联系的,神话则是仪式活动的一种表现形式。詹姆斯·弗雷泽和艾伦·哈里森(Ellen Harrison)[16]对于神话和童话进行了研究,并确定了其中所沉淀的仪式成分。另外,神话也被认为是神圣的表述,它保证了仪式行为的永久有效,按照这种观点,这些活动仅仅是宇宙神话的再现。这两种情形说明,仪式与神话在宗教中是相互统一的,人类生活存在于宇宙秩序中,相互联系、绵绵不断。而且这两种观点表明,宗教既是神话的表述,又需要仪式的实践,只有这样,这两种意见才可以相互补充、相辅相成。

二、结构和功能

社会功能在上述这些方面中居于中心位置,由此也是一种对仪式的机械理解。其目的在于社会任务的完成,其他方面不能或者很难被认识到。仪式构建了社会集团和机构,并可以避免或化解冲突,各种机构之间可以相互协调而不是取消和瓦解。仪式规范了社会过程,并包容和沟通不同群体之间的关系。涂尔干将这种功能概括为关于行为规范的话语,它确定了人们如何按照神的旨意行事、社会如何树立自己的形象。在仪式中,人们处在一种集体的情绪和不断高涨的行动精神中,这样仪式才能发挥作用,个体才会在这种膨胀的集体中得到确认。就集体的超验性方面来说,仪式可以产生一种集体的宗教性的自我理解,仪式参加者可以被激励并在其中感受自己存在的意义。这样便可以形成参加者确证自己身份的有效基础,并建立自己与其他参加者之间的联系。

范·盖内普(Arnold van Gennep)关于通过仪式的理论也暗含着这种功能。对社会来说,仪式可以对地点、时间、事物和不同年龄段的人进行组织。由此,这些转换之间才得以顺利进行,这种转换包括三个仪式阶段:分离、阈限、再聚合。第一阶段,离开现在的情境;第二阶段,包括转变和变换的一种过渡;第三阶段,达到新的情形,以适应新的统一。特纳也这样认为,以这种观点来看,仪式便成为社会动态变化的组成部分,社会的结构和组织得以包含、改变和更新。这些过程以一种由四个层次组成的"社会剧"形式呈现出来。第一层次是社会中存在的差别和裂隙;第二层次是由此产生的意识和危机的尖锐化;第三层次是整个过程的管理模式;第四层次是最终的重组,或者是走向最终的决裂。仪式介于结构和反结构之间,在于稳定的组织结构和一个几乎无组织的情况之中,这一点被特纳称作共睦态(communitas)。从特纳关于仪式作为"社会剧"的观点出发,我们便可以回到仪式的表演特点这一主题上来。

三、仪式作为文本

在这一观点中,仪式的象征结构位于核心位置。仪式被定义为由符号组成的行为和文化的单元,它可以用来阅读和表达。对仪式的阅读和理解可以获得关于社会关系的解答,这些较少体现在仪式的组成维度之中,而更多地体现在作为价值和意义的承载者其符号学和语义学的维度之上。仪式被认为是交互和交流的重要形式,其中人类关系构成的社会被牵引到仪式交际的文化背景之中。仪式可以像文本一样来品味;因此仪式行为甚至可以代替一首诗歌(格尔茨)。这种情形正像是进一步理解需要破译的潜在意思,对这类文章的集中理解将化作一种文化影响。按照萨林斯的这种解释,在西方文化中,商品生产的制度化处在非常显著的位置。因此,仪式在源文化和其他文化之间存在一定的差别,其中,不同地区存在着社会关系尤其是亲属关系以及符号的差异。[17]

格尔茨认为文化是一种"文本的蒙太奇",文化可以通过对符号结构化的和编码式的仪式进行破译。在关于巴厘岛斗鸡活动的描述和解释中,他便选择了这种文化分析方法。文化在人的身上具有持续的影响,因为文化的概念能够呈现出一定的秩序,这种秩序既可以被表述,又可以被表现。对于仪式来说,文化意味着它包含两个相互不能削减的元素:一个是世界观,即一种文化的可以认知的存在的方面;一个是处理方法,即存在于每一种文化中的社会行为的特殊立场和动机前提。在世界观和行为方法之间并不存在什么等级,两者是同源的。符号和仪式行为呈现出社会情形的图像,同时提出相应的行为要求。经验生成于有关文化的符号系统之中,它对以后的仪式行为会产生一定的影响。在仪式中,文化的社会伦理道德和世界观将通过象征过程借助身体传递给人。仪式就像文本一样可以赏阅,从而从中理解某种文化和人们的行为。

上面所描述的三方面内容并不是相互孤立的,它们之间有着密切的关系并相互补充。尽管功能主义方法经常提供很多信息,但由于仪式的身体特性,它们常常被过度确定,因此仪式不能简化为简单地完成任务。否则,它们在仪式表现和操作中作为方法,很可能会被表现的美学形式和风格所忽略。将仪式作为文本来阅读,这时,阐释学观点就显得非常必要和丰富,它可以帮助我们理解文化,阐释学的分析可以在脱离仪式的表演特征之下来揭示与仪式相联系的身体的物质属性。这一点在表演学方面也显得非常重要,仪式的符号结构的关系以及与此相关的阐释学方面的研究都是不可回避的。这同样适用于功能方面的观点,否则,我们几乎无法对仪式进行分析。关于仪式、神话,以及对宗教和神话起源问题的孤立讨论,对于目前仪式研究来说,已经不怎么被采用了。

四、仪式和表演性

接下来,我们主要关注一下仪式研究中有关表演的方面,其中身体的表演和实践性将是重点讨论的内容。仪式的表演性方面的研究,以理论和实践研究为依托,揭示了仪式结构和行为的复杂性。

(一)仪式生成社会

没有仪式,社会集团是难以设想的。因为社会通过仪式构建自己,社会是仪式的缘由、过程和效果。仪式行为的象征和表现内容生成和稳固了仪式本身的属性。仪式塑造了由所有成员构建的集体的秩序,尽管也有可能带来各种不同的影响。这些秩序和规矩是真实存在的,同时也可以在仪式参加者的想象中留下印迹;秩序和规矩为参加者提供了确定性,从而帮助他们预见其他参加者的行为。仪式的框架创设了日常生活中各种行为之间的相似性。超出和突破这一范围的行为还是很少的,一旦发生,其后果就会得到相应的处理或者范围就会被改变。通过其所在的范围,仪式参加者的行为会产生相互影响,参加者回应其他参加者,相互之间由此产生新的行为。

仪式行为由于其自发性和游戏性特点而被预见。机构化和规范化的社会通常实行一种集体的已经分割的符号知识和仪式化的交互方式,仪式的知识从而得到表达和修改。这些知识在每一个仪式中不断地显现,是自我表现的一种方法,也是安全和社会秩序转变的一种途径。在对集体外部和内部世界之间差异的对待和处理过程中,仪式扮演着重要角色。集体应对它所预见的差异,是为了减少对集体的威胁,而且这种应对措施会给集体带来积极影响。一般来说,通过仪式的不断重现,可以完成上述任务。由于这是一项联合活动,为了使仪式活动成功,必须抑制差异。如果不这样做,也没有举行仪式活动,社区将会面临危险。社会作为一个表现的社会,生成于仪式行为之中。[18]

(二)仪式表演的创新性和连续性

在仪式的上演和表演过程中,一个新的社会现实得以创建,这个实相并不完全是新的,因为它的先前版本曾经存在过,然而,在这个特定的时间之前,它在这个特定的地点并没有以这个特定的形式存在过。在与以前的仪式关系的关联中,每一种表现和表演都将形成一个新的仪式现实、一个新的仪式联合(关系)。这种仪式联合(关系)可以与执行仪式的人一起形成,也可能是一种行为的重复,来形成这种联合。不同的仪式表现和表演造就了不同的仪式联合。仪式联合关系体现在仪式的表现内容和风格之中。在仪式的表现中,仪式联合关系可以呈现出其他关系不能展现的内容。因此,我们可以将仪式表现看作一个"窗口",通过这个"窗口",我们可以窥探一个社会集团的深层结构,它同时为新文化的诞生创造了可能。仪式的表现和表演可以将不可见的东西变得可以观察。所不同的是,它以社会现实所创生的行为的方式出现,正像所预料的那样,这种行为具有一定的独立性。

当今的仪式表演与原来的仪式表演之间存在一定的联系。当然,这种联系还是有一定差别的。在很多情况下,这种联系很紧密,在另一情况下又会很松散。然而,在这两种情况下,仪式的执行都建立了一种连续性形式,这对仪式的有效性很重要。在很多情况下,历史连续性可以稳定社会集团的秩序,并使秩序合法化。然后,这种历史连续性将仪式中所构建的已经被认识的社会情形表现出来,从此变得"自然而然"。社会力量通常通过这种方式进行划分,社会阶级被默默地重新确定,这一过程是公开可见的,并且需要意识形态层面的批判性分析。

(三)仪式的表演功能

仪式的表演功能在仪式进行过程当中表现得相当突出,通过"展现"这个定义就可以看出仪式主要是以视觉情景来完成的。每一个仪式展现都具有一个行为表现的空间,这种空间随着不同的仪式而有所区别。只有在极个别的情况或者非正常情况下,仪式才成为一种僵固不变的强迫行为。否则,仪式都将以丰富多彩的形式进行表现。以美国总统就职为例,整个仪式由经过精心设计的场景组成,并经过多次彩排演练,最终可以给人们留下深刻的印象和影响。[19]在其他情况下,仪式的进行一般带有自发性和冲动性,就仪式表现本身来说几乎很难辨别。在这些仪式中,不仅可以紧扣仪式的范本,还可以根据需要创造出瞬间表现。自发的游行运动就是这类仪式的一种典型例子,表现和表演进一步得到结合,而且这两者还可以各放异彩。尤其是在这种情况下,还会产生这样的疑问:谁在表现这个仪式,又是谁在背后"操控"这个仪式?是否可以在仪式中创生一个传统、一个集团、一个人或者一个集体想象及相同的实践性知识?

(四)仪式与身体的复杂关系

当我们探讨仪式的策划和举行时,无疑要考虑到行为的载体——身体与它们的复杂关系。在一个仪式中,身体是如何表现的?又是如何组织的呢?在仪式中,从集体、个人和文化方面来讲,人们又会获得怎样的感受?所以,我们要关注一下身体的运动和实践过程。[20]身体是如何与仪式空间相适应,又是依照怎样的节奏呢?身体之间的距离,它们彼此接近的方式以及距离本身都很重要,这些因素对于仪式来说都具有重要意义。人们(在仪式中)处于怎样的位置?他们是站是坐?他们在舞蹈中身体是如何运动的?身体的姿势具有象征的作用并传达着相应的意义。某些姿势(动作语)可以被看作无字的语言,我们还可以对图像化的姿势和符号化的姿势进行辨别。图像化的姿势就是简单的"图像"动作,其意义不依赖于一定历史时期的知识或者特定的文化。这一类姿势包括摆手示意、疲惫的表情或者双手合十贴于脸庞表示睡觉之意,等等。另一类姿势成为象征性姿势,它们的意义是与历史和文化紧紧相依存的,理解这类姿势必须以充分理解相应的历史和文化为前提。总之,在仪式中身体的"逻辑"、表演、表现都具有重要作用。尤其是在身体表现的潜意识感觉状态下,我们就可以感受到仪式的气氛。在我们意识到别人身体之前,他们的身体已经注意到了我们,并通过我们的感觉得到确认。[21]由此,仪式在整个集体中得以执行,仪式需要这样一种贯穿于人们之间的能量和力量的流动体验,这是一个激荡在身体和精神边界之中的美妙过程。[22]

(五)仪式中的社会等级与力量关系[23]

美国总统的就职仪式就可以作为最好的例证。[24]这个舞台性仪式表明:只有一个美国总统。这一场景被公开展现,并且通过电视传到世界的各个角落,这也恰恰实现了仪式的功能。通过仪式活动人们可以很清楚地看到,谁将是大权的所有者。新总统的就职演说将吸引大家的注意,从而使大家了解以后的政治力量将指向哪些方面。并不是所有的仪式都可以体现如此明显的权力结构。巴特勒已经作了充分的证明,即仪式的重复是一种最具效果的社会策略,它可以建立和巩固力量关系。[25]首先,性别归属就是一种仪式的重复,它是一种群体范围内的确证。[26]在家庭中,早餐可以看作一种仪式,这种仪式将会涉及包括性别、辈分之间的问题。[27]在这些仪式中,将会有很多方面同时发生关系、产生作用。因为集体的相互关系依赖于权力的分配,这种依赖关系正是仪式组织的重要任务之一。力量的平衡不一定要与相关的问题相对应,它与这些问题相伴而生或者密切地发生作用。

(六)仪式空间

仪式都离不开时间和空间,因为有了这种时空关系,仪式的历史和文化特点才能得以呈现。不同的空间以不同的方式影响着仪式的结构、质量和类型。仪式空间依不同的物质条件而相互区别。一方面,仪式空间可以完成仪式的进行[28];另一方面,借助于身体运动、场景、象征的氛围,仪式可以构建属于这个仪式的空间。仪式和空间并不是主体与客体、原因与结果的关系,而是一种平等互换的关系。而且仪式和空间还具有表演的特点。一方面,一个经过布置的体育馆可以召开学校的开学典礼,一所教堂可以举行年轻人的坚信礼;另一方面,学校的庆祝活动可以将体育馆变成一个礼堂,同样,坚信礼可以将教堂变为一个充满活力的圣殿。真实的、虚幻的、象征的、想象的空间伴随着身体的运动,对于仪式行为的产生来说,这种融合能够发挥重要作用。

真实的空间、虚构的空间、象征的空间、想象的空间,它们与身体的运动相互交织在一起,营造出一个形式化的境界;由此产生一种氛围,仪式的行为人能够在其中受到影响。一定的行为会在具有相似的氛围、结构和功能的空间中进行重复,这种行为曾经发生,但是它又专属于每一个特定的空间。在模仿的相似空间条件下,仪式的行为人可以做出相应的改变。具有表演作用的仪式空间,如教堂、家里的起居室以及电子媒体所构建的虚拟空间,它们彼此有别,并且具有不同的社会功能。

(七)仪式时间

除空间这一因素外,时间也是仪式行为的一个建构性条件[29]。与这一意义相关的是另外两个重要观点。一方面,在孩童关于社会时间结构的认识和养成中,仪式具有重要作用。父母在孩子很小的时候就开始引导他们养成符合儿童时期特征的时间节奏,使得孩子做好适应、形成社会时间结构要求的准备;在相关仪式的作用下,时间变为儿童生活早期的秩序力量。另一方面,在仪式的时间层面上可以形成实践性知识,这种知识对于仪式的表现和完成具有重要作用。因此,时间其实就是文化习得过程的一种结果,而仪式在其中扮演了重要角色。仪式的这种重复特征能够将时间的秩序刻画在身体之中,并借此形成结构。

很多仪式周期性地重复进行,它可以巩固集体的存在,集体的秩序和转换潜力也可以在这种重复中得到确证。仪式的目的在于展现集体或个人拥有的持续性、永恒性、稳定性、过程性、目的性。在有时间参与的仪式过程中,将会生成作为社会能力之一的时间能力;时间的仪式结构构成了当今社会共同生活的基础。

（八）仪式行为

每个仪式从始至终都会安排不同的仪式行为。仪式行为具有严格的前后顺序,它与仪式自身的顺序特点紧密相关。[30]仪式的行为遵循一定的顺序,同样也具有一定的时间性。仪式可以创设一个时间维度,这种时间不像日常生活中的时间那样稳定统一,它可以化作某个生命阶段的一个缩影。对事件本身的不断深化、事件的不寻常性以及事件的加速变化,都可以对仪式行为的规则起到强化巩固的作用。在很多仪式中,时间会带上一层神圣色彩。回忆和反思对于宗教具有建设性作用,它们与仪式一道可以将神的旨意转化到文化思维之中,从而使人们能够受之熏陶,并对今后的言行有所影响。对于这种神圣时间的体会,其长度实际上要比日常生活的时间要短。"通过仪式"一方面将人的生命历程分为几个具有独立时间运行体系的不同阶段;[31]另一方面,它可以在人的一生中形成连续性,并造就生命的意义。在仪式的时间结构中,不同的时间(时期)可以经常进行交换、叠加,(参加者)便可以获得一种复杂的时间体验。[32]

（九）仪式有利于差异发挥作用

比如中世纪时期的仪式性的莫雷斯卡舞(Moriskentanz)就可以清楚地证明这一点,这个仪式不但展现了与摩尔人战争的场面,而且刻画了骑士求爱的场景。[33]莫雷斯卡舞作为一种仪式既通过怪诞的表演表现了战争的场面,又反映了女人向男人们表达爱意的不同。仪式很好地完成了对不同之处的表现。而且在当今不同文化交织的社会中,仪式对于不同种族人们的交往来说都是至关重要的。它可以促进陌生者之间的交流,处理彼此之间的差异,改善社会的共同生活。学校组织为此提供了很好的例证[34],对于想象来说,象征性的、表演性的因素是同等重要的。

（十）宗教与神圣关系中的仪式

不论是否在礼拜中人们强调仪式对于宗教感的产生和维持所产生的作用,还是人们是否通过仪式来建立神圣感、使得社会可以自成图像展现在人们面前,在宗教与神圣之间的联系中,仪式确实扮演了重要角色。[35]在上文提到的美国总统就职仪式中,这种神圣感是比较明显的,它源于人们对神和国家的企盼和向往。而且高官的任用活动所具有的神秘感也是与这种神圣相关联的。[36] 在晚餐中,桌上的烛光就会营造出这种特殊的氛围,我们不禁会问,这种场景安排会不会将神圣感传递到日常生活中? 神圣标志越来越频繁地使用使得人们与宗教、神圣之间的关系产生了深刻的变化。[37]

人们越来越重视现实生活,宗教变得越发难以识见,随着生活领域的不断丰富,生活在具有纷繁复杂关系的世界中,所有现实造就我们这个庞大而多样的世界将不同的仪式赋予了各自的意义。[38] 目前,在国家、社会、政治和经济领域中,这种大型的仪式渐渐失去了重要地位;而且在日常生活中,规模较小的仪式也随着人和事的不同而不断改变。如果一些仪式比较特别,那么它们一般只和少数人发生关系;而更多的普通民众只是参加那些与他们的生活相关的仪式。业余时间的仪式多属于比较专业的仪式,参加这些仪式的人要求具有比较强的能力,才能被团队内的成员熟悉和接纳。[39] 仪式的可见性在不同的宗教和社会的主要领域中逐渐变弱。然而,仪式的基本意义并没有随着仪式行为的多样化而有所减少。具有表演性特征的部分组织需要更多个人的仪式和仪式行为作为依托;在一定的范围和关系中产生了很多不可或缺的仪式。[40]

(十一)模仿过程与仪式行为

从共时的和历时的观点来看,模仿过程对于仪式行为的产生和有效使用是十分重要的[41]。在一个仪式的进行过程中,仪式的参加者可以通过行为与其他参加者直接产生联系。这种联系主要体现在精神、身体的模仿互动与文字、声调、语言、音乐的共同使用。在所有行为都比较好地呼应和配合的情况下,一种仪式的整体性才能够形成。合理的安排是仪式成功的一个前提条件;具体表现起着决定性作用,其中各种仪式行为必须相互协调,否则就会出乱子,从而导致仪式的失败。整个仪式的协调统一要求所有的仪式行为之间要有一种交互的模仿关系。这些条件都具备了,仪式的参加者之间就会产生一种强烈的、令人满足的"流动"的能量,人们能够从中体验到油然而生的集体感。正像舞蹈和求爱行为那样,在仪式中行为的理性控制也是有限的。只有当理性控制的所有方面都具有相同的模仿步调时，人们才会拥有一种获得感，而模仿存在于身体与身体之间、运动与运动之间、姿势（动作语）与姿势（动作语）之间。这种模仿关系是归属感、集体感的基础，是神圣体验产生的土壤。

模仿的共时维度指的是直接举行的仪式中模仿过程的意义，而模仿的历时维度则表现在仪式的历史性层面。仪式总是与先前那些人们已经参加过的仪式相关联。所以，历时维度成为仪式的一个重要关系条件。仪式行为构成了与以前仪式的模仿关系。通过这种模仿关系，人们可以获得以前仪式的"印象"，这种印象将会被应用在新的实际情况之中。只是要根据需要，将以前的具体仪式形式作一下变换。当今世界与以前世界通过模仿关系的建立而形成历史的延续性，当现在的仪式行为与先前的范式相背离时，这种历史延续性可以帮助它定位。模仿的关系并不意味着同样的仪式在每一次举行时都应该完全一样。模仿的关系实际上就是一种"相似化"过程，是对相似的仪式行为的重复，如果没有先前的行为，那么重复就无从谈起。很多情况下，模仿也是对所选择的仪式关系节点的批判性界定，没有这种界定，仪式关系就会变得混乱和多余。仪式的形式和组织安排在这种模仿的关系中可以根据具体的行为作出相应的调整和更新。这一过程可以形成模仿的状态、表现的风格和运动的形式，进而改变仪式的必要性和评判标准。"重复"以前的仪式不是像复印机一样进行简单的复制。在这种重复中，更多的是通过对模仿的过渡因素的使用，来适应新的内容，从而使旧的内容得到辩证地改善。通过模仿的过程，旧的仪式将以新的面貌和姿态呈现出来。[42]

(十二)仪式创造实践性知识

模仿过程对于仪式的策划和实际举行来说，还有另外一个重要意义，就是它可以创造仪式行为所必需的实践性知识。[43]当人们真实地或者想象地参与到仪式活动之中，这时就会生成一种仪式知识，它可以帮助仪式的参加人具备执行仪式行为的能力。人们通过模仿的过程使用自己的身体来参与仪式行为，不但是自己行为的参与，还与其他人的行为和表现相呼应。在模仿过程中,已经受到模仿行为影响的人还会获得实际仪式带来的强化作用。模仿的身体性、表演性特点在仪式行为的"仿制"过程中扮演了重要角色。仪式的形式、程序、效果、映像和行为模式将在模仿过程中造就,它们相互关联、彼此统一,由此,一个实际的仪式便出现了。

仪式将过去、现在和未来联系起来。它创造了这种连续性,并促成了历史和文化的更迭。仪式不仅仅起到对于历史、文化和社会的保护作用,还可以导致和引导社会和文化的变革。没有仪式的变化,社会和文化的变革都不会发生。[44]仪式不是静止不变的,它具有动态性的特点。通过模仿的过程,仪式可以获得所需要的实践性知识,仪式就是"社会剧",它的表演特点可以改造社会秩序。借助仪式的帮助,每个社会和团体所潜在的暴力可以获得疏导和缓解。另外,仪式与权力还存在着联系,它促成权力的形成,社会和文化变革可以通过仪式来实现或者避免。

注　释:

[1]参见 Hans-Georg Soeffner, *The Order of Rituals. The Interpretation of Everyday Life* New Brunswick: Transaction Publishers, 1997; Claude Rivière, *Les rites profanes*, Paris: Presses universitaires de France, 1995; Catherine M. Bell, *Ritual. Perspectives and Dimensions*, New York: Oxford University Press, 1997; Monique Segré (ed.), *Mythes, rites, symboles dans la société contemporaine*, Paris: Éd.L' Harmattan, 1997; Gunter Gebauer & Christoph Wulf, *Spiel, Ritual, Geste.Mimetisches Handeln in der sozialen Welt*, Reinbek: Rowohlt, 1998; Alfred Schäfer & Michael Wimmer, *Rituale und Ritualisierungen*, Opladen: Leske und Budrich, 1998; Andréa Belliger & David J.Krieger(eds.), *Ritualtheorien*, Opladen, Wiesbaden: Westdeutscher Verlag, 1998; Herbert Willems & Martin Jurga(eds.), *Inszenierungsgesellschaft. Ein einführendes Handbuch*, Opladen, Wiesbaden: Westdeutscher Verlag, 1998; Corina Caduff & Joanna Pfaff-Czarnecka, *Rituale heute.Berlin: Reimer, 1999; Klaus-Peter Köpping & Ursula Rao, *Im Rausch des Rituals*, Hamburg: Lit, 2000; Christoph Wulf et al., *Das Soziale als Ritual. Zur performativen Bildung von Gemeinschaften*, Opladen: Leske und Budrich, 2001; Christoph Wulf, Michael Göhlich & Jörg Zirfas (eds.), *Grundlagen des Performativen. Eine Einführung in die Zusammenhänge von Sprache, Macht und Handeln*, Weinheim, Munich: Juventa, 2001; Christoph Wulf & Jörg Zirfas(eds.), *Paragrana. Internationale Zeitschrift für Historische Anthropologie*, 12, 1+2 (2003): "Rituelle Welten"; Christoph Wulf et al., *Bildung im Ritual.*

Schule，*Familie*，*Medien*，*Jugend*，Wiesbaden：Verlag für Sozialwissenschaften，2004；Christoph Wulf et. al.，*Lernkulturen im Umbruch*：*Rituelle Praktiken in Schule*，*Medien*，*Familie und Jugendkultur*，Wiesbaden：Verlag für Sozialwissenschaften，2007；Christoph Wulf & Jörg Zirfas（eds.），*Die Kultur des Rituals. Inszenierungen*，*Praktiken*，*Symbole*，Munich：Wilhelm Fink，2004；Christoph Wulf & Jörg Zirfas（eds.），*Zeitschrift für Erziehungswissenschaft*，2nd supplement："Ritual und Innovation"（2004）。

［2］参见 有关仪式的研究。*Paragrana.*12，1+2（2003），op.cit.，pp.87－249.

［3］参见 Wulf et al.，*Das Soziale als Ritual*，op.cit.；Wulf et al.，*Bildung im Ritual*，op. cit.；Wulf，et al.，*Lernkulturen im Umbruch*，op.cit。

［4］参见 Gebauer & Wulf，*Spiel*，*Ritual*，*Geste*，op.cit.，p.130。

［5］参见 Gebauer & Wulf，*Spiel*，*Ritual*，*Geste*，op.cit.，p.135；Ronald L.Grimes，*Research in Ritual Studies*，Methuen：Scarecrow Press，1985。

［6］参见 Wulf et al.，*Das Soziale als Ritual*，op.cit。

［7］参见 David I. Kertzer，*Ritual*，*Politics and Power*，New Haven：Yale University Press，1988。

［8］参见 Dietmar Kamper & Christoph Wulf（eds.），*Das Heilige.Seine Spur in der Moderne*，Frankfurt/M.：Athenäum，2nd ed.1997。

［9］参见 *Feiern und Feste als schulische Rituale*，第一章，以及 Wulf et al.，*Bildung im Ritual*，op.cit.，p.23。

［10］参见本书第十一章。

［11］James George Frazer，*The Golden Bough.A Study in Magic and Religion*，New York：Macmillan，1940；Rudolf Otto，*The Idea of the Holy.An Inquiry into the non-rational Factor in the Idea of the Divine and its Relation to the Rational*，New York：Oxford University Press，1970；Mircea Eliade，*The Sacred and the Profane*，New York：Harcourt，Brace & World，1959.

［12］Émile Durkheim，*The Elementary Forms of Religious Life*，New York：Free Press，1995；Arnold van Gennep，*The Rites of Passage*，London：Routledge & Paul，1960；Victor Turner，*On the Edge of the Bush.Anthropology as Experience*，Edith L.B.Turner（ed.），Tucson：Univ. of Arizona Press，1985；Victor Turner，*The Ritual Process. Structure and Anti-Structure*，New York：Aldine de Gruyter，1995；Victor Turner，*From Ritual to Theatre.The Human Seriousness of Play*，New York：Performing Arts Journal Publications，1982.

［13］Clifford Geertz，*The Interpretation of Cultures*，New York：Basic Books，1973；Clifford Geertz，*Local Knowledge*，New York：Basic Books，1983；Marshall David Sahlins，*Culture and Practical Reason*，Chicago：Chicago University Press，1978；Marshall David Sahlins，*Historical Metaphors and Mythical Realities*，Chicago：Chicago University Press，1976.

［14］Catherine M. Bell，*Ritual Theory*，*Ritual Practice*，New York：Oxford University Press，1992；Bell，*Ritual. Perspectives and Dimensions*，op.cit.；Ronald L.Grimes，*Beginnings in Ritual Studies*，Columbia：University of South Carolina Press，1995；Ronald L.Grimes，*Readings in Ritual Studies*, Upper Saddle River: Prentice Hall, 1996; Victor Turner, *Drama*, *Fields and Metaphors*, Ithaca: Cornell University Press, 1974; Soeffner, *The Order of Rituals*, op. cit.

[15] Stanley J. Tambiah, "A Performative Approach to Ritual", in *Proceedings of the British Academy*, Vol. LXV, London, 1979, pp. 113-169; Richard Schechner, *Essays on Performance Theory* 1970-1976, New York: Drama Books Specialists, 1977; Pierre Bourdieu, *Outline of a Theory of Practice*, Cambridge, New York: Cambridge University Press, 1977; Wulf et al., *Das Soziale als Ritual*, op. cit.; Wulf, Göhlich & Zirfas, *Grundlagen des Performativen*, op. cit.; Erika Fischer-Lichte & Christoph Wulf (eds.), *Paragrana. Internationale Zeitschrift für Historische Anthropologie*, 10, 1 (2001): "Theorien des Performativen"; Wulf et al., *Bildung im Ritual*, op. cit.; Erika Fischer-Lichte & Christoph Wulf (eds.), *Paragrana. Internationale Zeitschrift für Historische Anthropologie*, 13, 1 (2004): "Praktiken des Performativen".

[16] Jane Ellen Harrison, *Themis. A Study of the Social Origins of Greek Religion*, New Hyde Park/NY: University Books, 1962.

[17] Marshall David Sahlins, *Islands of History*, Chicago: University of Chicago Press, 1985.

[18] Wulf et al., *Das Soziale als Ritual*, op. cit.; Wulf et al., *Bildung im Ritual*, op. cit.; Wulf et al. *Lernkulturen im Umbruch*, op. cit.

[19] 参见 Christoph Wulf, "Ritual, Macht und Performanz. Die Inauguration des amerikanischen Präsidenten", in *Kultur der Rituale*, Wulf & Zirfas (eds.), op. cit., pp. 49-61。

[20] 参见 Mary Douglas, *Purity and Danger. An Analysis of Concept of Pollution and Taboo*, London, New York: Routledge, 2005; Mary Douglas, *Rules and Meanings. The Anthropology of Everyday Knowledge*, Harmondsworth: Penguin Education, 1973。

[21] 参见 Georges Didi-Huberman, *Ce que nous voyons, ce qui nous regarde*, Paris: Éditions de Minuit, 1992。

[22] 参见 Mihalyi Csikszentmihalyi, *Flow. The Psychology of Optimal Experience*, New York: Harper & Row, 1990。

[23] 参见 Christoph Wulf, "Ritual und Recht. Performatives Handeln und mimetisches Wissen", in *Körper und Recht. Anthropologische Dimensionen der Rechtsphilosophie*, Ludger Schwarte & Christoph Wulf (eds.), Munich: Wilhelm Fink, 2003, pp. 27-49。

[24] Wulf, "Ritual, Macht und Performanz", op. cit.

[25] Judith Butler, *Gender Trouble. Feminism and the Subversion of Identity*, New York: Routledge, 1990; Judith Butler, *Excitable Speech. A Politics of the Performative*, New York: Routledge, 1997.

[26] Working Group on Gender, "Begehrende Körper und verkörpertes Begehren", in *Paragrana*, 13, 1 (2004), op. cit., pp. 251-309.

[27] Kathrin Audehm & Jörg Zirfas, "Familie als ritueller Lebensraum", in *Das Soziale als Ritual*, Wulf et al. (eds.), op. cit., pp. 37-116.

［28］参见 Eckart Liebau, Gisela Miller-Kipp & Christoph Wulf (eds.), *Metamorphosen des Raums*, Weinheim, Basel：Beltz, Deutscher Studienverlag, 1999。

［29］参见 Christoph Wulf, "Zeit und Ritual", in *Transformationen der Zeit. Erziehungswissenschaftliche Studien zur Chronotopologie*, Johannes Bilstein, Gisela Miller-Kipp & Christoph Wulf(eds.), Weinheim：Beltz, Deutscher Studienverlag, 1999, pp.112–122。

［30］参见 Erving Goffman, *Frame Analysis. An Essay on the Organization of Experience*, New York：Harper & Row, 1974。

［31］参见 Birgit Althans, "Fehlende Übergangsrituale im Islam-die produktive Leerstelle des Anderen", in *Bildung im Ritual*, Wulf et al. (eds.), op.cit., pp.241–268。

［32］参见 Wulf, *Zeit und Ritual*, op.cit。

［33］参见 Working Group on Ritual, "Differenz und Alterität im Ritual", in *Paragrana*, 13, 1(2004), p.187–249。

［34］参见 Wulf et al., *Bildung im Ritual*, op.cit。

［35］参见 Christoph Wulf, "Religion und Ritual", in *Formen des Religiösen. Pädagogisch-anthropologische Annäherungen*, Christoph Wulf, Hildegard Macha & Eckart Liebau (eds.), Weinheim：Beltz, Deutscher Studienverlag, 2004, pp.115–125。

［36］参见 Pierre Bourdieu, "Les rites comme actes d'institution", in *Actes de la recherche en sciences sociales*, 43(1982), pp.58–63；Kathrin Audehm, "Die Macht der Sprache. Performative Magie bei Pierre Bourdieu", in *Grundlagen des Performativen*, Wulf, Göhlich & Zirfas(eds.), op.cit., pp.101–128。

［37］参见 Christoph Wulf, Hildegard Macha & Eckart Liebau (eds.), *Formen des Religiösen. Pädagogisch-anthropologische Annäherungen*, Weinheim：Beltz, Deutscher Studienverlag, 2004。

［38］参见 Anne Honer, Ronald Kurt & Jo Reichertz(eds.), *Diesseitsreligion. Zur Deutung der Bedeutung moderner Kultur* (Konstanz：Konstanzer Universitätsverlag, 1999)；Hans-Georg Soeffner, *Gesellschaft ohne Baldachin. Über die Labilität von Ordnungskonstruktionen* (Weilerswist：Velbrück Wissenschaft, 2000)。

［39］参见 Thomas Alkemeyer, Bernhard Boschert, Gunter Gebauer & Robert Schmidt (eds.), *Aufs Spiel gesetzte Körper*, Konstanz：Konstanzer Universitätsverlag, 2003。

［40］参见 Wulf, Macha & Liebau, *Formen des Religiösen*, op.cit。

［41］参见 Christoph Wulf, "Mimesis und performatives Handeln", in *Grundlagen des Performativen*, Wulf, Göhlich & Zirfas(eds.), op.cit., pp.253–272。

［42］参见 Wulf, "Mimesis und performatives Handeln", op.cit。

［43］参见 Christoph Wulf, "Praxis", in *Theorizing Rituals. Classic Topics, Theoretical Approaches, Analytical Concepts*, Jens Kreinath, Jan Snoek & Michael Stausberg(eds.), Leiden：Brill, 2006, pp.395–411。

［44］参见 Wulf & Zirfas, *Ritual und Innovation*, op.cit。

第十章　介于普遍性和实践性之间的语言

自古以来,语言作为人的条件(conditio humana)之一,使人类有别于其他生物。然而,语言形成的历史并不是十分久远。古生物学家指出,语言的早期形式可以追溯到十万到二十万年之前,而成形的语言出现在大约三万五千年之前,也就是法国拉斯科(Lascaux)洞窟壁画出现的时期。可能是语言没有受到大家的注意,所以古希腊刻画人的标准不是依据语言,而是直立行走。直立行走出现得更早,它是语言出现的重要前提。直立行走可以把手从完成身体向前移动的任务中解脱出来,使得视线从把握路况的功能中解放出来,使得人的脑的体积不断加大,促进了大脑半球偏侧优势的发展,使得喉头不断下沉,促进发声和听觉组织的发展。所有这些变化都对语言的出现产生了重要影响。[1]

语言是人与生俱来的一种基本能力,它的发展深受人类社会文化的影响。对于任何一种语言,没有一个单词或者一个语法规则是人们生下来就掌握的,"而人们所具有的是遣词造句的能力"[2]。关于卡斯帕尔·豪泽尔(Kaspar Hauser)和"野孩子"的研究表明,如果人不在人类群体中长大,也就是错过学习语言的婴幼儿阶段,那么他就不可能再学会说话了。[3]关于脑发展的研究表明,在婴儿出生后第一年,他的语言和感觉的习得过程就开始出现了,而这个过程以后是没办法弥补的。[4]

以人类身体为依托的语言能力并不只针对某一种语言,它可以使人们习得多种语言。目前,在这种普遍的语言能力之上大约存在着 6000 种语言,它们分布在不同的地域、文化和社会之中。从人类学的角度,对这种情形提出了三个疑问:身体具有普遍的语言能力,人们在文化学习过程中学习一种受历史影响而形成的语言,那么身体与这种文化学习过程之间存在着怎样的关系?普遍的语言能力与历史化的实用语言(甚至有些语言并不存在或者已经消失了),它们之间是怎样的关系?思维与语言,语言、信息与自我感知之间又是怎样的关系?

第一节　身体和语言

人类普遍的语言能力是身体所赋予人类的基本特征。按照诺姆·乔姆斯基的观点,不同语言的个别特点只是次要的。他进一步指出,假想一个来自火星的人观看地球上人类的对话。他将看到什么呢?所有人只是随意地发出声音,声音被另外一方听到,对方同样再发出声音。所以婴儿最初不能明白他所听到的话语,也不能组织句子,但是他将会获得这种能力。乔姆斯基认为遣词造句的基本原则是由人类的基因所赋予的。所以,随着人类智力的不断发展,语言伴随着由不断演变的遗传进程所形成的文化氛围而不断进步。据此,乔姆斯基批评行为主义以及不断扩大的文化主义的观点。这两种观点认为,人刚刚出生的时候就像一张白纸,文化将在上面进行描画。对于乔姆斯基来说,人类的语言或者说人类遣词造句的能力是人类独有的能力,它是一种没有进化前身基础的新兴现象。

在关于最后一点的看法上,一些研究者还是提出了与乔姆斯基不同的观点。史蒂芬·平克(Steven Pinker)虽然同意乔姆斯基的观点,即人类天生便拥有"语言器官"的说法,但是他推断,人类的语言不是一种突然出现的现象,而是一点点进化的结果;事实上,人类从出生就拥有说话的器官,它不受其他人语言器官的影响。为了证明自己的观点,史蒂芬·平克进一步提出了相关的证据,他使用了语言心理学家麦娜·戈普尼克(Myrna Gopnik)关于一个英国家庭的研究例子。该家庭的多数成员患有"特殊语言障碍"(Special Language Impairment, SLI)。他们大多很难掌握单数、复数、时态等语法规则,比如他们这样造句:"It's a flying finches they are, She remembered when she hurts herself the other day, The neighbors phone the ambalance because the man fall off the tree,The boys eat four cookie,Carol is cry in the church…"[5]这种语言障碍并不与一般的智力情况相关。在这个家庭中,不是所有的成员都患有这种语言障碍,其发生符合孟德尔遗传定律(Mendel's law)。由此可以断定,人类存在着一种特殊的独有的语言遗传基因,这是人类进化的结果。

安德烈·勒鲁瓦-古朗(André Leroi-Gourhan)认为,由人类身体结构所决定的手和词语的相互关系对于语言的形成是至关重要的。直立行走和双手从爬行运动中的解放,使得双手能够抓握物体,进而双手从获取食物发展到其他功用,最终能够制作工具。随着双手抓握能力的获得,嘴和脸便可以从这些任务中解放出来。正像双手解放出来后可以使用和制造工具一样,脸的解放促进了脸的符号化和发声系统的发展。这两种发展是一个相互关联的过程。"语言几乎是与工具同时出现的,所以,工具和语言在脑发展的层面上是相互联系的,而且语言和工具是不能与人类社会结构相脱离的。"[6]和所有灵长类动物一样,人类双手和面部器官具有脑发展层面的联系。与其他灵长类动物不同,直立行走的人发明了符号和工具。"……虽然人类同其他灵长类动物都属于同一个确定的类,但只有人类能够制造具体的工具和掌握符号,制造工具和掌握符号又反过来促进了脑的发展。所以可以得出结论,语言不仅仅像工具一样标志着人类的特殊性,而且语言和工具两者同时构成了人类的基本特征。"[7]

由基因决定的手与脸在脑发展层面具有一定的联系,同时,盖伦还注意到存在着另一个平行的结构。无论是触摸还是声音都具有反射性。当触摸或者发声时,人的身体既是一个主动的施动者,又是一个被动的接受者。在主动的触摸过程中,我们感受到了物体,在发出声音的过程中,我们又听到了发出的声音。由于这种结构平行性,触摸和发声这两种动作才能够获得传递。这种结构构成了抓握和说话之间的相关性,而且也使得这两者之间的"对话"成为可能。手可以制造工具,脸可以创造符号,这种"分工"以及文字的发明,它们之间是一个符号化、工具或手的使用的统一过程。然而,这种关系在我们的文化来看,却是各有轻重的。"我们的文化普遍认为,是手造就了符号化,而脸在其中起到的复杂作用却被削减和忽略了。因此,发声应该是手能够进行书写的主要原因,而且手的功能比如抓握,对于世界的掌握、语言的形成来说都是至关重要的。眼睛是控制手的器官,并处于更重要的位置。脸和耳朵仅仅是用来交流,而不能够掌握世界(理解、认知),而这些任务是由手和眼完成的。"[8]文字的使用很容易就使得语言向着规定的语法句式发展,从而导致语言的认知维度发生弱化,说话和听说之间紧密的交互功能就越来越不受重视。因此,语言具有它不能够被书写的一面,这是语言的一个基本条件,是语言实现表达功能必不可少的因素。

语言的符号化不是通过嘴巴对自然的唯一模仿。"它同样也是人与人身体关系的升华形式,即性关系。语言是营养获取和性的交叉节点,借助语言,不仅客体可以被感知,而且其他的主体也可以被构想……语言产生于认识的需要。"[9]

下一节中我们将对语言和思维的关系进行阐明,在此之前,我们对上述观点再作进一步说明。首先,我们讨论一下基于人类身体结构的语言表述的三种形式。

第一种形式与发声和吐字机制有关,它是人类身体直接的行为和运动。虽然与这种发声机制相关的具体身体运动从一种文化到另一种文化存在一定差异,但是如果没有它,声音就不会出现,同样话语也不会产生。语音的形成和展现对于话语和语言具有一定的建构作用。费尔迪南·德·索绪尔清楚地认识到这一点,他指出话语或者说语言符号构筑了声音和内容或者声音和思维的联系。图像化符号可以描画它的内容,与之不同,声音符号比如单词"椅子",就不能与具体的内容融为一体。与发声机制密切相关的次序性使得语速的提高和语言的"无尽化"成为可能。它是第二种发声形式的一个重要条件。

威廉·冯·洪堡将第二种发声形式描述为"结构"。它创造出语言知识;在这个结构中,身体的和非身体的即精神方面的东西被融合成一个不可分割的整体。"这种结构就是语言知识;它不是整体与部分的关系,其作用是通过轻松、精确以及分与和的协调性得以体现的。结构的概念是语言的逻辑功能,也是思维的逻辑本身。"[10]发声不仅带来了划分、分离、分析,还带来了构成、联结和综合。"狭义上讲,发声机制及发声结构其实就是思维的逻辑结构原则的不同形式的反映。"[11]从遗传角度来看,发声是人类的本能,比如我们就克服了阻碍声音正常发出的像鸽子那样的咕咕声。大脑中的布罗卡氏区和韦尼克区分别对应着我们语言中的语法和单词部分;语言的生成不仅仅作为声音的结果,而且它可以控制人类身体的运动。在无声的视觉符号的帮助下实现它的本身的概念化,从而形成了可视的动作语。

下面我们来讨论一下发声的第三种形式,它与前两种形式是不能分离的:在倾听发出的声音的同时也激发了思维的进行。听觉不但跟随着嘴巴发出的声音,也受思维的影响,同时借助它本身的论述的划分与声音和思维发生对应关系。"倾听别人同时也是倾听一个宏大结构的节点:节点代表一个整体,是对我们之间的交谈或对话的一种称谓。"[12]约翰·哥特弗雷德·赫尔德将听觉置于语言和人类理性的中心位置。通过听觉,世界被映刻在人类的内心世界之中,并寻求解释,这种解释以语言的形式塑造。语言产生于声调世界和人类听觉的共同作用之中。

建立在人类身体结构中的语言、声音和耳朵的联动关系为语言创造了这样的可能,即实现对"有限手段"的"无限使用"。

第二节　语言与思维

虽然于尔根·特拉班特(Jürgen Trabant)对于语言的研究时间不是很长,但他还是在其著作《天堂里的米特里达梯》(*Mithridates im Paradies*)[13]中,将语言与思维的关系作为研究的重点,并表明这些关系与人类的自我理解紧密相关,这一点伴随着欧洲历史得到了不同的确定。以人类学的视角分析,主要涉及两个问题,这两个问题对于语言的文化理解具有重要意义。问题一,语言和思维之间是否存在不同,如果存在的话,该如何把握。问题二,某种语言和众多现存的具有不同历史和文化背景的语言之间是怎样的关系。对于这一问题的处理将使得一般与特殊这对矛盾在实践中变得越发清晰,并贯穿于人类学研究的其他领域。

在《旧约》的"创世记"中,神把动物带到亚当面前,亚当给它们取了名字。命名并没有带来什么新的创造,而使人类能够占有这个世界。直到被蛇神狡猾的言语所蒙蔽时,人类自己才丢掉了伊甸园通用的语言。在巴比伦通天塔修建之后,上帝将多语言性施加给了人类。在《新约》中,在圣灵降临的福音中,人类才获得了在语言多样化中精神统一的可能。

从圣经中讲述的天堂乐园中共同语言的丧失,到多样语言中精神的一致性,古希腊哲学家克拉底鲁(Kratylos)提出了对语言的疑问:词语是源于自然(physei),还是源于人类的约定和体系(thesei)。苏格拉底将这两种情形引入了"悖论"(Aporie)。苏格拉底最热衷的解决方式是语言的缺失,它是事物自行推进的知识,而语言只能是一种辅助条件而已。[14]对于这一问题亚里士多德却给出了另一种解释,他不再认为语言和世界知识具有不可分割的紧密关系。中世纪时,由于古希腊作品的缺失,波爱修斯(Boethius)的译作《解释篇》(De Interpretatione)是人们认识亚里士多德思想的唯一途径,这一作品提出了"概念"(conceptus)的话题。[15]事物的"概念"构筑了思维和认知的基础。所有人能够使用不同的语言借助于"保留的概念"所塑造的词语进行交流。[16]由此,思维可以脱离事物本身独立存在,同样也不依赖于语言。语言只是让别人知道自己想法的工具。"亚里士多德认为:一方面是认知,它可以不借助语言而发生(对于所有人来说都是如此);另一方面是我们的交流,为此,我们需要语言,而且不同的人们拥有不同的语言……语言代表了灵魂的思考,并传达给别人。而实际上思维本身与语言毫不相干,它完全独立于语言。所有的人都是这样,人们认识的是事物本身。"[17]这种关于思维与语言基本区别的认识是欧洲语言思维历史一以贯之的基础,持这种观点的代表人物有培根、洛克(John Locke)、乔姆斯基。由此引发了人们有关统一语言消失的遗憾,以及对于人类通用语言的向往。

随着拉丁语在古罗马的诞生,欧洲拥有了这种延续超过 1500 年的通用语。当在古希腊哲学界以探寻真相为名的诡辩术对于修辞学的批判进行争辩时,在古罗马文化圈修辞学正通过西塞罗(Cicero)的《论演说家》(Über *den Redner*）得到恢复与重视，这一发展是很重要的，因为它必须增加修辞的力量，使之成为说服他人的工具，并确保完成基本任务，即满足语言交际方面的需要。

在文学、科学和社会生活中出现了一种对大众语言的要求，认为这种语言应该与拉丁语具有同样的地位，随之而来的问题包括思维与语言的关系、通用语言和新兴的多样化语言的关系。对于古希腊哲学关于认识的问题，柏拉图和亚里士多德作出了不同的回答，但仅以不同语言所撰写的作品作为表征。但丁（Dante）、彼特拉克（Petrarca）、薄伽丘（Boccaccio）的著作进一步证明，在意大利的人文学界对于大众语言的使用还很难获得认可。在但丁的拉丁语著作即后来以大众语言出版的《论俗语》（*De Vulgari Eloquentia*）中，这种新文学的理论得到了发展，从而证明了用大众语言撰写的文学作品与拉丁语作品具有相当的水平和质量。同时，也出现了一些人类学关于语言的重要论述。亚当的语言被看作对神的赞颂。与天使和动物不同——他们的精神以及身体不需要语言——而人类具有精神与身体对语言的双重需要。只有借助语言，人类才能表达他心灵内部的活动。但丁认为语言是一种人类所特有的积极的能力。自巴比伦惩罚之后，语言的多样性成为人类生活的历史多样化与差别的必要条件。人类共同具有普遍的语言能力，通过不同的语言形式表现出来。在但丁看来，文学作品的质量至关重要，它同样体现在大众语言的实现上。

尽管人们已经获得了这样的认识，但是在很长时间之内大众语言的推行仍然没有实现。在文艺复兴时期，意大利的人文学家比如诗人和学者还忠诚地使用着拉丁语。16世纪时，情况发生了改变。随着印刷书籍的推广，一些学者慢慢放弃了拉丁语，而开始使用大众语言即国家语言进行书写。宫廷以及由此产生的宫廷文化促进了大众语言的发展。一些自然科学家慢慢开始使用大众语言，比如伽利略（Galileo）用意大利语完成了著作《对话》（*Dialogo*，1632年）和《演讲》（*Discorsi*，1638年）。在法国，实行了弗朗索瓦一世（Francois I.）政策，从而确立了法语的地位。三语言学院（Collège des trois Langues）即后来的法兰西公学院（College de France）于

1530 年建立。1580 年,蒙田用法语书写的论文。在德国,随着马丁·路德(Martin Luther)对《圣经》的翻译、新教教义的不断传播以及学校的不断建立,都促进了高地德语(标准德语)的发展和普及。在整个欧洲,拉丁语一统天下的局面逐渐被打破,取而代之的是民族语言和白话文的进一步发展。由此,关于统一语言和语言多样化的关系以及语言与认知的关系等问题便获得了新的意义。因此,如今当我们正朝着另一个方向即从多样化语言到统一语言进行努力的时候,我们就会发现,众多值得讨论的问题具有很强的现实意义。

弗朗西斯·培根认为大众语言毫无意义。在他看来,亚里士多德的语言观没有认定概念可以独立于语言,而通过一种事物超出语言的映像产生在灵魂当中,而是不同的语言将不同的观点附着于事物之上,从而使思维可以用语言来表达。“语言正像柏拉图所使用的那样具有普遍意义:它可以区分存在,培根称之为‘事物的分割’。”[18]语言内部蕴含着一种力量,它不是指代文字的理解,而是可以诞生理解。因此,语言批判成为哲学和科学不可舍弃的任务。有必要去除语言中所有的“市场形象”(idola fori)、幻想和偶像,并制定明确的术语,以创造一个不被语言遮蔽的世界观。

同样,勒内·笛卡尔(René Descartes)的目标是获得一种“清晰的有保障的知识”[19]。这种知识不是通过书本或者外界的学习获得的,而只能通过人类内心的思考获得。笛卡尔认为,思维是自由的,而语言受限于身体;人类可以通过说话的方式,随意地将词语组合,并回答各种问题。言说就是可以“以所说表达所想”[20]。从亚里士多德认为思维独立于语言的观点出发,笛卡尔从人类学的视角强调了说话的这种功能。

在 16 世纪时,科学、管理以及一些宗教部门放弃了继续使用拉丁语。随之而来的是国家语言标准的确立,并使用在政治(法国)、宗教(德国)和文艺(意大利)领域当中,而且随着对世界语言信息的研究和认识,欧洲语言分化从 16 世纪开始发生了。人文主义概念“有母语感”(idíoma)被稍后出现的概念“语言天才”(génie des langues)所支持,这些概念都促进了语言个性化的发展,同样也进一步巩固和强化了语言分化的进程。[21]

似乎有一团迷雾,它由词语创造,并影响人们的认知。在试图驱散这些"我们眼前的迷雾"的努力中,约翰·洛克发现了语言意义的专断特征,正是这种特征形成了众多相关联的困难,即人们要对相同的词语赋予不同意义。这种差别不单单存在于个体之间,也存在于不同语言之间,不是每个词语在另外一种语言中都有相对应的词语,或者在另一种语言中与之相对应的词语可能具有完全不同的意义。词语依赖于思想,它潜藏在认识的背后。这种局面虽然无法改变,但是语言的使用却可以在哲学和科学中受到控制。孔狄亚克(Condillac)的观点与洛克相似,他认为人类的思想就像一块白板,上面会被描画生活的足迹。语言像一棵大树,具有相同的根基和生长繁盛的树冠。按照孔狄亚克的观点,每种独立的语言都具有不同的特征与本质,它创造了区别,打造了语言的个体性,形成了不同的人类记忆,传递了思维的稳定性,推动了人类的进步。

莱布尼茨(Leibniz)进一步肯定了洛克的努力与主张,即未感之,而不解之,并且扩展了他的"理解之外之本身"[22]。语言的区别引起了莱布尼茨极大的研究热情,他看到了人类思维多样化的丰富表现。由此,产生了对语言价值的重新判断。语言的多样化不是令人遗憾的混乱,而是我们应该珍惜的人类精神的财富。洪堡继续这种努力,他出版了《语言的异质性及其对人类智力发展的影响》[23]一书,主张以一种"世界的视角"看待每一种语言,他的研究为人类学知识的扩展作出了一定的贡献。

第三节 语言人类学

首先应该提到的是赫尔德,他对语言人类学进而对于整个人类学的发展都作出了重要的贡献。他的思考集中在语言作为人的条件(conditio humana)上面。这是赫尔德研究努力的一部分,与笛卡尔的"我思故我在"的观点相对,他提出"我的身体,我抚摸它/我,故我在"。从人类身体的特殊性出发,一个独立的人类学被建立起来。[24]在这种关系中就包括赫尔德的语言人类学研究,理智的语言特征从中得以确立。因此,人类语言的起源就不涉及动物界。第一篇有影响的关于语言起源的论文是《早在动物时期人类已经拥有语言》(*Schon als Tier hat der Mensch Sprache*),这意味着,人类像动物一样可以通过自己发出并听到的声音与本种属的其他个体进行交际。人类语言源于人类与动物的区别,人类在本能上的缺失引发了其不足与必需的条件,只能靠"特殊性"来弥补,也就是思维和知识的补充。"这种认知的需求恰恰与动物的交流需要是不同的,它形成了思维,这种需要同时就是语言。语言的产生只是源于人类独有的与世界的语义—认知关系,这便是赫尔德与众不同的崭新的观点:思考即语言。"[25]内部的语言不是与生俱来的,它需要外部世界、声音的刺激来激活它本身的声音特性,即使没有这些,它本身已经是语言。赫尔德关于绵羊的例子清楚地表明了他的理解:"因此通过一个识别标记?除了一个明显的标记之外还有什么?人的灵魂认为是羊的显著标志的咩咩叫声,由于这种反映,变成了羊的名字,即使他的舌头从来没有结结巴巴过。他在岩石上认出了绵羊:它是一些能够辨认的标记,灵魂借助它们可以产生清楚的主意,作为词语又将是什么呢?作为这些词语的集合,人类的整个语言又是什么呢?"[26]我们可以对以上引文进行一下调整,即赫尔德将语言理解为确定的标记——"内部标记""绵羊的名称""标志""字词""人类的语言"。思维即是语言,语言即是思维,它们之间的联系不能被切断。同样是赫尔德,他发现了听觉对于语言发展的重要意义。倘若人类不能够听见绵羊咩咩叫的声音,那么有语言促生的内部的过程就不能得到发展。其他一些研究者发现借助语音感觉,借助听力可以进入人们的内心世界。听觉为我们感觉他人、自我感觉创造了可能,从而形成语言的可交流性。听觉反过来又与声音建立联系。声音与听觉共同创生了语言的基本特征,正如洪堡所提出的,即自由的组织结构或者说是发音。

洪堡同样认为语言和思维是密不可分的。语言是"思维的构建器官"[27];它是"精神的永远可重复的操作,它使得语音有能力来表达思维"[28]。它是在身体与理解的交叠中表现出来的思维的产物。"语言不仅仅是思想,声音也是思想不可分割的一部分。这种物化的词语和意义的统一体是欧洲关于语言和思维统一体的直观理解核心,展现了这种统一体的层级结构。"[29]这种观点与亚里士多德认为的思维和语言分离的观点背道而驰,在亚里士多德看来,只有思维可以建立与事物的联系。洪堡建立了语言与思维的统一,这种统一与世界也建立了联系。语言不仅仅是声音或者嘴巴的事情,它同时包括对说话者本人或者与他说话的他人声音的倾听。人们通过听以及关于声音—思维的内部理解要求他人回答他们的声音和话语,如此,他们的回答也能被他人所听到。语言是一种伴随性思维。"它不仅仅是语音与思维的综合,更是认知与交际的结合。洪堡认为语言—思维就是相辅相成。"[30]关于人类精神的普遍努力表现在各个时期的语言当中,不同语言形成了不同的"世界观"。由此,我们得出结论,思维并不是"泛泛地依赖于整个语言,而是在一定程度上由每一种语言所确定"[31]。

在此基础上,洪堡建议一方面要对所有的语言进行研究,另一方面也要重视众多语言中单独一门语言的研究。这两方面都与人类学的研究密切相关,借助人类学的视角,洪堡对于语言的"器官的本质"进行了探究,而且对其中的重要意义作了比较。他的"比较人类学"的相关思考具有以下特征:"比较人类学的独特之处在于,它以思辨的方式处理经验问题,以哲学的方式处理历史对象,并从人类可能的发展角度处理人类的实际状况。"[32]既不是实证科学也不是哲学可以单独推进人类学的发展,而是在于这两者的有机结合,也就是对历史事物的哲学透视,正因为如此,在我们处理人类真实本性的过程中人类的可能发展才显得如此清晰。有了哲学和实证的联系、超验与历史的结合,有效推进了受哲学指导的关于语言多样性和"世界观"的研究。

为了真正领会语言的特征,我们需要研究一下语言的使用问题。只有在语言的使用中,我们才可以理解语言的表演的特点。[33]"只有在清楚地完全考察了语言及其组织结构之后,我们才能断定在什么情况下它能传递相同的信息,这就是语言的使用。因为语言在合适的概念领域的成功使用可以反作用于它,使语言变得更加丰富和有效。"[34]

维特根斯坦的《哲学研究》(*Philosophischen Untersuchung*)便持有上述

观点,这与他的早期著作《逻辑哲学论》(*Tractatus Logico-philosophicus*)的思路已经有一定的不同。在《逻辑哲学论》中他继承了培根、洛克、孔狄亚克的观点,力争将哲学和科学从自然语言的"陷阱"中解救出来,并提出了分析哲学的思想。洪堡的基本概念被维特根斯坦激发了,他提出词语的意义来源于使用,从而宣布哲学与语言、事实、认识之间的界限被清除了。我们需要建立的目标不再是思维和认识的一般性,要保留背后的每一个文化相关主义,而是要注重语言和思维对应用的依赖性。一个词语的意义在于"它在语言中的使用"。词语的意义在语言的多样使用中进行自我建构,维特根斯坦称之为"语言游戏"。因此,他在《哲学研究》第二十三章中写道:"存在多少种句型呢? 包括陈述句、疑问句和祈使句? 应该有无数种句型:对他们的使用有无数种情况,即我们命名的'符号'、'字词'和'句子'。这种多样性是无法确定的,永远都是如此;正如我们所说的,新的语言类型和新的语言游戏不断产生,一些语言类型和语言游戏变得陈旧,渐渐被人们忘记(一幅关于这种情形的大致画面为我们显示了这种数字的变化)。""语言游戏"这一词语在这里应该作如下解释:语言是活动的一部分,或者是一种生活方式。[35]语言使用的多样性体现在社会实践的丰富性上。因此,语言和思维已经不再仅仅是对于哲学的真理和认识的追求,而每一种语言都可以对事物产生一种哲学反射。"语言就是一种工具,它的概念也是工具。"[36]实用性是语言的重要特征,人们借助语言产生互动。"一个词语的意义在于它在语言当中的使用。"[37]

洪堡注重语言的多样性,与他类似,维特根斯坦将自己的研究重点放在语言游戏的多样性上面。不同的语言诞生不同的"世界观",不同的语言产生不同的行为方式。其中的共性就是语言是一种活动,是一种使用。洪堡认为,思维通过"思想活动"而产生。"维特根斯坦的'工作'语言表现了这种思想活动的差异。洪堡的基本语义观'创造了'思维的语言,作为语言交流中的某种'永恒的瞬间',作为一种共有的活动。语言作品是一种创造——创制(poiesis)。语言向一种根本的实用主义视角转变,它作为一种互动,作为一种脱离合作而不能产生任何东西的实践。因此,从根本上说,语言是一种'游戏',不是一种工作:就像下国际象棋一样,或进或退、或这一子或那一子,反复不停。"[38]

一方面是关于思维与认识分离的非语言知识(柏拉图)的观点,另一方面是认为统一的语言由于被从极乐世界驱赶出来而消亡(亚里士多德),基于以上两方面,在近现代的初期,经过培根、洛克以及孔狄亚克的努力,白话文和民族语言的意义受到了不同的评价。另外,莱布尼茨、赫尔德以及洪堡的研究使我们认识到,例如乔姆斯基提出的基因决定一般语言能力的重要性,或者维特根斯坦认为的无穷尽的语言游戏中语言的使用对于语言与思维的关系至关重要。从全球的视角来看,数百种语言将在这一个世纪的过程中消失殆尽。

由此,"人类精神"的多样性将会降低。全球化引发的格式化趋势促进了新的统一语言的诞生,文化多样性的保障也在随着这种趋势逐渐减少。[39]我们很难接受这样的结局;而且这种趋势将进一步给人类的自我认识带来深刻的影响。

注　释:

[1]参见 André Leroi-Gourhan, *Gesture and Speech*, Cambridge:MIT,1993;Philip Lieberman, *Uniquely Human.The Evolution of Speech*, *Thought*, *and Selfless Behavior*, Cambridge:Harvard University Press,1991;Jürgen Trabant & Achim Eschbach(eds.), *History of Semiotics*, Amsterdam, Philadelphia:J.Benjamins,1983。

[2] Jürgen Trabant, *Artikulationen. Historische Anthropologie der Sprache*, Frankfurt/M.: Suhrkamp,1998,p.16.

[3]参见 Jochen Hörisch(ed.), *"Ich möchte ein solcher werden wie..." Materialien zur Sprachlosigkeit des Kaspar Hauser*, Frankfurt/M.: Suhrkamp, 1979;Jochen Hörisch, *Heads or Tail.The Poetics of Money*, Detroit:Wayne State University Press,2000。

[4]参见 Wolf Singer, *Der Beobachter im Gehirn.Essays zur Hirnforschung*, Frankfurt/M.: Suhrkamp,2002。早期学习技能的不可替代性不仅适用于语言,也适用于人类的感知能力。如果出生时失明的人,即使多年后在生理上恢复了看的能力,他仍然不能真正看到,因为作为视力先决条件的早期学习过程在大脑中没有实际发生。

[5] Steven Pinker, *The Language Instinct. The New Science of Language and Mind*,

Penguin Books,1994,p.49.

[6]Leroi-Gourhan,*Gesture and Speech*,op.cit.,p.114.

[7]Leroi-Gourhan,*Gesture and Speech*,op.cit.,p.113.

[8]Trabant,*Artikulationen*,op.cit.,p.111.

[9]Trabant,*Artikulationen*,op.cit.,p.112.

[10]"Die Gliederung ist aber gerade das Wesen der Sprache;es ist nichts in ihr,das nicht Theil und Ganzes seyn könnte,die Wirkung ihres beständigen Geschäfts beruht auf der Leichtigkeit,Genauigkeit und Übereinstimmung ihrer Trennungen und Zusammensetzungen.Der Begriff der Gliederung ist ihre logische Function,so wie die des Denkens selbst."Wilhelm von Humboldt,*Gesammelte Schriften* vol.V,Berlin:De Gruyter,1906,p.122.

[11]Trabant,*Artikulationen*,op.cit.,p.83.

[12]Trabant,*Artikulationen*,op.cit.,p.87.

[13]Jürgen Trabant,*Mithridates im Paradies. Kleine Geschichte des Sprachdenkens*,München:Beck,2003.

[14]"didaskalikon organon kai diakritikon tes usias."因此,这个词可以被看作一种教学工具,它可以将事物进行分割,就像梭子分开织机的线一样。参见 Plato,*Kratylos*,p.388b,引自 Trabant,*Mithridates*,op.cit.,p.28。

[15]"ta en te psyche pathemata",引自 Trabant,op.cit.,p.30。

[16]"secundum placitum";Greek"kata syntheken",引自 Trabant,op.cit.,31。

[17]Trabant,op.cit.,p.30.

[18]Trabant,op.cit.,p.124.

[19]"connaissance claire et assurée de tout ce qui est utile à la vie",René Descartes,*Discours de la méthode pour bien conduire sa raison et chercher la vérité dans les sciences* I,6,Paris:Vrin,1960,p.35;参见 René Descartes,*A Discourse on Method*,New York:Washington Square Press,1965.

[20]"[…] car les pies et les perroquets peuvent proférer des paroles ainsi que nous et toutefois ne peuvent parler ainsi que nous,c'est-à-dire en témoignant qu'ils pensent ce qu'ils disent",Descartes,op.cit.,p.96.

[21]Trabant,op.cit.,p.155.

[22]"nihil est in intellectu quod prius non fuerit in sensibus"(Locke);"nisi intellectus ipse"(Leibniz),引自 Trabant,op.cit.,p.178。

[23]Wilhelm von Humboldt,*Über die Verschiedenheit des menschlichen Sprachenbaues und ihren Einfluss auf die geistige Entwicklung des Menschengeschlechts*,Paderborn:Schöningh,1998。

[24]参见 Hans Rüdiger Müller,*Ästhesiologie der Bildung.Bildungstheoretische Rückblicke auf die Anthropologie der Sinne im 18. Jahrhundert*,Würzburg:Königshausen und Neumann,1998。

［25］Trabant，op.cit.，p.221.

［26］Johann Gottfried Herder，*On the Origin of Language*，trans.John H.Moran & Alexander Gode，Chicago：University of Chicago Press，1986，p，117.（German original：Johann Gottfried Herder，*Abhandlung über den Ursprung der Sprache*，Munich：Hanser，1978，p.33.）

［27］Wilhelm von Humboldt，*Essays on Language*，New York：Lang，1997；Wilhelm von Humboldt，*Gesammelte Schriften*，vol.VII，Berlin：De Gruyter，1905，p.53.

［28］Wilhelm von Humboldt，*Essays on Language*，New York：Lang，1997；Wilhelm von Humboldt，*Gesammelte Schriften*，vol.VII，Berlin：De Gruyter，p.46.

［29］Trabant，op.cit.，p.263.

［30］Trabant，op.cit.，p.264.

［31］Wilhelm von Humboldt，*Gesammelte Schriften*，vol.IV，Berlin：B.Behr，1905，p.21.

［32］Wilhelm von Humboldt，"Plan einer vergleichenden Anthropologie，"in *Schriften zur Anthropologie und Geschichte*，Wilhelm von Humboldt，in *Werke in fünf Bänden*，Vol.1，Andreas Flitner & Klaus Giel（eds.），Darmstadt：Wissenschaftliche Buchgesellschaft，1960，p.352.

［33］参见本书第八章，以及 Michel de Certeau，*The Practice of Everyday Life*，Berkeley：University of California Press，1984；Michel de Certeau，*The Certeau Reader*，Oxford：Blackwell Publishers，2000。

［34］Wilhelm von Humboldt，"Über das vergleichende Sprachstudium in Beziehung auf die verschiedenen Epochen der Sprachentwicklung"，in *Gesammelte Schriften*，vol.III，Berlin：Reimer，1843，p.251；参见 Humboldt，"On the Comparative Study of Language and its Relation to the Different Periods of Language Development，"in *Essays on Language*，Harden & D.Farrelly（eds.），Frankfurt／M.，New York：Peter Lang，1997，pp.1–22.

［35］Ludwig Wittgenstein，*Philosophical Investigations. The English text of the third edition*，New York：Macmillan，1973，p.23.

［36］Ludwig Wittgenstein，*Philosophical Investigations. The English text of the third edition*，New York：Macmillan，1973，p.569.

［37］Ludwig Wittgenstein，*Philosophical Investigations. The English text of the third edition*，New York：Macmillan，1973，p.43.

［38］Trabant，op.cit.，p.313.

［39］参见 Anselm Haverkamp（ed.），*Die Sprache der Anderen*，Frankfurt／M.：Suhrkamp，1997；Brigitte Joste & Jürgen Trabant（eds.），*Fremdes in fremden Sprachen*，Munich：Wilhelm Fink，2001；Christoph Wulf & Christine Merkel（eds.），*Globalisierung als Herausforderung der Erziehung.Theorien，Grundlagen，Fallstudien*，Münster，New York：Waxmann，2002。

第十一章　图像和想象

　　除了语言,图像在人类学和文化科学的研究领域中同样占有重要地位。面对这样的研究兴趣,我们首先要回答这样一个问题:"什么是图像?"[1]思考的根源就是图像的普遍存在以及语言隐喻中的图像、艺术作品中的图像和新媒体中的图像。图像获得了一种普遍的存在。出现了一种新的理解,即"图像作为文化的形象"。比喻为主观与实践之间架起了桥梁,只有从思维具有一定的比喻约束性这一特征出发[2],我们才能更好地理解图像在文化、科学以及哲学中的意义。目光的"发现"以及由它建立的物体与和身体紧密相连的眼睛之间的交叉关系,开创了一种关于图像、目光和身体的新认识。由目光交叠而产生的词语的交错配列模式(视野与观点的融合)充分说明了目光如何创生图像,这种图像在记忆中存放,并在回忆时再生。通过对视觉想象的思考和对图像的审读,我们看到了视觉作为一种独立的不可替代的文化成果,使得图像和想象在文化科学和人类学中备受关注。

第一节　图像—身体—媒体

　　当我们谈论图像时,出现这样一个问题:我们是否生存于内部图像和外部图像之中呢?"图像"一词包含两种可能性,这一事实告诉我们一些关于图像特征的信息。外部图像进入内部,内部图像也可以返回外部。图像是人类身体的产物,它植根于想象力。[3]汉斯·贝尔廷沿着相似的思路,将身体确定为"图像的处所",并且得出:即便身体在一直试图控制图像的时候,它依然听从于它自身产生的图像。然而,身体创造的图像表明,变化是唯一的持续性。图像的方式可以改变,具体表现为,身体首先创造了图像,当身体面对外部世界或它自身的新问题时,它很快又放弃了刚才建立的图像。对于自我的不确定使人们产生了一种倾向,他们愿意将自己看作他人或者在图像中审视自己。[4]人们受到自己的感觉图像和由此产生的内部图像的制约。目光所及之处就是他受限的边界,人们能够记忆的东西就是他能够回忆的内容,而且部分地依赖于他的意识。人的欲望在将其他人、情境以及事物部分或全部地转化为图像的过程中发挥了重要作用。心智的图像操纵着感觉并确定人类的观看、判断、回忆或者忘记。内部图像流不仅取决于那些人或物通过关注而转化为图像,还取决于那些注意过的进入且保存在内部世界中的图像。尽管人类总是试图获得对图像的控制,但他依然受到内部图像的支配。图像随着人类生活的变动而波动和改变。一旦一个重要的图像失去意义,就会有一个新的图像取而代之。所有图像是一个整体,人们在内部体验它们,并借助图像来审视自我。

内部图像可以进一步形成人们可以使用的外部图像。作为我们文化的产物,图像是文化的表达,并与其他文化或历史时期形成的外部图像相区别。[5]在图像以不同形式从外部世界进入人类身体的过程中,以及与内部世界已经存在的图像叠加时,图像的整体特征将会获得个体化的重塑。集体世界的许多图像是个体的(心理)图像的产物,个人有机会将这些心理图像转化为外部世界的对象和形式,或者将它们转移到媒体上并加以传播。[6]物化的图像以媒体为载体而存在,例如早期的岩画,它们就是以岩石为载体、依托岩石而存在。[7]再如古代的人物遗像,人们挂着含有逝去的先人形象的图像,从而,逝去的人将会再生。[8]现代的媒体形式主要包括照片、电影和电视。以照片为例,它是将人类身体形象通过曝光成像在底片上面,然后再显影在相纸上面,通过这种媒体,图像就被保存下来。人类身体从此以图片的形式获得了完全不同的历史,不断流传下去。[9]电影和电视的情况与照片相似,只是这两种形式的媒体可以完成对运动的记录和表现。媒体中的图像不再是外部的图像,媒体可以完成对图像的建构。没有媒体我们就无法获得可以感知的图像,更不能完成对外部图像向我们内部图像的传递和转化。"在图像媒体中,具有一种双重身体关联。首先是身体的形似,它使得我们可以使用媒体获得符号化的或者视觉化的身体。另一方面,媒体记录下我们身体的感受并能够加以改变。图像媒体通过如下的思考方式来控制我们身体的体验,即我们如何按照图像媒体提供的范本锻炼我们的独特感觉,以及锻炼我们如何脱离或者放弃我们自己的身体。"[10]同样,麦克卢汉(McLuhan)的观点"媒介即讯息"[11]也强调了这种意义关系。我们从媒介那里获得图像,确定我们的图像体验。媒介不依赖于任何图像,通过所传递的图像媒介对我们的感知施加影响。在我们将一幅图像以绘画、照相或是数字的形式进行体验的过程中存在质的区别,也就是当我们把图像转化为图像标志的时候,需要以图像符号学的观点加以分析和判断。[12]

人类图像体验的其他重要参考维度还包括空间和时间。身体在成为图像之后便可以从它的过去走出来。古代的死亡图像同样具有这层意义。被影印在相纸上的图像使得人的身体可以超越它自身的时间性。照片为回忆开启了大门,并使得图像在社会中生存成为可能。图像具有媒介特点,所以它可以被保存并能够随时使用,图像可以像它产生的时刻一样在另外的时间被感知。图像的空间也具有这种道理。图像的媒介性特点使得图像不依赖于它当初产生的空间,人们可以将图像带到不同的地方。图像可以在任何不同空间条件中展现。待在家里人们便可以看到图像中遥远的地方,并借助想象"进入"这个地方。家在哪里呢? 他是否还待在家里? 他是不是被照相机带到了那遥远的地方? 图像的这种不依赖于时间和空间的媒介性特点,使得图像独立于情境条件。图像不仅可以根据关系的变化而改变自己的意义,还可以改变自己的图像特征。图像的媒体性特点左右着它的使用,决定着人们对图像的认识和感觉。图像的媒介性成就了图像的应用,从而也实现了对不同时间和空间的跨越。不同在于图像的生成时间、图像所表现的时间、感觉的时间。这种差异也适用于对空间的讨论。根据对图像认识的需要,图像会依据不同的历史和文化参考点呈现出不同的时间和空间形式。

关于这种参考点的变化,以及对于图像随着集体想象的转变而发生的意义变化,民族学的研究能够给出很多例子。[13]比如,塞尔日·格鲁津斯基(Serge Gruzinski)关于墨西哥的殖民化和基督教化过程的描述。[14]通过研究,塞尔日·格鲁津斯基认为西班牙殖民者实施暴力,毁掉了原住民的集体想象,并以基督教的想象取而代之,开始了长期的殖民化进程。伴随着复杂的模仿过程,印第安人的想象世界发生了一种持续的改变;被殖民者脱离了原来的宗教信仰,产生了一种对基督形象的认可。通过新的基督教的自我确认标准灌输到印第安人的想象之中,殖民者实现了最终的征服。相似的情况同样出现在印度和非洲的殖民化进程当中。[15]

人类实现了在图像中、在语言中和在文化表现中的客体化,身体在这些客体化过程中成为交流的通道。与其他客体化过程一样,图像是含有历史和文化差异的身体表达和展现的形式。人类身体与图像之间的关系受媒体变化的影响而不断改变。三维的身体在一幅图像中就可以被转变为二维平面的形式。同样,照片的媒介性也可以改变图像的特征;照片上显现了身体的光影印象,它带给人们一种平面的回忆。[16]麦克卢汉将新媒体定义为"假肢",从一种非常抽象的层面来看,数字图像与人的身体具有一定的关系。普遍来讲,媒介在世界的传递范围不断扩大[17],人与世界关系具有媒介性,随之而产生的媒介的自我表现正在扮演着越来越重要的角色。这种发展也包含与影像相关的其他操作与方法(例如 X 光成像、电子显微镜、CT),这些技术在自然科学中不能被忽略,它们的认识论的和文化科学的意义正慢慢地在人的意识中发展壮大起来。

图像中的人和物体的在场与不在场的特点不可分割地交织在一起。就像一个身体出现在照片的介质中一样,它的图像同时也让我们看到了身体的缺席。"我们从媒介中看到'此时此刻'。然而,认识到这种描述之后,我们发现图像与图像媒介之间的区别还是很复杂的。图像总是精神的,媒介总是物质的,即便这两者对于我们来说造就了感觉印象的统一。"[18]照片的媒介特性是人们能够欣赏到照片上生动图像的前提条件,它们在电影和电视上表现得更加突出。电影、电视观众被引领到眼前出现的图像世界之中。即便观众们已经意识到了图像的媒介性,他们在观看过程中也会"忘记"它,观众们会将看到的图像与自己头脑中的图像组织起来,这些电影和电视图像变成了一种经验图像。在这个过程中,媒体表现的即时图像与人们已经组织好的能够回忆的图像交叠在一起。现实的电视与电影图像以及人们头脑中的图像都具有一种文化和社会想象的深层维度,它总能够反复"暗示",呈现很多具有感觉和意义的"现实的"图像。[19]

与电影和电视图像不同,数字图像还有另一层意思,就是它们已经不再是图像了。[20]不单是它们的图像特点,而且它们的媒介性也出现了问题。数字图像借助电子和数学计算得以生成,这些过程很难被人们接近和认识,具有很高程度的可合成性特点。在合成的图像中,"存在与图像、主体和客体之间的传统的联系变得松散了"[21]。如果情况是这样的话,那么当关系是新的或其他类型时,合成图像还是与它所要表现的内容有关。当合成图像出现在屏幕上时,它便成为"图像"。合成图像与观看者头脑中的图像发生关系并交叠在一起。人们希望,屏幕上显现的图像在一种明显的可控范围内具有一定的可操作性。显示屏的尺度、屏幕上活动的图像短暂停留的特点以及欣赏目光的标准化,为人们实现控制图像的愿望创造了条件。合成图像作为活动的图像为观看者传递了双重的幻想,即图像与运动。运动的幻想比观者的身体稳定就位较容易产生。合成图像的不断增长导致人们越来越不相信图像的表现特征,这将会给图像表现和图像的文化应用带来持续的变化。[22]

在对图像进行分析说明时,图像批判占有重要的一席。对图像崇拜和图像破坏这两个词语的讨论一直延续至今。[23]图像能够制造迷乱、形成假象,可以被囚禁在想象的牢笼中。在怀疑中生发信念。尤其当他们兴奋和惊奇时,他们提出疑问,并拒绝接受图像的魔法效果。图像模拟着世界,形成幻像,它是人们可以使用的工具。图像的多样与加速扩展——图像泛滥——会带来什么影响呢?图像对于不断扩大的抽象化进程、交际的疏远以及生活经历的失去是否起到推波助澜的作用呢?对于图像似毒品一样上瘾,我们是否沉醉在图像当中,逃避着对空虚的恐惧(horror vacui)?是否图像失去了诱惑力,对它自身和欣赏的两方面都产生了怀疑,从而导致了对其他感觉意义的重新发现或者寻找感觉经验的新方式呢?

第二节　出现—表现—模拟

图像具有多重意义。一种猜测认为,图像的产生早于人类意识的发展,它源于人类对于死亡的恐惧,或者就是对于人必然死亡的惧怕,这种观点不是没有道理的。狄特马·卡姆佩认为,图像"具有抚平伤痛的目的,人类诞生于其中。然而,这个目标是难以实现的。每一次回忆既是再现,也是存留。因此,每一个图像原则上都是'性的',即使它的内容具有强烈的'宗教的'意味"。关于图像,罗兰德·巴特斯提出了"人的死亡"的命题。在分散人类欲望的过程中,图像对恐惧的转移发挥了重要作用。图像代替了对起源的经验性轻视。它是最大的恶魔。它孕育着希望,与母亲的声音一起舞动着穿过所有的矛盾。它从神圣转入平凡。因此,按照卡姆佩的观点,战胜恐惧的第二步称作复制:图像将会迷失在众多的图像之中——孤注一掷的行动。

图像在具有魔力等级的图像群中摆动,每一幅图像都具有确定性,它显示了其他图像所不再表现的和还没有模拟的事物。出于这种情形,下面列出了三种不同的图像类型:

- 作为魔力显现的图像
- 作为模仿表现的图像
- 作为技术模拟的图像

图像的这些类型之间存在众多差异。其中的差异是具有一定意义的;这些差异使得一些矛盾的没有经过验证的特点得到了确认。

一、作为魔力显现的图像

这种图像是指那些在一定的时期产生还没有成为艺术品的图像,包括雕塑、面具、图像。[24]其中,具有神的魔幻表现的图像以及神像扮演了重要的角色。远古文化当中的泥塑或石刻的送子女神（Fruchtbarkeitgöttinnen）像就属于这种类型。神的存在很多时候都是通过早期的众多神像、雕塑和面具来表现的。死者涂染的头颅以及死者的面具都具有相似的功能。[25]在新石器时代，一些地方就存在着涂染死者头颅的现象，并作为一种仪式用以纪念死者以及祖先。死亡是群体的命运，头颅染色和面具的出现是这些群体对抗死亡恐惧的一种尝试。图像是对死亡的一种反映。死者的头颅或者面具是死者身体的图像化转变，借此，死的样子以生的形式得到确认。这种改变充分表现在葬礼之中，在这种仪式表现中，生者的群体表明了他们对死亡的认识，随之死者头颅和面具便开启了神圣化的进程。

《旧约》中讲述了有关金牛犊的崇拜，这个故事形象地表现为一幅图像，其中神与图像融合在一起，身体被塑造为牛犊的形象，极具象征力。当摩西在西奈山上接受十诫的时候，十诫明确禁止制造上帝的形象或崇拜的形象，他的人民，在他的哥哥亚伦的领导下，寻求满足崇古的冲动而崇拜一个形象。亚伦显示出的是图像崇拜，摩西的立场是图像斗争和图像破碎，这两种观点直到今天都代表了两种对于图像的不同意见。社会由图像的力量所创建。这种"力量源于一种无所不在的难以掌控的遥远的存在，它释放出一种表现，完全占据了人类的关注。图像以一种可以制造相似的力量，创造一种示范事物的相似物。金牛犊（从仪式的角度来看）就是神，图像和它的内容融合在一起，直到没有差别"[26]。

中世纪，人们对圣人遗骨进行祭拜，有圣人身体的一小块刻有字迹的部分就足够了，就可以表示圣人在场了。在孔克（Conques）有一个存放圣人遗骨的博物馆，宣称"这里陈列着很多圣人的遗骨"。圣人们就在场，他们不需要通过遗骨来表现。在遗骨发现的地方他们可以为信徒们带来神圣的力量。遗骨使得这个地方变得神圣，仪式参加者也会具有神圣的仪式行为。遗骨是圣人形象的具体化，随后出现的仪式行为具有神圣的意义，仪式行为可以帮助在这两者之间建立联系，在其他文化中称之为巫术或魔法。

很多现代艺术作品不能表现艺术品之外的东西，而只是单独地形成了一种存在，先于艺术的早期的（关于礼拜的）作品具有一定的可比性。马克·罗斯科(Mark Rothko)和巴内特·纽曼(Barnet Newman)推动了神圣用图像来表达的历程,比如作品《罗斯科-卡佩勒在休斯敦》(*Rothko-Kapelle in Houston*),其中图像的色彩使观赏者处于一种混乱的飘忽不定的状态之中,"存在与消融"以一种非常神秘的方式保持了平衡。纽曼的画像作品迫使观者处在自己的边界,从而体验一种眩晕的感觉。纽曼将要创造一种升华的体验。"它表明了用过量的事物来突破人们的认知容量。拒绝这种过量将不会带来成功……纽曼的图画将不会显示任何东西(就连整块的色彩都没有);它将创造出纯的形式,并激发观者。它已经完全不是简单的图像,从这个角度来看,它成功了。"[27]

二、作为模仿表现的图像

在柏拉图的著作中,图像被认为是一些事物的表现,它本身并不是什么。图像将事物展现出来,把一些东西表达出来,证明一些东西。按照柏拉图的观点,画家和诗人的作品不像神的意旨或者手工艺人制作的物件。图像将事物的样子呈现出来。所以,画家和诗人创造的不是事物本身,而是事物的艺术表现[28],由此与真实世界之间建立了联系。这是一种模仿,不是对世界的拷贝,而是世界的一个模仿造型。这种过程不是关于相似性,而是关于表现的生成。模仿行为创造艺术和诗歌的图像,使得那些不能显示的事物变得可以看见。这种表现对于艺术和诗歌是决定性的,由此产生特有的、不受现实制约的、不受实事质疑的美学领域。美学领域中的作品是一个表现的世界的组成部分。这些作品展现那些无法独立可见的事物。在美学领域中,那些不存在的事物被表现出来,那些以其他观点认为的存在必须被重新评价。这里产生的图像和文本不能作为国家或者社会制度的标准;它们具有幻想和虚构的特点,所以艺术家、诗人以及他们的作品都不能作为衡量事实的尺度。[29]

人们不能从美学作品的吸引力和虚构中解脱出来;他们按照这些作品模仿地塑造自己的形象,也就是说,他们将自己置身其中,按照它们的样子进行修炼。所以,按照柏拉图的观点,几乎没有什么障碍可以对抗这种机械主义,理想国中必须禁止艺术和诗歌。只有这样才能避免对图像以及艺术表现的模仿接触,避免模仿对社会的充斥和损害。艺术过程的中心是图像,它包含对先前图像的引用,并在转换过程中呈现它的形式。

(模仿的)表现属于人类的基本能力。一个核心的议题就是人的身体。[30]通过文艺复兴时期的画像以及现在的照相,人的身体被反映出来,人类得以表现。借助身体图像的形式,照相在人的一生中占有了重要的位置。照相以及其他形式的表现与人类自我理解的问题紧密相连。没有我们自己的图像,也就没有我们自己的表现,我们根本无法理解我们自己。为了理解人类自我认识的可能性的限度,我们有必要了解一下表现的图像特征。

很久以前,人类就实现了对身体的刻画。这种身体图像就是人类的图像,正如人类的展现就是身体的展现。从生物学的角度看,人类的身体在不同历史时期没有什么变化,但是图像展现了身体的不同。图像的历史展现了人类身体的历史,它同样是人类表现和人类图像的历史。所以得出了这样的结论:“人类就是如此,恰如他的身体表现的那样。在身体被刻画成图像之前,它本身就是图像。刻画并不是他宣称的那样——身体的复制品。图像实际上就是身体图像的产物,在身体的自我展现时就已经存在。如果人们没有丢掉全部的三个因素,人类—身体—图像这一三角形就不会改变。”[31]

三、作为技术模拟的图像

今天,一切事物都有变为图像的趋势:不透明的身体被转化了,它失去了不可透视性和空间性的特点,变得透明与易逝。抽象过程蕴含在图像和图像符号当中。它们随处可见,已经不再陌生,人们已被它们征服。图像导致物体和“现实”消失。文字首先记载并传承了人类的历史,与之相仿,图像对人类历史也具有一定的保存和传递能力。照片、电影、电视可以帮助记忆,生成了图像记忆。想象的图像补充了文字的需求,所以,今天想象通过“图像文本”的产物与它对历史的传承交织在一起。参与创建图像的人数正在减少;而热衷于几乎无法接受想象挑战的预制图像的消费者数量正在增长。[32]

图像是抽象的一种特殊形式；它的二维平面可以表现空间。电视图像的电子特点成就了图像的普遍性和加速度。这些图像几乎可以同时传到世界各个角落。[33]它们使世界变小，将世界的特殊体验变为图像。它展现了真实的新的形式，受到市场经济原则的指挥。当图像表现的不是真实的事物时，它们就会进行自我生产与加工。图像之间进行交换，发生关联；图像的部分被截取，其他部分互相联系；破碎的图像将会产生，它们可以形成不同的整体。它们是运动的，互相证明。它们具有相同的加速度，即速度的模仿。由于图像具有平面的、电子的以及缩小的特点，所以除了内容以外，它们之间总是那么地相似。它们使观者着迷，它们使人陶醉、令人担忧。它们消除了人们与事物之间已经存在的联系，将它们引入一个表现的世界。世界、政治和社会都被美化了。图像在模仿过程中寻找范本，努力与之相似；它们将被转变为没有参照范围的新的图像碎片。一种图像的混合产生了。令人欣喜的游戏伴随着模拟得到了发展：这些图像是高度分化的，但它们的差异在同一时间瓦解。图像作为图像就是信息（麦克卢汉）。

图像以光的速度进行传播扩散。一个表现的、令人着迷的、与现实分离的世界产生了。表现的世界不断扩张，并呈现出一种将其他"世界"吸收到它自己真实内容当中来的趋势。越来越多的图像被生产出来，它们只是互相建立关系节点，而与现实并不一定相对应。最终这将会演变为一场图像的游戏，其中充满着无限的可能，而有关伦理的问题将失去意义。一旦所有的东西都变为图像的游戏，那么将会不可避免地产生任意与不受约束。如此创造的图像世界将会反过来影响人类生活。想要对生活与艺术、幻想与现实进行区分将变得非常困难，它们之间是如此相像。生命成为表象世界塑造自己的预先存在的形象，然后生命又在这个形象上塑造自己。视觉过度发展。世界变得透明；时间被压缩，似乎只存在加速图像的现在时刻。图像穿上了欲望的外衣，它相互联结、突破、耗尽差别。它同样回避欲望；图像借助同时在场性去弥补缺席的遗憾。事物和人都渴望跨进图像的世界之中。

图像变成了拟像(Simulakren)[34]。图像努力与一些东西发生关系,使自己和这些东西一样,它们是模仿关系的产物。政治辩论不是为了自身的利益而进行,而是将其制作成图像并在电视上传播。电视图像成为政治辩论的媒介。观众们看到的是政治辩论的模拟,其中所有的东西都被展现出来,诱导他们相信政治辩论是以真实的方式上演的。一切都被转变到表现的世界之中。如果这种方式可行,那么政治辩论就会获得成功。作为政治的模拟物,政治影响产生了。模拟比"真实的"政治辩论显示出更大的影响力。

模拟存在于对原型的寻求之中,而这些原型是自己产生的。模拟成为影响政治辩论性质的标志。现实与模拟之间的界限很难划定;界限的消失导致了新的交叠和融合。模仿过程使得前像、映像和后像彼此交互。图像的目的不在于前像,而在于模仿它们自己。人们之间的关系也大致如此。其目的是实现个体与自身的特殊相似性,在同一主题的广泛差异背景下,通过生产性模仿得以实现。

第三节　图像的不可还原性

图像的不可还原性是我们理解图像的重要方面。它是图像科学的研究主题,避免我们忽略对图像的讨论。人类的身体是图像的一个场所,人类生活在一个由异质图像构成的内部图像世界之中不能自拔。图像生发出人们难以控制的幻想和想象。[35]

潘诺夫斯基的图像学(Ikonologie)对艺术史的研究来说取得了一定的收获,现在看来,他的解释理论的界限是十分清晰的,复兴艺术在该理论的分类上取得了成功,它的分类具有强烈的认知性,文本以这种分类作为参考,该分类也显示了它与图像的图像性进行对话的困难。[36]理解图像的初级层次是图像的线条和颜色,再就是掌握图像的轮廓形象可描画的事物,从而不再需要其他知识来理解这类图像。对于更高一级的图像理解来说,有些认识是非常必要的,比如对新教中基督被钉在十字架上这一形象的意义的理解。图像意义是图像学研究的第三个层次的主题。在图像产生之初,图像是基督教的一种表达方式。随后,图像取得了长足的进步,大规模的研究逐步展开,涉及当时的神学、哲学、政治等领域,目的是承认和评价图像对于文化史的适用性,缺少的是图像意义的吸收。"图像的内容就是观看,它是图像可观看性的反思,同时也是图像可能性的反思。我们可以称这种与图像本身的本质有关的标志性观看方式为'图标'(Ikonik)(从 Ikonik 到 Eikon,就像从 Logik 到 Logos,或者从 Ethik 到 Ethos)。"[37] 当看到图像的历史时,我们就必须就图像与语言的关系对成像的范围进行讨论,即关于讲述的顺序与图像表现的模拟之间存在的差异,也就是有关图像欣赏、图像形成的方式和审美接受。对于像蒙德里安(Mondrian)方格这样对象不明的图像,潘诺夫斯基的解释理论就遇到了瓶颈,这时标志性视图作为图像中创造性的自我考量的结构潜力就发挥了作用。正是通过统观画面中的对比镜头,观众意识到了自己的构造活动,也意识到了自己的处理能力,这是一种非常特殊的体验,他所执行的每一个构造都基于相同的现象,然而,任何可能的结构化活动都不会实现观众完全控制和掌握这种身份体验。[38] 已经提到的方法为观者针对他们的"不能克服的处理能力不足"展开了一幅图像,为观者带来了审美体验,即"图像的确认作为那些不能表现的事物的一种替代表现形式"[39]。图像具有一种依托于图像性的不可降低的品质,这种品质使得观者总是关注于图像的图像性。在审美体验过程中,会产生关于他者的经验,兰波(Rimbaud)如此形容:我是一个他者(Je est un autre)。勒内·夏尔(René Char)的观点也适用于艺术:这些图像知道一些我们不知道的东西。它们含有一种不能预见的神奇元素,一种经常被日常理性摒弃的元素,在图像的意义显露之前,我们得到了这个元素。

出于两方面的考虑,与艺术的图像发生的模仿关系传递了一种图像的体验。模仿过程借助于视觉引发了图像的"后加工",并且依靠想象的帮助完成了外部图像向内部图像世界的吸收。图像的后加工是一种模仿的形成过程,它可以将图像以图像性的形式吸收到想象和回忆的世界中。对于图像的模仿处理有助于图像性的形成,图像性在每一次图像表达之前、期间、以后以及之外就已经存在了。当图像被吸收到内部图像世界中以后,它就成为意义的节点,在人的一生中不断发生变化。不依赖于每一次解释,与图像重复的模仿交流是一种吸取和认识的行为。这种行为包括专注和对于幻想图像再加工的倾心投入,而且总是要求通过真实图像的或者再现图像的视觉接触获得一种"发现"。为了模拟图像我们必须放弃对它们的控制。对形式和颜色的视觉理解需要对观者不断增长的内部图像和思维进行抑制;该行为需要一种视觉上的图像获取、一种图像性的自我开放、一种我他转换。模仿过程存在于其中,观者通过自己的视觉加工使得自己与图像相似,不断接受,并通过这幅图像扩展他内部的图像世界。[40]

在一幅图像的模仿获得中有两个相互转移的阶段。在第一阶段,图像呈现在观者面前;在第二阶段,该图像已经被吸收到了观者的内部图像世界之中。在第一阶段,最重要的方面是克服机械视觉,机械视觉以与其他物体相同的方式看待图像,并将其推到脑后,将其归类为"以前见过"的东西。一个面向控制和定向的观看过程形成了一道保护屏障,防止被图像淹没。这种观看减少了观看的选择。在有意识的模仿的观看行为中,视觉的扩展是主要目的,包括视线在物体上的停留、对流行的克制以及对不流行的发现。所以,看到是影响对图像和物体的模仿获取的一种阻碍因素,它以一种"获得"为目标。在第二阶段,模仿性观看到的图像实际上已经是内部图像世界的组成部分,只是实现了图像的模仿性"相像"。这种相像必然是开放的,总是可以达到新的确认标准。以这种方式进行的内化,它的保持在想象中锻炼了关注能力和想象力。图像被想象地再现,观者必须产生一种内部紧张感以防止图像的消失,并且抵抗内部出现的"干扰图像"的涌动。想象的这种能力是模仿的,体现了每一幅创造性图像再现的构成元素。

一、心理(精神)图像—想象

就图像而论,人类作为人的图像而产生,此外,人类的身体以不同的媒体形式实现,所以,我们要将我们的意识变为内心的图像。人类的想象促使

"外部的"世界以图像形式转到我们的意识之中。这一过程已经体现在我们的感知之中,如果看不到什么图像,我们就不会具有由图像引发的想象。图像为我们增添了一种文化与历史的秩序,从中我们确定了与事物、与他人的关系。与世界相似的一些图像在我们的内心生成。这种与世界接触的过程是通过欲望驱动的,这些图像时刻受外部世界影响,并以感觉或者记忆的图像形式得以产生。在人类大量心理图像之中具有个体和集体关于"外部"世界的想象的心理图像的叠加。

一个社会主体的内心图像的产生是以其文化的集体想象、他自身的历史的唯一性和不可替换性的图像以及内部世界与外部世界的图像叠加为条件的。近年教育传记学的一些研究已经证明了心理图像的这种重要角色和作用。我的观点是将心理图像分为七种类型,即作为行为调节器的图像、定位图像、愿望图像、意志图像、回忆图像、模仿图像、原型图像。

作为行为调节器的图像　这里存在一个问题,是否或者何时以及在多大程度上,人类发生行为。虽然刺激与反应之间的裂隙对于人类来说是有争议的;但是,事实并不意味着人类的行为不受传承的图像和行为模式所影响。民族志在前些年就已经对基本的人类的饮食行为方式、种植、后代的养育与"触发图像"之间的关系提出了重要见解。

定位图像　社会化和教育借助于成千上万幅定位图像,这些图像促成了青年人的发展,存在于他们的生活世界之中,并指引着他们的生活。其中很多图像都是面向外界的,可以轻松地被复制,所以从社会的角度来看,它们发挥着重要作用。这些图像是开放的,它们被人们所划分,它们相互"联结"。正是由于这些图像的参与,共同性、归属性、集体性才得以产生。在全球化影响下,这种图像网络跨越了民族文化界限,并形成了新的跨国的意识形态。

愿望图像　从结构的观点来看,欲望控制的图像与愿望的图像非常相近;它们的具体表现却往往不同。它们对于人类行为和梦想的实现具有重要意义。通常,它们可以促进欲望的满足和保持,同时可以认识到不可能性和愿望。

意志图像　当愿望得以实现和满足时,意志幻影便成为行为能量的投影。由意志控制的愿望体现为人类的内驱力过剩。在有关由意志控制的愿望的能力中蕴含着人类劳作和文化的起源。

回忆图像　回忆图像根据一个人的特点而定。其中部分图像具有实践性,可以具体化;其中的一部分受到意识的驱动。大量的回忆图像源于感知,一些可以返回想象的情景。回忆图像可以覆盖新的感知,并与新的感知一起成型。它们是选择的结果,在这个过程中,抑制和基于原谅的有意遗忘扮演了重要角色。回忆图像构筑了人类的历史。它们与生命的空间与时间相连。回忆图像饱含着痛苦与欢乐、失败与成功。它们存在于回忆之中,可以将过去呈现于眼前,为对抗时间的无情提供了帮助。

模仿图像　柏拉图曾经指出,图像作为榜样促进了我们模仿能力的发展。这种榜样可以是鲜活的个体,也可以是想象的图像。柏拉图认为,模仿的迫切性非常强烈,人们从孩童和青少年开始就难以抗拒。柏拉图认为,对于所有对教育具有模仿价值的图像要有意识地使用,然而,对于教育有危害的图像要停止使用。亚里士多德认为:人类通过有效面对不希望的事物来获得能力的增长,从而对抗它们。这两种立场在今天关于新媒体暴力影响的辩论中得到了回应。

原型图像　荣格(Carl Gustav Jung)确定了原型图像对于个体生命的意义:生命的所有重要事件、所有高度的紧张都与原型图像有着密切的关系,并将这些图像转为内部表现,如果个体有足够的自我意识和感知能力去理解他或她正在经历的事情,而不仅仅是行动,那么,他们就会变得有意识,也就是说,他们不是简单地在没有意识到的情况下活在神话和象征当中。人们不应该将那些不确定的表现看成"集体无意识"和原型的产生,而是要认清,每一种文化都发展了大量的引导性和命运性图像,它们在人类的梦想和文化生产中都扮演了影响人类行为的重要角色。

二、对图像的凝视—图像的目光

现存的、表现的、模仿的图像以及很多心理图像不断地产生出来,为此我们有必要对这些图像或者作为这些图像的基础形象加以凝视。那么，什么是凝视呢？目光可以有很大的区别，它们可能是满足的、友善的、不耐烦的、生气的、愤怒的，等等。目光与主体、主体性以及认识的历史有着密切的关系。其中显示着他们与世界、与他人、与自我的关系。他者的目光构建了社会。秘密的目光与公开的目光是不一样的。不同的目光与集体想象有关，并与人类的图像——不管是个体的图像还是社会的图像——相互呼应。目光既不是作为可以照亮世界的火焰，也不是作为只可接收和反射的镜子，它是可以进行定量描述的。目光是主动的，也是被动的；它投向世界，同时又可以接收。正如主动性与被动性之间的关系那样，在看的历史中存在着不同的评判。最迟从梅洛-庞蒂的研究开始，人们已经认识到，世界和人类创造的图像都在注视着我们。在注视的目光中，世界和人类交相呼应。通过凝视，人们可以进行很多的表达，然后否认它们，因为凝视是自发的，不可持续。它使得事物可见，同时也是人类表达的一种形式。

有关文化的图像得出如下思考："在看到图像之前，目光已经存在于图像之中。因此，有可能将图像史与目光的历史彼此拉近。"[41]因此，有一种目光的图像学，讲述着图像实践历史的和文化的多样性。目光转换于图像、身体和媒体之间；它既不在身体中扩展，也不在图像中扩散，而是充斥于它们之间、它们之中；它难以固定，它可以处在媒体之前，与之对舞。图像吸引目光关注它，"并在我们关于图像的欲望中将目光本身转变为一个客体"。在艺术作品中，有关身体的最初的图像处在次要的位置。在观看图像的时候，它们并没有生命，产生的是想象。在注视镜子或者通过窗子观看的时候，我们可以认识到目光本身。"显示器重复着窗外的景色，视频呈现着镜子中的映像。"[42]

在讨论图像的时候，模仿性目光扮演着重要角色。模仿的目光将世界呈现给观察者。

通过模仿，观察者拓展了他的阅历。他从外界获取一个原型，并将它储存在自己的内心图像世界之中。通过对形式和颜色、质地和结构的视觉上的领会，外部的图像转换为内部的图像，并成为他想象的组成部分。在这一过程中,世界的唯一性以它的历史的和文化的表现被接收。因此,世界和图像被遮挡在快速的意义之外,即迅速变为语言和意义,但同时又摆脱了"图像"。更多的是经受住了世界的不可见性、多意义性和复杂性,而不是产生单一的意义。在模仿的理解中,人们克服了世界和图像之间的矛盾。在此过程中,人们可以清楚地认识到世界和图像的片段。就图像来说,人们必须将双眼紧闭,以前见过的图像借助于想象呈现在"内部"双眼之前,并引起注意,它可以避免其他内心图像风暴所产生的图像的干扰,并在注意和思考的帮助下,"巩固"这个图像。通过观看所形成的图像的模仿是第一步;人们对它进行巩固与加工,以想象的方式得到扩展,接下来的一步是与其他的图像形成模仿的关系。在观看过程中,一幅图像的再生产、关注的短暂停留,这些对于图像的解释都是非常重要的。在图像化的过程中,有关图像解释的这两方面的相互关系是我们研究的主要任务。

第四节　幻想—想象—想象力

外部世界以图像的形式转化为人们内部世界的一部分,在记忆中保持,可以回忆,同时将内心的设想和图像在人身之外客体化,这些是人的条件(conditio humana)的一种体现。在古希腊人们称这种能力为幻想(Phantasie),古罗马人将其译为想象(Imagination),帕拉塞尔苏斯(Paracelsus)将它译为想象力(Einbildungskraft)。引入德语之中,受法国作家的影响,它通常被称作想象(Imaginäre)。它是一股最神秘的人类的能量,充斥着人们的生活世界,表现为不同的形式。只有具体化时,它才可以被理解。它总是躲避确认性的掌控。幻想使图像的认知成为可能,即便是它的原型并不在现场。它标志着内部视觉的可能,以及未来行为的预设。

关于幻想最早的定义出现在柏拉图的《理想国》中。该书第十卷说,画家的模仿是一些表现的效仿,从而实现就像它表现的那样的效果。[43]亚里士多德认为,幻想是"一种眼前的呈现,就像记忆艺术家所处理的那样,去寻找合适的图像",它"如人们所认为的那样,是在我们内心中产生一种表现"。[44]幻想就是将某物显现出来。它的意义不断变化,例如在古罗马时期,幻想就与想象具有同等意思。此时,意义的重点不再是"使之浮出水面",而是使用"想象"一词彰显一种积极主动的力量,吸收图像,创造形象。幻想、想象和想象力是对人类所具有的能力的三种定义,它们可以实现图像的内化,即外部世界向内心图像世界转变,它们是形成、保持、改变内部世界不同根源、意义的力量所在。

幻想具有一个错综复杂的结构,其中内部世界与外部世界相互交织。梅洛-庞蒂、雅克·拉康都注意到了这种交叉结构对认知和图像生成的重要作用。看的概念是不充分的,这一概念认为与自身相同的客体面对一个最初"空"的视觉主体。视觉给我们带来了许许多多,使我们能够接近客体,我们用目光接触客体。"目光……笼罩在可见的物体之上,目光与物体接触,并与物体结合在一起。所以在目光和物体之间存在一种预先稳定的和谐关系。在目光接触到物体之前,就已经认识了它,它在突兀和专横的风格中以自己的方式前进,然而所采取的观点并不是杂乱无章的,我看不到什么混乱,只有事物,所以人们很难说清,目光和事物哪一个更占上风。"[45]感官与外界之间的这种相互作用,不仅发生在视觉上,而且也发生在触觉、听觉上,原则上,也发生在嗅觉和味觉上。

人类的感知不是没有先决条件的。一方面,我们人格化地认识世界,也就是以我们身体的生理学为基础;另一方面,我们的感知具有历史的人类学的特点,即文化的前提。随着不断的发明和人类感知脚步的扩大,在口头文化中视觉感知与视觉越来越接近。相似地,新媒体和图像的加速发展改变了我们的感知过程。正像格式塔心理学研究所指出的那样,幻想已经在感知以及在感知扩充中扮演了重要角色。相关方面也适用于文化的讨论范围,该范围赋予了已感知事物的感觉和意义。每一个观看的行为都是历史的和文化的,它们又是可变化的、偶然的和面向未来开放的。

人们探寻着幻想的身体基础,大家注意到了盖伦的观点:由于"在我们梦的碎片中,或在集中的植物生长过程中,在童年,在性的接触中;换言之,发展中的生命的力量在不断变化的图像中展现自己……这里有一些关于生命整体目标的某些原始愿景或图像,它们在自身内部感觉到一种更高形式的趋势,可以说是更大强度的'涌动':存在着一种直接的生命理想,即植物质(substantia vegetans)中存在更高质量或数量的趋势(因此,应当注意,作出这种区分的权利仍然值得怀疑)。"[46]。盖伦认为幻想是人类欲望过剩的一种反映。也许幻想要先于这种过剩的欲望,"由此生命的追求才能够按照它所满意的图景那样进行规划"[47]。在盖伦看来,幻想对于人类来说是一种"欠缺",它与残存的本能以及刺激和反应之间的间隙相联系。它与需求、欲望躁动和争取满意的愿望有一定的关系,但是,幻想能力又不局限于此。人类的可塑性和对世界的开放性体现在其文化活动的必然性上。幻想扮演了如此重要的角色,人"仿佛作为理性的生物,同时也作为幻想的生物"[48]。

幻想公开反抗理性的束缚。图像仅仅能够作为基本组成力量的客观化来理解,因为那些力量不断逃避,不具有客观性。德语中常用的三个定义强调了幻想的不同方面,但是它们之间的差别并不是很明显。大体看来,具有如下差别:幻想体现了野性的一面,想象指代图像世界,想象力是指想象的能力,它们可以创造新的事物。有关幻想包括很多不同的方面,主要源于不同的历史时期和文化背景。其一,幻想使得人们与艺术发生关联。其二,人们对不同的文化和世界中的他者进行理解,只有借助于幻想才可以对他们所理解的东西进行"加工"。其三,体现在幻想与无意识之间的关系上;幻想是一种力量,在意识之外与人类图像世界的行为共同作用,表现在梦想和幻想之中,发生在欲望的激流与生命的力量之内。其四,关于希望和能力以及反事实的愿望的实现。[49]以上这四个方面说明,幻想的目的在于对世界的改变,采用包括自发的、不寻常的或者随机的策略。[50]阿多诺将幻想在社会关系中的作用引入科学、艺术和文化中,他这样描述:"要写出一部关于幻想的思想史,实际上就是关于实证论的违背,这也是值得的。在18世纪,在圣西门(Saint-Simon)的著作以及在达朗贝尔(d'Alembert)的论述中,幻想连带艺术都被认为是一种生产活动,是一种能够激发生产力的思想;孔德的社会学揭示了一种辩解的、静态的立场与定位,他认为社会学是隐喻和幻想的敌人。发生在以劳动分工为基础的特定领域内关于幻想的诋毁和排挤是公民思想回归的先兆,不是作为一种可以避免的错误,而是一种痛苦,是一种社会需要的机械理性,与每一种禁忌结合在一起。这仅是一种具体化:幻想被容忍,它与现实相对,承担了与科学和艺术同样的东西;合法的科学和艺术努力消除它们承受的负担。"[51]

同样,想象和想象力这两个概念之间也经历着意义的分化。我们注意一下英语地区的思想史,洛克认为想象是"心智的力量",休谟(Hume)认为想象是一种"灵魂的魔力……即使人类用尽最大的力量去理解它,它还是难以说清的"[52]。柯勒律治(Coleridge)将想象理解为人的能力及财富,它表现为两种形式。"为了生命的力量和所有人类感知的真正活动,以及一种无尽的思想促发的永恒的自我存在之永恒的创造行为的重复,我拥有这种基本的想象。我认为次要的想象是基本想象的共鸣;它与有意识的愿望同时存在,在行为中由基本的想象确定它的作用,只是在它的影响程度和形式上得以区分。它散开、消解、挥发,以实现重新形成;一旦这种过程在哪里不可能实现,想象就会用尽一切办法去美化和联合。想象本性生动,就像所有客体固有和消亡的本性一样。"[53]依照这种理解,想象就是主体的一部分,想象在主体中发挥作用,并与主体一道去感受世界。柯勒律治认为想象还是一种能力,它可以将已经存在的联系消解、破坏,从而生成新的东西。想象的第一种形式与自然的力量相似,被认为是创造自然的自然(natura naturans),它创造了所有的事物,想象的第二种形式将它消解并建构的事物引入世界之中。还有第三种力量,即设想(fancy),它创造事物并构建联系。想象能力的这三个方面相互作用。它们创生图像、销毁图像,它以一种摇摆的运动将陈旧图像的元素不断地融入新的图像之中。

对于赫尔德来说,想象力是身体和思想之间联结的纽带,康德和费希特(Fichte)将想象力看作理性和感性之间的桥梁。康德认为,缺少概念的观察是盲目的,失去观察的概念是空洞的,想象力对于每一个概念的理解都是必不可少的。然而,文化的发展并不具有这种标准。空的概念和无概念的图像扩散开来。在越来越多的社会领域中,虚构的变成了事实,而现实被虚构了。威廉·弗卢塞尔（Vilém Flusser）用一种历史的眼光试图提出"一种新的想象力"的定义，与人类历史相关的想象力包含四个发展阶段："首先，人们要从生活世界中走出来，去展开想象。然后，人们再从想象中走出来，去描述它。接下来，人们要从线性的文字批判中走出来，对想象进行分析。最后，人们从一种新的想象力的分析思维中投射出合成的图像……换句话说：我们正面临着挑战，从线性存在等级跳转为一种完全抽象的零维度（达到'无'）的存在等级。"[54]

在法国，关于想象概念的讨论引来了新的意义。让-保罗·萨特（Jean-Paul Sartre）表明了幻想具备意识的"逆现实"的功能，其中意识可以创造不在现场的物体，使它在场，并与客观物体创造一种想象的联系。[55]对拉康来说，想象具有一种前语言的实体状态，个体在其中还没有意识到自己的边界和不足。[56]从此，想象在孩童通过母亲对自己进行确认的过程中建立了渊源，它是如此强烈，孩子甚至都没有感觉到它的"不同"。婴儿的独特魅力在于受到母亲身体闭合性的影响。就像通过镜子，照镜子的人可以体验到自己的身体整体性的健康和力量。而且母亲这种完整的体验危及婴儿自身的"完整性"，并产生其不完整性和对他人依赖性的体验。这种对我们自身不完整性和有限性的体验也是性主体的起源。拉康认为，带有图像世界的想象要先于伴有语言世界的符号的形成。科尼利厄斯·卡斯托里亚迪斯接受了这种观点，并且确定了两个世界的关系："想象必须要使用符号，不是仅仅为了'表达自己'——自我理解，而是要实现完全的'存在'，要成为什么，而不再是简单的虚拟。没有价值的空想就如同源于'图像'的最秘密的最模糊的幻想，然而这些图像代表其他，具有一定的符号功能。但是恰恰相反，符号是想象的前提，因为符号以能力为基础，在一种事物中可以看到其他，或者一种事物可以看作其他。这样看来，就像幻想最终归为一种本源的能力，借助于想象，人们可以回忆一件目前已经不存在的事物或者关系（它没有被感知或者从来就不存在），我们将最终的或者根本的想象作为符号或者有效的想象的共同根源进行讨论。最后，这是唤起图像的基本且不可还原的能力。"[57]

注 释:

[1]参见 Volker Bohn(ed.), *Bildlichkeit. Internationale Beiträge zur Poetik*, Frankfurt/ M.:Suhrkamp,1990;Georges Didi-Huberman, *Devant l'image. Question posée aux fins d'une histoire de l'art*, Paris:Éditions de Minuit,1990;Engl, *Confronting Images. Questioning the Ends of a Certain History of Art*, University Park:Pennsylvania State University Press,2005; Louis Marin, *Des pouvoirs de l'image*, Paris:Éditions du Seuil,1993;Louis Marin, *On Representation*, Stanford:Stanford University Press, 2001;Louis Marin, *Cross-Readings*, Atlantic Highlands:Humanities Press,1998;Régis Debray, *Vie et mort de l'image*, *une histoire du regard en Occident*,Paris:Gallimard,1992;Régis Debray, *Transmitting Culture*, New York:Columbia University Press, 2000;Gottfried Boehm(ed.), *Was ist ein Bild*? Munich:Wilhelm Fink,1994;Martin Jay, *Downcast Eyes. The Denigration of Vision in Twentieth-Century French Thought*, Berkeley:University of California Press,1993;Marie-José Mondzain, *Image*, *icône*, *économie.Les sources byzantines de l'imaginaire contemporain*, Paris:Éditions du Seuil,1996; Marie-José Mondzain, *L'image peut-elle tuer*? Paris:Seuil, 2002;Marie-José Mondzain, *Le commerce des regards*,Paris:Seuil,2003;Barbara Stafford, *Visual Analogy. Consciousness of the Art of Connecting*, Cambridge:MIT Press, 1999;Alfred Schäfer & Michael Wimmer(eds.), *Identifikation und Repräsentation*, Opladen:Leske and Budrich, 1999; Gerd Schäfer & Christoph Wulf(eds.), *Bild*,*Bilder*,*Bildung*, Weinheim:Beltz, Deutscher Studienverlag,1999; Laurent Gervereau, *Les images qui mentent.Histoire du visuel au XXe siècle*, Paris:Seuil,2000; Hans Belting & Dietmar Kamper(eds.), *Der zweite Blick. Bildgeschichte und Bildreflexion*, Munich:Wilhelm Fink,2000;Mike Sandbothe, *Pragmatische Medienphilosophie. Grundlegung einer neuen Disziplin im Zeitalter des Internet*, Weilerswist:Velbrück Wissenschaft, 2001; Annette Keck & Nicolas Pethes(eds.), *Mediale Anatomien. Menschenbilder als Medien*, Bielefeld:transcript,2001;Hans Belting, *Bild-Anthropologie. Entwürfe für eine Bildwissenschaft*, Munich:Wilhelm Fink,2001;Bernd Huppauf & Christoph Wulf(eds.), *Bild und Einbildungskraft*, Munich:Wilhelm Fink,2006。

[2]参见 Sheldon Sacks, *On Metaphor*, Chicago, London:University of Chicago Press, 1979;Paul Ricoeur, *La mètaphore vive*, Paris:Seuil,1975。

[3]我在这里用"想象力"这个词来指想象、幻想和假想的力量。

[4]Belting, *Bild-Anthropologie*, op.cit., p.12.

[5]参见 Jean-Claude Schmitt, *Le corps des images. Essais sur la culture visuelle au moyen âge*, Paris:Gallimard, 2002;Jean-Claude Schmitt, *Ghosts in the Middle Ages:The Living and the Medieval Society*, Chicago:University of Chicago Press,1998。

[6]参见 André Leroi-Gourhan, *Gesture and Speech*, Cambridge:MIT Press,1993。

[7]参见 Emmanuel Anati, *Höhlenmalerei. Die Bilderwelt der pähistorischen Felskunst*, Zur-

ich,Düsseldorf:Benziger,1997。

［8］参见 Hartmut Böhme,"Der Wettstreit der Medien im Andenken der Toten,"in *Der zweite Blick*,Belting & Kamper(eds.) ,op.cit.,pp.23-42。

［9］关于摄影的理论与历史,参见 Ulrike Pilarczyk & Ulrike Mietzner,*Das reflektierte Bild. Die seriell-ikonografische Fotoanalyse in den Erziehungs-und Sozialwissenschaften*,Bad Heilbrunn:Julius Klinckhardt,2005。

［10］Belting,op.cit.,p.13.

［11］参见 Marshall McLuhan,*The Gutenberg Galaxy. The Making of Typographic Man*, London:Routledge & Paul,1962;Marshall McLuhan,*Understanding Media. The Extensions of Man*,London:Routledge,2001。

［12］关于媒体的讨论,参见 Friedrich A. Kittler,*Discourse Networks* 1800/1900, Stanford:Stanford University Press,1990;Friedrich A. Kittler,*Gramophone*,*Film*,*Typewriter*, Stanford:Stanford University Press,1999;Derrick de Kerckhove,*The Alphabet and the Brain. The Lateralization of Writing*,Berlin,New York:Springer,1988;Derrick de Kerckhove,*The Skin of Culture. Investigating the New Electronic Reality*,Toronto:Somerville House Pub,1995; Werner Faulstich,*Das Medium als Kult. Von den Anfängen bis zur Spätantike*(8. *Jahrhundert*) , Göttingen:Vandenhoeck&Ruprecht,1997;Werner Faulstich,*Medien zwischen Herrschaft und Revolte. Die Medienkultur der frühen Neuzeit* (1400 - 1700),Göttingen:Vandenhoeck & Ruprecht,1998;Stefan Münker & Alexander Rösler(eds.) ,*Mythos Internet*,Frankfurt/M.:Suhrkamp,1997;Dominique Wolton (ed.) ,*Penser la communication*,Paris:Flammarion,1997; Dominique Wolton,*Internet et après. Une théorie critique des nouveaux médias*,Paris: Flammarion,1999;Gordon Graham,*The Internet*,London,New York:Routledge,1999;Karl Ludwig Pfeiffer,*Das Mediale und das Imaginäre. Dimensionen kulturanthropologischer Medientheorie*,Frankfurt/M.:Suhrkamp,1999;Elisabeth von Samsonow & Eric Alliez(eds.) ,*Telenoia. Kritik der virtuellen Bilder*,Vienna:Turia und Kant,1999;Stefan Münker,Alexander Rösler & Mike Sandbothe (eds.) ,*Medienphilosophie. Beiträge zur Klärung eines Begriffs*,Frankfurt/M.: Suhrkamp,2003;Régis Debray,*Einführung in die Mediologie*,Berne:Haupt,2003。

［13］参见 Marc Augé,*An Anthropology for Contemporaneous Worlds*,Stanford:Stanford University Press,1999;Marc Augé,*The War of Dreams. Exercises in Ethno-Fiction*,London:Pluto Press,1999。

［14］参见 Serge Gruzinski,*Images at War. Mexico from Columbus to Blade Runner* (1492-2019) ,Durham:Duke University Press,2001。

［15］参见 Fritz Kramer,*The Red Fez. Art and Spirit Possession in Africa*,London,New York:Verso,1993。

［16］Roland Barthes,*Camera lucida. Reflections on Photography*,New York:Hill and Wang,1981.

［17］参见 Susan Sontag,*On Photography*,New York:Farrar,Straus and Giroux,1977, p.153。

[18]Belting,op.cit.,p.29.

[19]参见 Siegfried Zielinski,*Audiovisionen.Kino und Fernsehen als Zwischenspiele in der Geschichte*,Reinbek:Rowohlt,1989。

[20]参见 Manfred Weffender(ed.),*Cyberspace.Ausflüge in visuelle Wirklichkeiten*,Reinbek:Rowohlt, 1991;Howard Rheingold, *Virtual Reality*, New York:Summit Books, 1991; Florian Rötzer & Peter Weibel(eds.), *Cyberspace. Zum weltlichen Gesamtkunstwerk*, Munich:Boer,1993;Chris Hables Gray(ed.),*The Cyborg Handbook*,New York:Routledge,1995;Nicholas Mirzoeff(ed.),*The Visual Culture Reader*,London:Routledge,2002。

[21]Eric Alliez,quoted in Belting,*Bild-Anthropologie*,op.cit.,p.39.

[22]参见 Rötzer & Weibel,op.cit.;Wolfgang Müller-Funk & Hans U.Reck(eds.),*Inszenierte Imagination.Beiträge zu einer historischen Anthropologie der Medien*,Vienna:Springer,1996;Manfred Faßler(ed.),*Alle möglichen Welten.Virtuelle Realität-Wahrnehmung-Ethik der Kommunikation*,Munich:Wilhelm Fink,1999;Academy of Media Arts Cologne,*Lab.Jahrbuch für Künste und Apparate*,Cologne:König,2000;Manfred Faßler,*Lab.Goodbye*,*Dear Pigeons*,Cologne:König,2002。

[23]参见 Bruno Latour & Peter Weibel,eds.,*Iconoclash.Beyond the Image Wars in Science*,*Religion*,*and Art*,Karlsruhe,Cambridge:ZKM,2002。

[24]汉斯·贝尔廷关注这一领域,见 *Likeness and Presence*:*A History of the Image before the Area of Art*,Chicago:Chicago University Press,1994。然而,他只研究了古代以来一直以表现为基础的邪教形象。创造神灵魔力的形象被指定为神像或者偶像。

[25]参见 Belting,*Bild-Anthropologie*,op.cit.,pp.143-188。

[26]Boehm,*Die Bilderfrage*,op.cit.,p.330.

[27]Boehm,op.cit.,p.343.

[28]Plato,*The Republic*,New York:Basic Books,1968,p.598a.

[29]参见 Gunter Gebauer & Christoph Wulf(eds.),*Mimesis.Culture*,*Art*,*Society*,Berkeley:California University Press,1995。

[30]参见 Arthur C.Danto,*Encounters & Reflections.Art in the Historical Present*,New York:Farrar,Straus & Giroux,1990;Arthur C.Danto,*The Body/Body Problem.Selected Essays*,Berkeley:University of California Press,1999。

[31]Belting,op.cit.,p.89.

[32]参见 Jean Baudrillard,*L' autre*,London:Phaidon Press,1999。

[33]参见 Paul Virilio,*Polar inertia*,London,Thousand Oaks:Sage,2000;Paul Virilio,*War and Cinema.The Logistics of Perception*,London,New York:Verso,1989;Paul Virilio,*Fluchtgeschwindigkeit*,Munich:Hanser,1996。

[34]参见 Jean Baudrillard,*Simulations*,New York:Semiotext(e),1983;Baudrillard,*L' autre*,op. cit.;Jean Baudrillard, *The Transparency of Evil. Essays on Extreme Phenomena*,

London, New York: Verso, 1993; Jean Baudrillard, *The System of Objects*, London, New York: Verso, 2005; Jean Baudrillard, *The Illusion of the End*, Cambridge: Polity Press, 1994; Jean Baudrillard, *The Perfect Crime*, London, New York: Verso, 1996。

［35］参见 Dieter Henrich(ed.) , *Theorien der Kunst*, Frankfurt/M.: Suhrkamp, 1982。

［36］米切尔(Mitchell)还使用了图像学的概念。与潘诺夫斯基不同的是,他不想把图像理解为文本,而是要对图像和文本进行区分;参见 William J. T. Mitchell, *Picture Theory. Essays on Verbal and Visual Representation*, Chicago: University of Chicago Press, 1994。

［37］Max Imdahl, "Ikonik. Bilder und ihre Anschauung", in *Was ist ein Bild*? Boehm (ed.) , op.cit., pp.300－324, p.308; Max Imdahl, "Introduction", in *Who's afraid of red*, *yellow and blue III*, Barnett, Newman, Stuttgart: Reclam, 1971.

［38］Imdahl, *Ikonik*, op.cit., p.318.

［39］Imdahl, *Ikonik*, op.cit., p.319.

［40］诸如"内部图像世界""呈现图像的各个方面"以及其他类似的概念都是隐喻性的。

［41］Hans Belting, "Der Blick im Bild. Zu einer Ikonologie des Blicks", in *Bild und Ein-bildungskraft*, Bernd Huppauf & Christoph Wulf(eds.) , Munich: Fink, 2006, p.121.

［42］Hans Belting, "Der Blick im Bild. Zu einer Ikonologie des Blicks," in *Bild und Ein-bildungskraft*, Bernd Huppauf & Christoph Wulf(eds.) , Munich: Fink, 2006, p.123.

［43］"pros to phainomenon, os phainetai."

［44］"pro homaton gar esti ti poiesasthai"— ［ imagination ］ is producing something for the eyes, Aristotle, *De anima*, III, 3.

［45］Maurice Merleau-Ponty, *The Visible and the Invisible*, Claude Lefort(ed.) , trans.from the French Alphonso Lingis, Evanston: Northwestern University Press, 1968, p.133.

［46］Arnold Gehlen, *Man. His Nature and Place in the World*, New York: Columbia University Press, 1988, p.316.

［47］Flügge, *Die Entfaltung der Anschauungskraft*, op.cit., p.93.

［48］Gehlen, *Man*, op.cit., p.309.

［49］Dietmar Kamper, "Wunsch", in *Vom Menschen. Handbuch Historische Anthropologie*, Christoph Wulf(ed.) , Weinheim: Beltz, 1997, pp.997－1006.

［50］参见 Wolfgang Iser, *The Fictive and the Imaginary. Charting Literary Anthropology*, Baltimore: J. Hopkins University Press, 1993.

［51］Theodor W. Adorno, "Introduction", in *The Positivist Dispute in German Sociology*, trans. Glyn Adey & David Frisby, London, Edinburgh: Heinemann Educational Books, 1976, p. 51.［ German: Adorno, *Der Positivismusstreit in der deutschen Soziologie*, Neuwied: Luchterhand, 1969, p.62.］

［52］David Hume, *A Treatise of Human Nature*, London: Penguin Classics, 1986, p.71.

［53］ Samuel Taylor Coleridge, *Biographia literaria. or*, *Biographical Sketches of my*

Literary Life and Opinions, New York: Wiley and Puttnam, 1847, p.378.

[54] Vilém Flusser, *Writings*, trans. Erik Eisel, Minneapolis: University of Minnesota Press, 2002, p.116. [German: Flusser, "Eine neue Einbildungskraft", in *Bildlichkeit*, Volker Bohn(ed.), Frankfurt/M.: Suhrkamp, 1999, pp.115-126, p.125.]

[55] 参见 Jean-Paul Sartre, *The Imaginary. A Phenomenological Psychology of the Imagination*, London, New York: Routledge, 2004。

[56] 参见 Jacques Lacan, "The mirror stage as formative of the function of the I as revealed in psychoanalytic experience", delivered at the 16th International Congress of Psychoanalysis, Zürich, July 17, 1949, from Jacques Lacan, *Écrits: A Selection*, trans. Alan Sheridan, New York: W. W. Norton, 1977, pp.1-7; 参见 Jacques Lacan, "What is a picture?" in *The visual culture reader*, Nicholas Mirzoeff(ed.), London: Routledge, 2002, pp.126-128。

[57] Cornelius Castoriadis, *The Imaginary Institution of Society*, trans. from the French Kathleen Blarney, Cambridge: MIT Press, 1998, p.127.

第十二章　死亡与出生

　　尽管人类的身体作为历史文化人类学研究的重点已经有三十多年时间，但是，对于它的研究仍然存在疑问。其中一点就是身体的神秘性和不可探究性，我们将身体理解为器官的存在，而死亡的预期和出生的流转是重要的表现。类似于哲学领域的探讨，在文化科学中，人类身体的过去和死亡受到了一定关注。其中，关于死亡作为生命的界限受到了特别注意。而出生，我们身体存在的另一个界限，作为死亡的对立面却很少被人们所注意。[1]就在近期，这种情形已经有所改变。[2]关于出生的讨论越发复杂。出生是死亡的基础。只有生，才有死。生与死的交替构成了造物的延续，没有它们，人类的身体和人类的生命就不可能产生。从生命的发展尤其是人类生命的发展来说，进化论也证明了这一点。进化论的观点认为，个体的生命很难与一个种类的生命相提并论，为了种的发展，个体必须死去。进化论关注的不是个体，而是发展的主体——人类。只有这样，现代智人（homo sapiens sapiens）才得以产生。

　　出生和死亡对于人类的发展至关重要，由此，便产生了这样的疑问：文化与人类的时间性、过去性和消逝性有什么关系？面对这一问题，即对于死亡的恐惧和担忧，早在尼安德特人的想象世界中就已经存在了，这种认识体现了先人对于生与死的认识与理解。这充分证明，从个体发生学的观点来看，死亡在文化科学中已经占据了重要位置。有关出生和人类身体的产生的一些思考不断地加深，这些内容将在本章第二部分进行讨论。

第一节 关于死亡的预想

我们可以举出一些有力的例子来说明人类是如何面对死亡的,尼安德特人对此早已给出了答案。人类不是简单地对待死亡,为了防止尸体腐朽,他们将死者摆成婴儿的姿势进行埋葬。这种情况说明,尼安德特人已经相信人可以重生。一些墓穴中存在花粉的痕迹,这说明了死者被放置于一个花床之上,并用鲜花覆盖。一些坟墓中的骨头还被褚石涂染过,这说明在尸体腐烂之后还进行了第二次安葬,因为石头可以保护死者的遗骸。这些痕迹不仅仅说明了死亡已经渗入人类世界,它还说明了尼安德特人已经具有对死亡的认识,并可以预见自己以及他人的人生彼岸的生活。早在那个时候,人类就已经认为死亡不是最终的消逝,而是向另一个生命阶段的过渡。这种想象也适用于对过去、现在和将来的认识,也就是一种时间意识。

伴随着这种对于死后生活的设想,想象开始在人类世界中占有一席之地,随之必然带来神话和巫术的发展。人类借助神话和巫术来抵挡死亡。随之,葬礼便扮演了重要的角色,借助葬礼人们来对付死亡的噩梦。死亡对于人类来说是一种有关失去的体验。出于恐惧,死亡在人类生活中占有了坚实的位置,人们通过仪式和神话试图摆脱死亡的威胁。人类开始利用想象来对抗死亡,随之动员个体及集体的想象力去面对死亡,进而引发了个体性的发展。"当人类忽然对死亡有所认识的时候,就会同时出现一种现实和一种想象,一种理解和相关的神话,一种恐惧和一种安寂,一种客观的认识和一种新的主体性,以及一种先于上述诸事物的混沌。从而,一种新的个体性开始得到发展……"[3]

马格德林(Magdalénien)洞穴壁画表明了想象和个体性的进一步发展;它不但标志着艺术的诞生,也表征了智人的出现。[4]这些岩画是人类思想和想象的证据;这些图画可以看作象形符号,其中一些新兴的、当时还没有被证明的审美能力借此被表达出来,它对于人类处理与世界的关系起到了重要作用。这些岩画的很大部分都是人们经过想象加工的关于动物的表现,它们生活在外面的世界,即便这些动物不在洞穴内,它们的形象也可以转变为图像的形式表现出来。作为外部世界的表现,图像成为人类想象的组成部分。伴随着图像的不断"壮大",一个由人类创造的美学领域形成了,在这个领域中智人的创造力不断扩展。人类通过使用巫术,试图用他们想象的结果对外界的情形施加影响,所以就形成了内部世界与外部世界的交换关系。在这个过程中,不仅是艺术和语言获得了发展,文化从整体上也获得了发展。美学(即不同于处理人们日常生活)世界的游戏性形成以及对于美学产物的愉悦和喜爱,对于个性以及文化的发展具有重要意义。在想象的世界中,人类和自身建立了联系。这种关系大大促进了文化多样性产生的可能性。在死亡与仪式、美学产物与神话作品、语言与巫术的相互作用中,想象不断发展,而且与之相关的文化作为人类发展的可能性也在世界中确定了自己的位置。

人类社会和文化存在于空间和时间之内,其中仍然包括死亡在内;由于个体生命的有限性,人类的社会和文化与个体的生命一道去面对死亡。文化作为全部的集体知识、实践能力、标准、规则以及其他,在人类社会中一代接着一代地被传承下去。在这个过程中,人们对于死亡的认识以及与死亡相关的实践不断变化。[5]死亡不仅影响人类生命的生物学方面,也对人类文化构成威胁和挑战。[6]这是所有的文化都必须面对的重任,就是要超越个体和代辈的死亡,建立一种延续性。文化为个体和集体创造了对死亡进行想象、思考、围绕死亡进行仪式展现和表演的可能。不同的文化造就不同的可能,包括宗教神话、后世的描述和图景、终极的想象,在受到进化论研究和自然科学的影响之后,它们得到了进一步发展。

关于死亡之后的后世存在两种不同的想象。一种想象认为,死后的生活和生前类似,没有太大的变化,死者重复着他先前的存在方式或者以一种变化的形式继续生活。[7]这种情况表明,死后存在一种按照以前方式进行的后续生活。依照这种想象,死亡并没有被完全感知;死亡的力量通过一种想象"过分演绎"了,它宣扬了一种形式的"长生不死"。第二种情形中,死亡被定义为变化。死者变化一种形态,其消失的力量不再被人们所感知。

在这两种理解中,死亡被认为是一种暴力行为,但同时,对死亡的想象却意味着不朽。由此,产生了关于死亡的认识。在每一种变化中,关于死亡和诞生的想象结合在一起,从而就是现存的逝去和新生的出现。

因为死亡意味着个体性的消失,所以人们才会产生对死亡的恐惧、下葬时的悲痛、对尸体的惧怕。早在孩子成长发育的过程中,自我意识和死亡意识之间的关系就已经清晰明了了。当孩子具有自我意识的时候,死亡就开始使得他惴惴不安,孩子就会对死亡产生种种想象。[8]对于死亡的恐惧与个体意识紧密相连,难以分割。反之亦然,关于死亡的意识促进了个体化形成。

尽管死亡给人类带来巨大的恐惧,但同样存在这样的可能,即人们会"忘记"它或者将人生视为一场游戏,以此表现得似乎对死亡没有什么畏惧。人类能够接受死亡危机的这一特征超乎寻常,神秘莫测。这一特征还可以使人们超越界限和恐惧,它可能令人如此迷醉、如此狂喜,或者如此兴致盎然,它可能是一种补充,其目的是提高个体的生命价值。冒着生命危险是人类行动能力的表现,这种能力源于我们固有的可塑性、不平衡性和反常性。"正是这种力量使人成为一个自我决定的个体,同时也是一个不断进化并向自然界所有可能性开放的非预定的微观世界。"[9]由于自我确定的可能性,与死亡的关系强烈依赖于人类的个体性、自我意识以及自我认识的程度。而且包括自杀都是一种自我确定和个性表现的行为。[10]

不同的文化和历史阶段造就了不同的关于死亡的想象以及与死亡相关的仪式。[11]在欧洲的基督教文化中,仪式可以抚慰死亡给人们带来的损失和悲痛。仪式借助于它的表演特征,将人们团结在一起,使人们感到集体的存在。与死亡有关的仪式强化了人们的集体感。这些仪式,作为通过仪式(rites de passage)帮助死者完成过渡,进入另一个世界。葬礼中人们将对死者进行积极的评价,这样也会减轻生者的痛楚,并唤起来世重聚的希望。

艾里斯在他的关于精神史的研究领域中进行了大量的探索与讨论。他发现,纵观欧洲历史,从中世纪开始便出现了有关死亡的不同形式:可控制的死亡、自己的死亡、他人的死亡、禁止的死亡。[12]

死者在中世纪关于典型的可控制的死亡这种情况中扮演着积极的角色。从在灵堂举行的仪式以及人们的悲伤中可以发现,死亡并不只是一个个体的命运,而是对一个团体的考验。死亡是向着亚当夏娃的回归,等待进入未来基督世界的复活。所以,死亡已经将恐惧和痛楚渗入生的社会之中,通过仪式、礼拜和典礼等形式,死亡被人们所"捕捉"和控制。与之相似,死亡被定义为睡眠,以期待苏醒、复活和在另一个世界的永生。虽然与灾难和罪恶相关的死亡是不幸的,但是上帝可以将它抚慰和拯救。

从中世纪的鼎盛期到 18 世纪,人们更倾向于将死亡作为个体命运,以自己的死亡的模式进行定义。这种长期有效的模式带来了关于他人和自我的传统关系的倒转。个人的个体意识越强,他与集体的距离就越大。其结果是,在这个转变的时代里,呈现出个人主义的胜利,壮观的赎罪行为,来自赞助人的巨大礼物,以及有利可图的、巧妙的和大胆的冒险。[13]《圣经》以及它里面所表达的个人意志、个人利益,使得人们将个体性作为符号来理解。人们更加看重此生的同时,也不断扩展着对不死灵魂的想象。[14]送葬车队被在尸体面前举行的教堂游行和仪式所取代。呈现在大家面前的是裹尸布、棺材、灵柩架,可能还包括死者的遗像。死者的遗容令人恐惧,所以很多时候不被大家所见。

在 19 世纪时,一种关于他人的死亡的观点便逐渐蔓延开来。相对于整个人类或者个体的命运,对于某人来说,他人的死亡、一个熟人的死亡或者一个值得信任的人的死亡显得越发重要,因为他与他们之间存在着个人的关系。这种发展与当时兴起的个人生命意义的宣扬紧密相关。在灵堂举行的仪式,实际上就是悲伤的表现和表演,它是生者在与死者的身体进行分别时的感受。很多时候,死亡更多地表现为美好,而不是恐怖。现在重要的不是对来世及其罪恶和地狱的恐惧。人们向往着与已经过世的人再次相聚。

被禁止的死亡的主张不断受到人们的推崇,这种观点使得个性和私人事务获得了重要意义。集体的意义渐渐消退。死亡变成了一种不被公众看到的程序,这是一种让人感到羞耻的事情,因此在医院和与大家的隔离中发生。不仅仅在生者的社会中,而且在死者的世界中,新的死者都不愿意自己的归属成为这两个世界的负担。借助药物,人们可以免除痛苦。同时,药物也可以将人带入沉寂的世界。垂死的人对于和死亡的斗争的"失败"深感遗憾和惭愧。罪恶与内疚的问题现在几乎无关紧要。

对于这些尝试,即关于死亡的想象的变化、与死亡有关的图像和仪式,引发了很多争议,包括对于研究材料的利用以及带来的理想化的普遍化的意义;在对于死亡史的研究中关于精神史的研究呈现出一种历史人类学的新观点,关于这一点的评判并没有什么改变,并关涉到很多后续的工作。[15]

在过去的几年中,关于死亡的观点在德国以及欧洲的大部分地区出现了重大变化。死亡不仅仅发生在家庭里面,还会发生在医院和养老院中。有关医疗的问题也被牵涉其中。与此同时,与死亡的事项越来越少。葬礼变得越来越简化。很多死者以及他们的遗物没有受到特别的关注,对于死者的尊重也越来越淡。无声无息的下葬方式不断地增长,其中包括火葬、林葬和海葬,从而不存在缅怀死者的具体地点,这是一种对死亡和生命理解的新的表达。

从另一种角度来看,这是宗教传统的衰减、医学的不断发展、家庭的分裂,它们都影响了今天人们对死亡的看法和处理。很多人不再选择基督教的丧葬形式以及相应的仪式,而是决定采用世界性的致悼词的形式,更有甚者,干脆完全舍弃任何形式的仪式活动。现实更加强化了这种发展趋势,很多人不再联系他们的家庭与朋友,而是孤单地死去,所以,他们的死已不再作为一种失去,而只能在送葬仪式中得到慰藉。无疑,宗教意义的削减与家庭的分裂紧密相关,或者说宗教的传统保障着家庭的秩序。随着现代人流动性和变化性的增加,分离与断绝也愈演愈烈。很多情况下,独身与孤独随之出现。尤其是高龄死亡通常是孤独的和寂寞的。伴随着医学的进步,尤其是在护理中心和减轻病痛的医学机构之中,人们死亡时的年龄也越来越高。

死亡渐渐成为现代人必须思考的问题,死亡已不仅仅是家庭所关心的事件,专家医生也十分关注。很多人情愿自己负责自己的死亡,就像他们决定自己的生活那样,也就是说,他们不愿意承受苦痛,或者在一个护理中心结束自己的生命。这种控制生死的要求表明,养育孩子的计划与死亡的关注都是家庭的重要事件。我们不愿看到这样的情况发生。也许,当我们自己没有达到完美程度时,我们不再相信我们的孩子和周围的人已经达到了完善的地步。在任何情形下,在我们没有控制死亡之前,人与死亡的关系都不会发生改变,我们还必须踏上征程。然而,我们需要确定在何时、在何种情况下我们可以面对死亡。众所周知,所有延长生命的医学措施都不可能阻止我们的死亡,所以,显然,生命终将走向死亡,我们也无法接受所谓的返老还童,生命不受我们控制与胁迫。在这里,我们不是遇到了一种"做的辩证法"吗? 在这种辩证法中,我们试图创造自己,却背道而驰,我们设计和实现自己的能力却成了制造一切的一种强迫。自我负责的死亡理念揭示了这种强迫,而我们又屈服于这种强迫。

有关死亡原因的调查数据显示一种相似的观点,似乎意味着,一旦人们认识到死亡的原因时,人们就有可能与死亡进行有效的抗争。目前,在欧洲,死亡人口中有近一半的人死于循环系统疾病,四分之一的人死于癌症。以前,很多的人因为感染而死亡,目前这种情况越来越少了。因此,由现代生活方式的退化所引发的死亡形式正在不断扩大蔓延。尽管大多数欧洲民众愿意在家里死去,但是仍然有将近一半的人们在一些机构里去世,其中大部分在医院里离开世界。由此,医疗救助成为人们关注的焦点;有家属建议,是该到了人们掌控人类存活可能的时候了,我们应该帮助医院提高医疗救助的能力,而家属却没有这方面的能力,也通常缺少相应的空间可能。显然,医院成为人们在地点上的依赖,人们将美好的愿望寄托在医院里,即便最终在这里死去。目前,在德国以及欧洲的其他一些国家中,减轻病痛的医疗机构以及疗养院在不断增加。这些努力都有助于实现符合人们意愿的离世方式的发展。我们需要一些适合环境和社会要求的措施,来尽力推动延长人们寿命的医疗手段的进步,充分考虑到个体有关死亡的意愿,实现个体"自己的死亡"。

在新媒体中,死亡成为一个重要的话题,变得更加公开。虽然对于死亡的关切仍然没有强于对于死亡图像的关切,但是关于死亡的新观点却显现出来。对此,很多人提出了尖锐的意见,死亡已经成为一个关涉经济的、医疗的、机构的、个人的问题,葬礼和悼念的仪式却进一步失去了它们的意义。很多人不再认为死亡是向另一种存在形式的过渡,而是认为死亡是一种无法挽回的结束。这是一种关于死亡的意义丧失,人们不再将死亡作为生命的一部分,而是作为生命的终结来认识,所以要尽一切可能推迟死亡的到来。

有关死亡的禁忌逐渐消失,取而代之的是越来越多的主动的死亡辅助。仅就瑞士来说,在那里,死亡辅助是合法的,因此,越来越多的德国人选择到瑞士去结束自己的生命,在那里人们可以选择自己死亡的一种可能方式。"二战"期间纳粹集团对于安乐死的错误使用,导致在德国一切形式的主动的死亡辅助都是被禁止的,主要是出于对于误用的担心与恐惧。死亡辅助的其他形式,或者说自杀的帮助都是有争议的,只允许另一些被动的死亡辅助比如临终关怀,或者一些间接的死亡辅助如大量止痛药物的使用。

让·鲍德里亚提出了有关现代社会与死亡关系的较为根本的、经过深思熟虑的意义。而后,当今的社会形势表现为一种与生命和死亡的符号交换之定律的完全断裂。代替一种交换,所有的力量都集中于从生命中把死亡驱逐在外的努力当中。目的就是对于生命的积累。这导致累积的生命转化为一种"活"的死亡。最终,死亡用生命来解释,它仅仅存在于有限的时域之中;它仅被看作对生命的威胁,它也是一种保护,可以理解为是一种求生。推迟死亡和寻求长生不老的努力导致了一种无生命的生命。在这种愿望的指引下,人们想尽一切办法来求生,权力由此而生。这种权力与潜在的死亡威胁和生死的抉择紧密相连。基因工程的种种努力,都是帮助人们推迟死亡、将人类从紧张中解脱出来、实现所有可能形式的求生目的。人类的生命受到核武器、环境破坏、资源耗尽的威胁,这可以被看作是我们渴望变得更强大的结果,但可能在未来的某个时刻发生内爆。生活变为求生,它被模仿并迷失在模仿之中。我们创造一个超现实是为了取代被拒绝与死亡交换的生命现实。[16]

最终带来的后果是每一种社会力量都演变为一种以不同形式作用的生

与死的力量：在一些君主的或者专制的社会，在一些国家的民主分权领域内。为了对抗死亡和暴力，军队和警察系统被建立起来。医疗卫生系统得到发展，与生命救助相关的科学得到资助。人们做出了巨大的努力来推迟死亡的到来，要"智胜"死亡。人类的文化"可以理解为信仰和仪式的统合，用以抵抗个体和集体死亡的分裂力量"[17]。

　　死亡是人类的一个活跃的空位，它被各种各样的想象和对未知的设想所充斥。[18]所以，想象还诞生出很多图像和比喻，装点着这个空位，但它永远无法真正成功填补这个空虚。不同的文化对于死亡的接受和处理具有不同的认知方式。人们通过仪式、神话和图像来对待和表现自己与死者的关系。不同的文化和历史铸造的形式确定了个人、集体和人类之间的关系，并以想象的表演的方式展现出来。

　　目前，存在两种相对的关于死亡的理解。一种意见认为，人死后会进入另一个世界继续生活，或者死者会变换形式重新开始；第二种意见强调死亡符合一种隐喻的定律，由于死亡，生命最终走向终点。鉴于此种情形，人们希冀于基因技术和生命科学，认为它们可以推迟死亡的到来，点燃生命的激情。传统逻辑认为，这两种想象相互关联。一种困窘的情况出现了。问题在于试图抓住本质上难以捉摸的东西，即生与死的明确对立，如果没有来世，那就只有今生，否则就是虚无。[19]

　　显而易见，这不是最后的结论。对于后世生活的假设同样也是一种隐喻的定律，即假定个体的死亡是一切的终了。对于每一种想象都不存在什么经验基础。科学和哲学在一个不能逾越的边界上彼此碰撞。无论人们如何对待死亡，可以确定的是，人们都无法放下死亡的问题。海德格尔在他的《存在与时间》（*Sein und Zeit*）中已经对存在到死亡进行了论述，他明确提出："死亡作为存在的终结是特意的、不相关的、确定的，正如存在的那些不确定的和不可重复的可能性一样。"[20]所以，死亡是独特的、不可重复的，这种独特性使它成为人类个体存在的一个特征。由此得出，"我"就是以一定的方式在场，同样也是存在的伴随者，所以，"我"既不是死亡的，也不是永生的，"我"就是在场，"对于他者的描述也同样如此，无论是别人的存在，还是我们自己的存在,无论对于个人,还是对于其他的人或事物"[21]。这个自我可以直接对话;在死后,这已经不可能了,我们只能谈论另一个人。[22]当我从睡梦中醒来而后又睡去的时候,死亡就不再是与睡眠相似的我的"回到现实",也不像伊壁鸠鲁(Epicurus)认为的那样,那么死亡是不是既不是活着的,也不是逝去的呢?假如这样的话,帕斯卡(Pascal)认为:"死亡,当人们没有考虑它时,要比完全不在危险中考虑它时轻松。"[23]这样虽然很有效,但是仍然存在如下问题:为什么人类的思维离不开死亡?对于死亡的思考是必须面对的,从不可考虑衍生出来的"无(没有),代替了对于存在的思考……思考不能停止,我们无法放弃对于无的思考"[24]。人们不能停止对于不能思考的事物的思考;不能不对虚无和死亡进行思考。思考必须获得什么,死亡并非什么,思考无法对死亡和虚无成功地进行思考。对于"我"以及作为此在的伴随者的他者存在来说意味着:"我——存在(是)唯一的绝对终结的存在方式,其中包含着对于虚无的开放性,没有这种开放性,我无法同他者的存在发生关系。"[25]

第二节　出生的回归

对比海德格尔提出的"存在与死亡""奔向死亡""死亡学",汉娜·阿伦特提出了"出生的哲学"。关于此我们要转变一下观点。不再是终点,而是总被忘记的起点,这种观点重新回归,成为关注的焦点。乍一看,出生被看作是自然的平常的。进一步考察,我们觉得出生与死亡一样的神秘。人只有出生,才可能死亡。身体的死亡以出生存在为前提。出生已经成为存在;它已经发生;当一个人来到这个世界上之后,出生便结束了。对于每一个人来说,出生是他生命的前提条件;死亡存在于不确定的未来,它将改变具有生命的人的存在状态。与每个人都独自面对的死亡不同,每一个人在出生时都关涉其他人的行为和影响,尤其是他们的母亲;比起死亡,出生更是一种社会事件,一个孩子诞生在一个家庭、一个社会之中。哲学上认为,人们不仅要走向死亡,而且要记得出生。与印度的传统思想有所不同,西方认为存在先于不存在,将出生看作一件礼物,看作一种可能的开始。父母具有相应的抚养孩子的义务,而孩子具有一定的权利。出生建立了一种直至死亡才可以消除的关系,无论它是好还是坏。

苏格拉底是助产士之子,这也从某些方面解释了,他并非无缘无故地将哲学视为助产士的艺术,即 maieutiké techné。正如助产士协助将新生命带入世界一样,哲学被视为助产士,产生"美丽、良好和真实的知识"。像助产士帮助孕妇生孩子一样,苏格拉底帮助年轻的哲学家们提出见解。如果出生是来自母亲身体的分娩,那么洞察就是来自表象世界的分娩,即 doxa。同样地,"助产术"也只能将已经存在于年轻哲学家头脑中的东西启发出来。"助产术"是备忘录的一种辅助形式,是对已有知识和已经存在的事物的记忆。

每一个出生都造就了一个新的身体。每一次出生的事件都是一次"模仿的造物"。一个人的诞生都是上帝造人的一次模仿。在这一行为活动中,人们像上帝那样,作为"模仿造物"来"模仿上帝"。新生命的诞生是对上帝的效劳,是一种礼拜。在奥古斯丁的著作《上帝之城》(De Civitate Dei)第十二章中写道,"所以这个开端可能就是第一个人被创造的那一刻","这是一个开始,人类被创造的开始,在此之前,没有一个人存在"。当新的生命诞生之后,这种开始就不断地重复着。身体的每一次轮回都是对上帝创造的模仿,都是那么地庄严与神圣。出生所具有的神圣特点造就了人的神圣性,人类的神圣与尊严。每一次出生都被认为是一种"存在的开始"。随着人类身体的回归,即每一次出生中个体身体的诞生都成为人类存在的一次新的开始。这种开始包含一种潜在性,它贯穿于生命的过程之中。人类的生命源于虚无,走向虚无。[26]人类的存在始于出生,被出生前的"虚无"以及死亡之后的"虚无"所包围。人类的生命在"过去的虚无"和"未来的虚无"之间运动。人类的身体来自"尚未",向着"不再"而去。人类的生命起于出生,在他的死后再次失去。

身体的回归与消逝是人类生命的基本运动。出生带来了生命的开始,同时也宣告了生命走向结束的开始。时间性和过去性是人类身体的条件。出生和死亡具有一种受迫性的特点。人类不能自由地选择出生,是不自由的,他又不得不离开。当他一出生,他便降临在一种已有的文化之中,这种文化出现在他的历史之前,所以他必然处在世界"之后"获得自己的成长,且形成最初的意识和反应。在这种情形下,产生了一种特殊的陌生,一种对于世界的陌生,从原则上讲,这种陌生是无法克服的。伴随这种陌生,通过出生与死亡,通过生命回归与消逝的受迫性特点,人类自身得以补偿;这是身体和生命的无法消除的人类的条件。

从一降生,身体便受到了体贴与呵护。宫外年,即人类的早产,是学习、行为和共同生活的前提条件。由于身体具有可塑性,所以人类才具有学习的可能。人类早期的文化学习是一种模仿学习,这种模仿是一种与生俱来的能力。[27]在与外界、他人和社会的这种模仿接触中,个体的生命融入社会和代际的进程之中。每一个个体的出生都是一个世界的开始,并随着每一个生命的逝去而结束。每一个人的身体都是一个开端,"似乎世界都伴随着每一个新生命的诞生而被更新"。[28]从这种角度来看,就不是一次开始,而是很多开始。由于所有人都有父亲和母亲,所以每一个生命中都包含着一种双重性。由此得出:"生命的意义或者生命的自然神论在于这样的现实,即同样的一个人不可能再一次诞生。"[29]这种双重性是我们身体的基本构造,随之出现了我们对自己的疑问,对此,我们只能给出暂时的答案。

既然每一个人都是一个新的开始,那么他自己也可以开始一个新的自我。他们的行为、这种新的开始的努力都可以解释为对现实的一种模仿回应,这就是他们新的开始。[30]对于这种每个人创造的新的开始,没有一个个体能够单独应对。生产是父母行为的一个结果。没有人被询问过他是否愿意来到这个世界。对于我们来说,每一个新生儿都是一个直接的现实,不需要去询问。我们被等待着,没有经过询问而来到这个世界,从一个新生儿变为一个成人,逐渐形成了一个适合世界、能对与他人和与自我关系负责的人。如果这些顺利的话,个体的重要性将会在我们与父母之间无法消除的系统的连带关系中不断转变。出生是从痛苦走向光明。

印度教徒对此有着不同的理解,他们认为,对于人来说,最好不要出生。出生是被迫的,人们应该努力逃脱。在这种思想中,不存在西方式的"出生遗忘"或者"死亡遗忘"。相反,出生似乎问题多多。所有出生的人都应该为他的出生负责。人类应该为以前生命的所作所为负责,是他们促成了你的再生。他们努力朝着涅槃的方向生活,而不是再一次降生。[31]

生死的交替使得身体的"持续创造"(creatio continua)以及一代代的繁衍成为可能,因此,人类的生命才会不断发展和变化。讨论的范围从出生作为一种强迫到出生作为一种生命的礼物。将神义论认为是哲学,似乎是行不通的,同样,从生物学视角认为人类身体以出生的形式完成不断的回归,这一论点也是不成立的。

人类身体由于死亡而消逝,由于出生而回归是人类身体存在和"持续创造"的系统发生学的和个体发生学的条件。这是人类进化的真实进程,其中,人类身体早期形式的消失,实际上是现代人身体进化的基础条件。以同样的方式,每一个人都是以出生的方式实现身体的回归,以死亡的方式实现身体的消逝。令人惊奇的是,虽然死亡一直以来受到人们的重视,但是直到目前,历史文化人类学都或多或少地忽略了出生。对于每一个人有关生与死的起点与终点的研究,为我们对待人类的时间性开拓了新的视角,这些视角有待进一步发展。对于人类学来说,死亡是知识的一个边界,具有不同的形式,这些界限从原则基础上都无法跨越。所以对于这些界限的关注和努力以及由此产生的观点对于人类学知识来说都是建构性的;这些努力表现在"存在到死亡"中提出的人类学批判的必要性,以及同时由此产生的人类的神秘莫测。

注　释:

[1]参见 Hannah Arendt, *Der Liebesbegriff bei Augustin. Versuch einer philosophischen Interpretation*, Ludger Lütkehaus (ed.), Berlin, Wien: Philo, 2003; Hannah Arendt, *Denktagebuch*, Ursula Lutz & Ingeborg Nordmann (eds.), 2 vols, München, Zürich: Piper, 2002。

[2] 参见 Peter Sloterdijk, *Zur Welt kommen-Zur Sprache kommen*. Frankfurter Vorlesungen, Frankfurt/M.: Suhrkamp, 1988; Artur Boelderl, *Von Geburts wegen. Unterwegs zu*

einer philosophischen Natologie, Würzburg：Königshausen und Neumann, 2007；Christoph Wulf et al., *Geburt in Familie, Klinik, Medien*, Opladen & Farmington Hills：Budrich UniPress, 2008；Christoph Wulf, Anja Hänsch & Micha Brumlik（eds.）, *Das Imaginäre der Geburt*, München：Wilhelm Fink, 2008。

［3］参见 Edgar Morin, *L' humanité*, Paris：Seuil, 2001；Edgar Morin, *The Nature of Nature*, New York：Lang, 1992。

［4］参见 Emmanuel Anati, *Höhlenmalerei. Die Bilderwelt der prähistorischen Felskunst*, Zurich, Düsseldorf：Benziger, 1997。

［5］参见 Claude Sutto（ed.）, *Sentiment de la mort au moyen-âge*, Lousanne：Éditions Payot Lousanne, 1979；Philippe Ariès, *Western Attitudes toward Death：From the Middle Ages to the Present*, trans. from the French Patricia M. Ranum, Baltimore：Johns Hopkins University Press, 1975；Michel Ragon, *L' espace de la mort. Essai sur l' architecture, la décoration et l' urbanisme funéraires*, Paris：A. Michel, 1981；Michel Vovelle, *La mort et l' Occident. De* 1300 *à nos jours*, Paris：Gallimard, 1983；Michel Vovelle, *Ideologies and Mentalities*, Chicago：University of Chicago Press, 1990；参见 Werner Fuchs, *Todesbilder in der modernen Gesellschaft*, Frankfurt/M.：Suhrkamp, 1973。

［6］参见 Alois Hahn, "Tod und Sterben in soziologischer Sicht", in *Tod, Jenseits und Identität. Perspektiven einer kulturwissenschaftlichen Thanatologie*, Jan Assmann & Rolf Trauzettel（eds.）, Freiburg：Alber, 2002, pp.55−89。

［7］参见 Constantin von Barloewen, *Der Tod in den Weltkulturen und Weltreligionen*, Frankfurt/M.：Insel, 2000；Zeno Bianu, *Les réligions et la mort*, Paris：Éditions Ramsay, 1981；Marc de Smedt Bruno Lagrange（eds.）, *La mort est une autre naissance*, Paris：Seghers, 1979；参见 Christiane Montandon & Alain Montandon（eds.）, *Savoir mourir*, Paris：L' Harmattan, 1993。

［8］参见 Ginette Raimbault, *Kinder sprechen vom Tod. Klinische Probleme der Trauer*, Frankfurt/M.：Suhrkamp, 1980。

［9］Edgar Morin, *L' homme et la mort*, Paris：Éditions du Seuil, 1970, p.101.

［10］参见 Jörn Ahrens, *Selbstmord. Die Geste des illegitimen Todes*, Munich：Wilhelm Fink, 2001；Jean Améry, *Hand an sich legen. Diskurs über den Freitod*, Stuttgart：Klett-Cotta, 1976。

［11］参见 Jean Guiart, *Rites de la mort*, Paris：Musée de l' homme；exhibition catalogue；Jean Guiart, *Les hommes et la mort. Rituels funéraires à travers le monde*, Paris：Musée de l' Homme, 1979；Jean-Pierre Bayard, *Le sens caché des rites mortuaires*, Paris：Éditions Dangles, 1993。

［12］Philippe Ariès, *Geschichte des Todes*, München, Wien：Hanser, 1980；参见 Philippe Ariès, *L' histoire de la mort*, Paris：Editions du Seuil, 1978.

［13］参见 Ariès, *Geschichte des Todes*, op. cit., p.778。

［14］参见 Gerd Jüttemann，Michael Sonntag & Christoph Wulf(eds.)，*Die Seele.Ihre Geschichte im Abendland*，Weinheim：Beltz，1991；Christoph Wulf & Dietmar Kamper (eds.)，*Logik und Leidenschaft.Erträge Historischer Anthropologie*，Berlin：Reimer，2002。

［15］参 见 Marianne Mischke，*Der Umgang mit dem Tod. Vom Wandel in der abendländischen Geschichte*，Berlin：Reimer，1996。

［16］Jean Baudrillard，*Symbolic Exchange and Death*，London，Thousand Oaks：Sage，1993.

［17］Louis-Vincent Thomas，*Mort et pouvoir*，Paris：Payot，1978，p.10（"…culture n'est rien d'autre qu'un ensemble organisé de croyances et de rites，afin de mieux lutter contre le pouvoir dissolvant de la mort individuelle et collective"）；参见 Louis-Vincent Thomas，*Anthropologie de la mort*，Paris：Payot，1975；Vladimir Jankélévitch，*La mort*，Paris：Flammarion，1977。

［18］参见 Thomas Macho，*Todesmetaphern. Zur Logik der Grenzerfahrung*，Frankfurt/M.：Suhrkamp，1987；Thomas Macho & Kristin Marek(eds.)，*Die neue Sichtbarkeit des Todes*，Munich：Wilhelm Fink，2007；Reimer Gronemeyer，*Sterben in Deutschland.Wie wir dem Tod einen Platz in unserem Leben einräumen können*，Frankfurt/M.：Fischer，2007。

［19］参见 Hans-Dieter Bahr，*Den Tod denken*，Munich：Wilhelm Fink，2002。

［20］Martin Heidegger，*Being and Time*，trans. John Macquarrie & Edward Robinson，Wiley-Blackwell，2000，p.303.［Original German：*Sein und Zeit*，(Tübingen：Niemeyer，1960)，p.258.］

［21］参见 Bahr，*Den Tod denken*，op.cit.，p.143.

［22］参见 Bahr，*Den Tod denken*，op.cit.，p.144。

［23］Blaise Pascal，*Pensées*，trans. Roger Ariew，Indianapolis：Hackett Publishing，2005，p.42.

［24］参见 Bahr，op.cit.，p.147。

［25］参见 Bahr，op.cit.，p.150。

［26］参见 Hannah Arendt，*Der Liebesbegriff*，op.cit.，p.63。

［27］参 见 Christoph Wulf，*Zur Genese des Sozialen. Mimesis*，*Performativität*，*Ritual*，Bielefeld：transcript，2005。

［28］Hannah Arendt，"Als ob die Welt mit ihm neu entstünde"，in *Denktagebuch*，op.cit.，p.175.

［29］Ludger Lütkehaus，*Natalität.Philosophie der Geburt*，Zug，2006，p.48.

［30］参见 Gunter Gebauer & Christoph Wulf，*Mimesis：Culture-Art-Society*，Berkeley：University of California Press，1995。

［31］参见 Axel Michaels & Christoph Wulf(eds.)，"The Body in India.Ritual，Transgression，Performativity"，in *Paragrana.Internationale Zeitschrift für Historische Anthropologie* 18，1（2009)。

责任编辑:陈晓燕
封面设计:九五书装

图书在版编目(CIP)数据

人类学:历史、文化与哲学/(德)克里斯托夫·武尔夫(Christoph Wulf)著;
　　张志坤 译. —北京:人民出版社,2023.3(2025.8 重印)
ISBN 978－7－01－022910－2

Ⅰ.①人…　Ⅱ.①克…②张…　Ⅲ.①文化人类学　Ⅳ.①C958

中国版本图书馆 CIP 数据核字(2020)第 255325 号

出版外国图书合同登记号:图字 01-2018-6611

人类学:历史、文化与哲学
RENLEIXUE:LISHI、WENHUA YU ZHEXUE

[德]克里斯托夫·武尔夫(Christoph Wulf) 著
张志坤 译

人民出版社 出版发行
(100706　北京市东城区隆福寺街 99 号)

北京汇林印务有限公司印刷　新华书店经销

2023 年 3 月第 1 版　2025 年 8 月北京第 3 次印刷
开本:710 毫米×1000 毫米 1/16　印张:19.25
字数:290 千字

ISBN 978－7－01－022910－2　定价:68.00 元

邮购地址 100706　北京市东城区隆福寺街 99 号
人民东方图书销售中心　电话 (010)65250042　65289539